南京市档案馆和中共南京市委党史工作办公室联合编研

南京红色珍档

(1949—1951)

南京市档案馆 编

南京出版传媒集团 南京出版社

图书在版编目（CIP）数据

南京红色珍档：1949—1951 / 南京市档案馆编.
南京：南京出版社, 2025. 4. -- ISBN 978-7-5533
-5179-7

Ⅰ. K295.31

中国国家版本馆CIP数据核字第20250M59V6号

书　　名　南京红色珍档（1949—1951）
编　　者　南京市档案馆
出版发行　南京出版传媒集团
　　　　　南 京 出 版 社
社　　址　南京市太平门街53号
邮　　编　210016
联系电话　025-83283893、83283864（营销）　025-83112257（编务）

策划统筹　崔龙龙
责任编辑　崔龙龙
装帧设计　王　俊
责任印制　杨福彬

排　　版　上海雅昌艺术印刷有限公司
印　　刷　上海雅昌艺术印刷有限公司
开　　本　787毫米×1092毫米　1/16
印　　张　25.75
字　　数　330千
版　　次　2025年4月第1版
印　　次　2025年4月第1次印刷
书　　号　ISBN 978-7-5533-5179-7
定　　价　188.00元

序

南京作为享誉中外的历史文化名城，既承载着“六朝古都”“十朝都会”的千年文脉，更铭刻着中国近现代革命斗争的红色印记。从鸦片战争到辛亥革命，从五四运动到解放战争，这座英雄之城始终矗立在中国革命的历史潮头。

1948 年秋至 1949 年初，辽沈、淮海、平津三大战役的辉煌胜利，彻底扭转了敌我力量对比，中华大地上发生了天翻地覆的变化。1949 年 4 月 20 日，国民党反动统治集团拒绝签署《国内和平协定》，次日，毛泽东主席、朱德总司令联名签发《向全国进军的命令》，随即人民解放军百万雄师以摧枯拉朽之势突破长江天堑。4 月 23 日，南京的解放标志着国民党 22 年反动统治的覆灭。

南京解放后，中国共产党立即开启城市治理的伟大实践。1949 年 4 月 28 日成立的南京市军事管制委员会，以高度的政治智慧和卓越的组织能力，仅用月余时间即完成对国民党政权机构的系统接管，为党接管大城市探索积累了经验。5 月 1 日，新的中共南京市委正式组建，5 月 10 日，南京市人民政府宣告成立，随后各级公安系统、区县政权相继建立。在建立新型人民政权过程中，市委、市政府创造性贯彻党的城市政策，通过平抑物价、整顿金融、恢复生产等系列举措，成功将这座旧时代的官僚消费城市改造成为人民服务的、新型的生产城市。南京解放不仅使人民获得了新生，也让这座古老的历史名城迈入一个崭新的时代。

本书以 1949—1951 年馆藏南京珍贵档案为载体，系统呈现中国共产党领导南京人民完成军事接管、建立人民政权、重建社会秩序、恢复发展国民经济的壮阔历程。全书分为三个部分：第一部分，军事接管，收录了中国人民解放军南京市军事管制委员会成立文件及城市接管政策文献；第二部分，新生政权，涵盖了中共南京市委、南京市人民政府成立及南京市各界人民代表大会形成的档案；第三部分，发展生产，汇编了南京市各级党委、政府为恢复和发展生产、改造城市所开展的一系列工作的档案。

本书由南京市档案馆联合中共南京市委党史工作办公室共同完成，希望本书的出版发行，能够为深化党史、新中国史及中国近代史研究提供重要参考，为新时代传承红色基因、赓续精神血脉注入新的动力，在推动党史学习教育常态化长效化中发挥积极作用。

2025 年 4 月

目录

一　军事接管

（一）南京治安维持委员会

南京治安维持委员会成立启事
（一九四九年四月二十三日）…… 003
南京治安维持委员会宣传组工作报告
（一九四九年）…… 005
南京治安维持委员会交通组工作报告
（一九四九年五月一日）…… 010
南京治安维持委员会欢迎指导组工作报告
（一九四九年五月）…… 015
南京治安维持委员会治安组工作摘要及逐日工作日志
（一九四九年五月）…… 023
南京治安维持委员会关于结束工作的启事
（一九四九年五月九日）…… 041

（二）南京市军事管制委员会布告、通知

南京市军事管制委员会成立布告
（一九四九年四月二十八日）…… 042
南京市军事管制委员会关于人民币为流通币的布告
（一九四九年四月二十八日）…… 043
南京市军事管制委员会关于保护中山陵园的布告
（一九四九年五月十一日）…… 044
南京市军事管制委员会关于华中券应按规定比率通用的布告
（一九四九年五月十四日）…… 045
南京市军事管制委员会关于不得以银元为流通币的布告
（一九四九年五月十七日）…… 046

南京市军事管制委员会关于保护公私财产、名胜古迹的布告
（一九四九年五月十七日） …… 047
南京市军事管制委员会关于保护工商业、防止官僚资本隐匿逃避的训令
（一九四九年五月） …… 048
南京市军事管制委员会关于成立流散军人处理委员会的布告
（一九四九年五月） …… 050
南京市军事管制委员会关于解散敌特组织的布告
（一九四九年六月二日） …… 051
南京市军事管制委员会关于解散反动组织的布告
（一九四九年六月二日） …… 052
南京市军事管制委员会关于妥善处理蒋军流散官兵的布告
（一九四九年六月） …… 053
南京市军事管制委员会关于各接管委员会宣告结束的布告
（一九四九年九月七日） …… 054
南京市军事管制委员会关于宋任穷等职务任免的布告
（一九四九年九月七日） …… 055
南京市军事管制委员会关于处理编余旧人员的通知
（一九四九年九月二十四日） …… 056
南京市军事管制委员会关于清查处理敌伪物资问题的通知
（一九四九年九月二十六日） …… 057
南京市军事管制委员会关于颁布《检举官僚资本及敌伪战犯财产物资奖惩办法》的布告
（一九四九年九月二十九日） …… 060
南京市军事管制委员会关于保护人民祖国财产的布告
（一九四九年十一月四日） …… 061

（三）接管国民党各机构

接管南京准备委员会拟《接管南京计划大纲（草案）》
（一九四九年三月五日） …… 062
南京接管工作参考材料
（一九四九年） …… 068
中共南京市委关于今后接管工作意见
（一九四九年五月七日） …… 074
南京市军事管制委员会政务接管委员会行政司法部接管伪总统府工作报告
（一九四九年十一月） …… 076

南京市军事管制委员会政务接管委员会行政司法部接管伪监察院工作报告
（一九四九年十一月） …… 082
南京市军事管制委员会政务接管委员会行政司法部接管伪内政部工作报告
（一九四九年十一月） …… 087
南京市军事管制委员会接收伪财政部工作报告
（一九四九年） …… 091
南京市军事管制委员会接管中央大学的报告（节选）
（一九四九年） …… 093
南京市军事管制委员会敌伪物资清理处工作总结报告（节选）
（一九五〇年） …… 101

二　新生政权

（一）中共南京市委及各级党组织

中共南京市委成立的通知
（一九四九年五月七日） …… 109
中共南京市委增加代管赣东北区党委的更正通知
（一九四九年五月九日） …… 110
中共南京市委关于接管委员会党委会组织工作的指示
（一九四九年五月十二日） …… 111
中共南京市委关于成立各区工作委员会的决定及组成人员名单的通知
（一九四九年六月十八日） …… 114
中共南京市委关于各接管委员会党委会组织调整的决定及发至支部的通知
（一九四九年七月十四日） …… 118
唐亮主任关于整编问题的报告
（一九四九年八月四日） …… 123
中共南京市委关于中央批准南京市新市委成员名单、党报委员会成员名单、新财委会成员名单的通知
（一九四九年九月十九日） …… 128
中共南京市委关于贯彻学习党代表会议的文件、公开党的组织等问题的通知
（一九四九年十一月十二日） …… 129
中共南京市委关于建立城郊工作委员会及郊区目前农运方针的决定
（一九四九年十一月十二日） …… 133

（二）南京市人民政府

南京市人民政府市长、副市长的任命布告
（一九四九年五月十日） …… 135

南京市财政工作报告
（一九四九年六月二十四日） …… 136
两个半月来南京市人民政府工作总结提要（初稿）（节选）
（一九四九年七月） …… 152
南京市人民政府一九五〇年工作计划（草案）
（一九五〇年一月） …… 176
南京市人民政府为令发华东军政委员会《关于保证贯彻执行中央人民政府政务院〈关于统一国家财政经济工作的决定〉的指示》的通令
（一九五〇年四月八日）
附：华东军政委员会原通令 …… 182
南京市人民政府一九五〇年七、八、九月份工作要点
（一九五〇年六月） …… 190
华东军政委员会为转发《中华人民共和国工会法》的通令
（一九五〇年七月十四日）
附：《中华人民共和国工会法》 …… 192
南京市人民政府为《中华人民共和国工会法》应自六月二十九日起施行给市劳动局的通知
（一九五〇年七月二十日） …… 196
华东军政委员会为奉政务院批复修正南京市人民政府试行组织条例的令
（一九五〇年十二月二十一日）
附：南京市人民政府试行组织条例 …… 197
南京市人民政府各局职掌
（一九五〇年） …… 201

（三）各界人民代表大会

南京市第一届第二次各界人民代表会议总结报告
（一九四九年十二月） …… 207
南京市第一届第三次各界人民代表会议总结
（一九五〇年四月） …… 210
南京市第三届各界人民代表会议总结
（一九五〇年四月） …… 215
南京市区各界人民代表会议组织通则（草案）
（一九五〇年十月二十六日） …… 227
南京市第二届各界人民代表会议组织条例（草案）
（一九五〇年十月二十六日） …… 229

南京市第二届各界人民代表会议议事规则（草案）
（一九五〇年十月二十六日）…… 231
南京市人民政府暂行组织条例（草案）
（一九五〇年十月二十六日）…… 232
南京市人民政府正副市长及委员会委员选举办法（草案）
（一九五〇年十月二十六日）…… 235
南京市第二届各界人民代表会议协商委员会组织条例（草案）
（一九五〇年十月二十六日）…… 237
南京市第二届第一次各界人民代表会议提案审查委员会关于提案审查结果的报告（草稿）
（一九五〇年十月二十七日）…… 239
关于南京市第二届第一次各界人民代表会议的综合报告（草稿）
（一九五〇年十月三十日）…… 244
南京市各界人民代表会议代行人民代表大会职权的体会
（一九五〇年十月）…… 256
第二届各界人民代表会议闭幕以来政府工作实施概况
（一九五一年四月）…… 266
南京市各界人民代表会议的综合报告节选（由第一届至第三届各界人民代表会议）…… 275
南京市市区历届各次各界人民代表会议统计
（一九五一年十月）…… 282

三　发展生产

（一）各行业调查概况

南京各厂矿概况一览
（一九四九年六月六日）…… 293
南京市私营钢铁红炉厂坊概况调查表
（一九四九年九月八日）…… 300
南京市私营工厂机器业统计表
（一九四九年九月十五日）…… 305
南京市公营企业情况表
（一九四九年十月三十一日）…… 310
南京市私营工业概况调查表
（一九四九年十月三十一日）…… 313
南京市工业资本总额统计表
（一九四九年十一月）…… 320

南京市商业资本总额统计表
（一九四九年十一月）…… 322
南京市解放前各公营工厂企业年终奖金及双薪情况
（一九四九年）…… 324
工业部所属工矿单位一九四九年五月至十二月账面盈亏一览表
（一九四九年）…… 325
工业部所属工矿单位一九四九年产品总值统计表
（一九四九年）…… 326
工业部各厂一九五〇年生产计划
（一九四九年）…… 328
南京市市营各工厂账面盈亏一览表
（一九四九年）…… 329
南京市棉织业概况
（一九五〇年十月二十日）…… 331
关于南京解放以来生产情况的综合报告（节选）
（一九五〇年）…… 336
南京市公营工矿单位情况表…… 347
解放前后南京的金融、贸易与物价的基本情况（节选）
（一九五〇年）…… 349

（二）各工厂恢复与发展
两浦区委会关于永利硫酸铔厂概况报告
（一九四九年五月二十一日）…… 362
江南汽车公司复工前后的情况及工委对问题的处理意见
（一九四九年六月九日）…… 367
南京电厂1949年总结报告（节选）…… 374
南京市调查资料之二（下关码头工人）
（一九四九年七月十日）…… 385

后记 …… 399

一

军事接管

（一）南京治安维持委员会

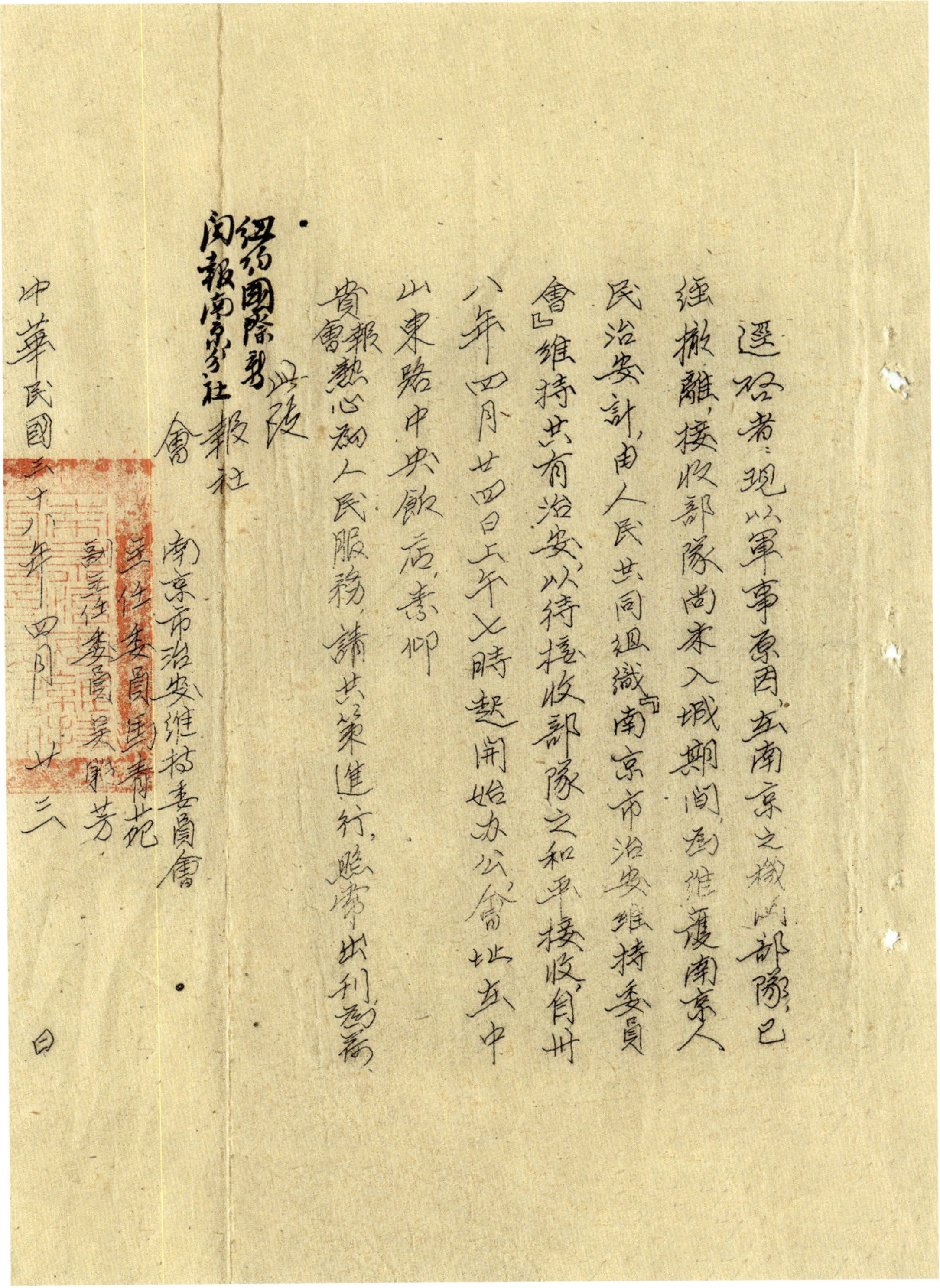

逕啟者：現以軍事原因，在南京之機關部隊，已經撤離，接收部隊尚未入城期間，為維護南京人民治安計，由人民共同組織「南京市治安維持委員會」維持共有治安，以待接收部隊之和平接收，自卅八年四月廿四日上午七時起開始办公，會址在中山東路中央飯店，素仰

貴報熱心為人民服務，請共策進行，照常出刊為禱

此致

紐約國際新聞報南京分社 報社

南京市治安維持委員會

主任委員 馬青苑

副主任委員 吳貽芳

中華民國三十八年四月廿三日

南京治安维持委员会成立启事（一九四九年四月二十三日）

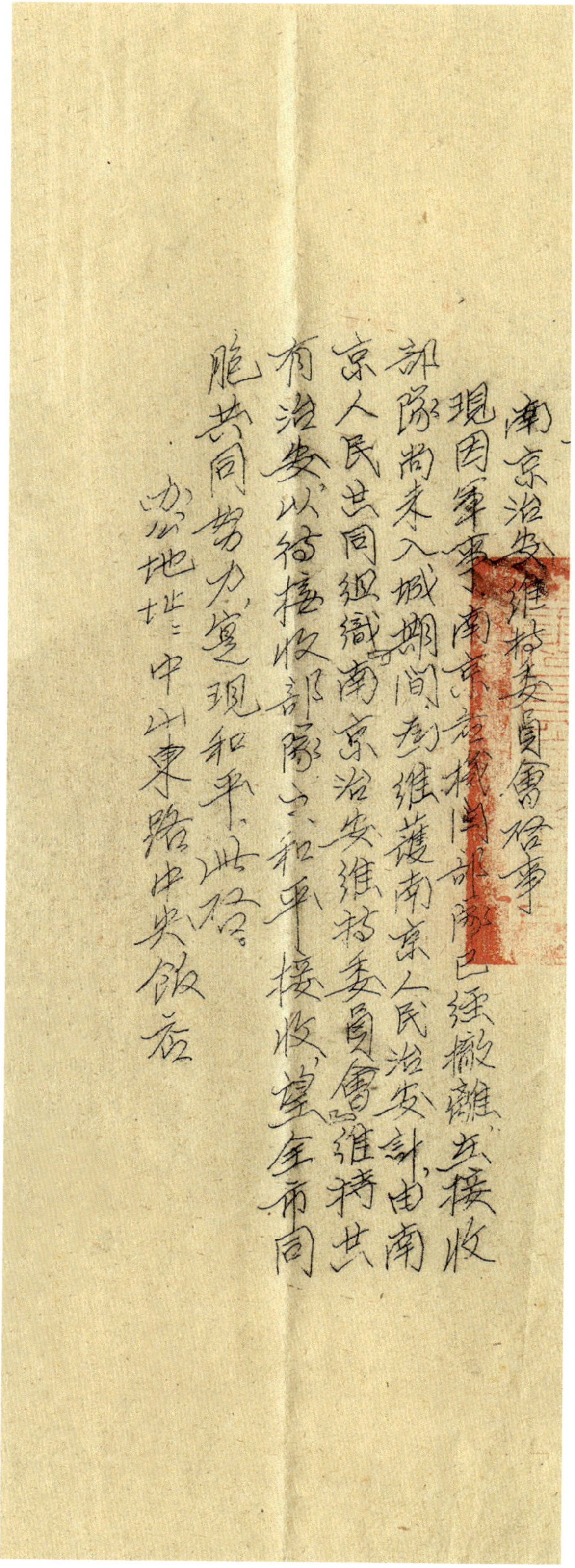

南京治安維持委員會啓事
現因軍事，南京市城防部隊已經撤離，其接收
部隊尚未入城期間，為維護南京人民治安計，由南
京人民共同組織南京治安維持委員會維持共
有治安，以待接收部隊之和平接收，望全市同
胞共同努力，實現和平，此啓。
办公地址：中山東路中央飯店

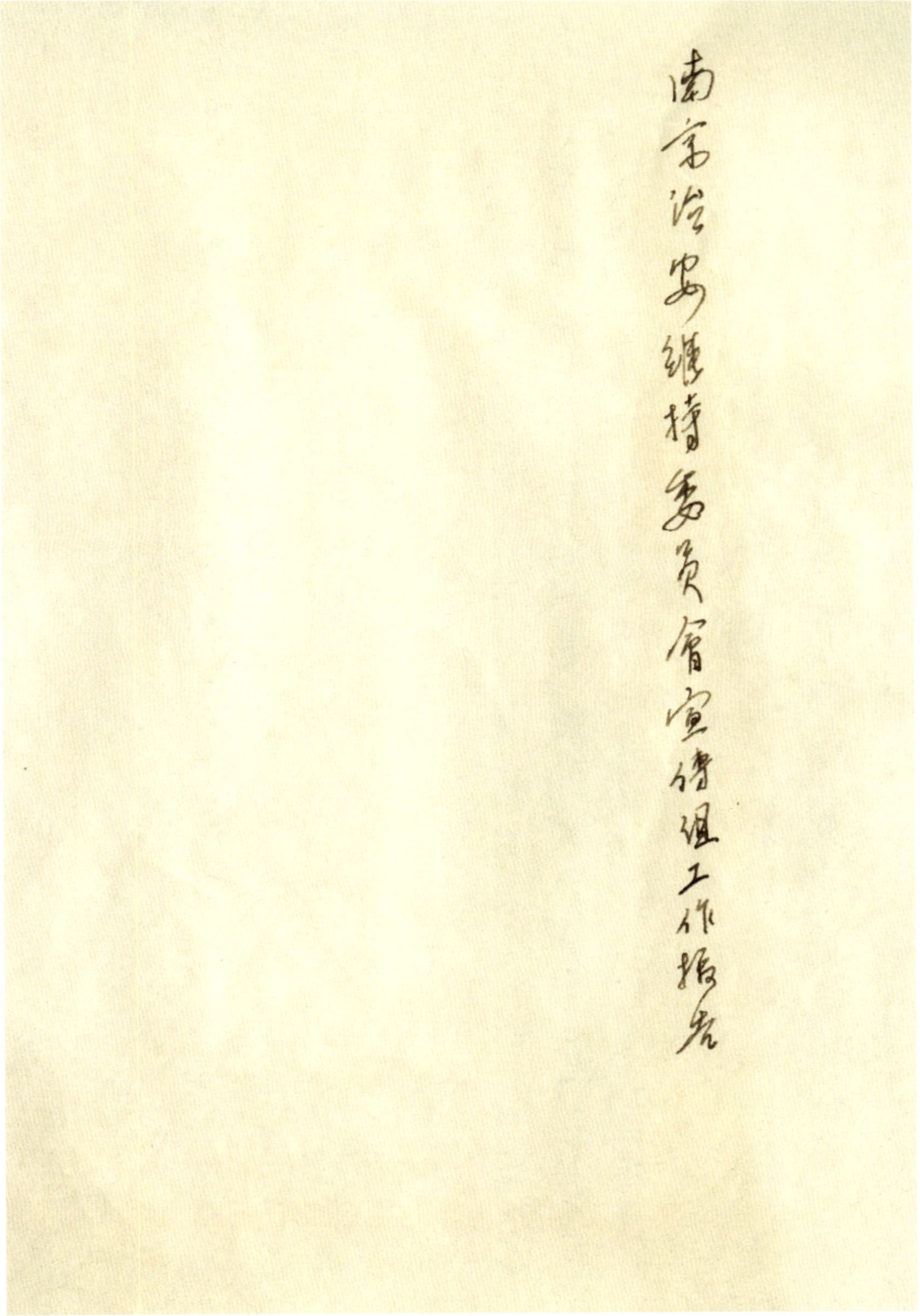
南京治安维持委员会宣传组工作报告

南京治安维持委员会宣传组工作报告（一九四九年）

一、工作報告

四月二十三至二十四日為本會聯合歡迎解放軍工作。

四月二十五日：本組本日開始工作，工作同志共五人，計作下列各項工作：(一)編製宣傳大綱，(二)決定宣傳方式，(三)印製告商民書(四)印製宣傳口號、標語。(五)接待各報社記者。

四月二十六日：上午：(一)編印告市民書，(二)寫製標語(三)接待報社記者，(四)下午，本組全體人員，並請教導組共會計室各一部份人員，赴街頭宣傳，從新街口，中華路，太平路一帶；晚六時始返會。

四月二十七日：(一)重印告市民書共告商民書(二)編印快報及小快報各一份，(三)寫製標語，(四)下午，請重輝商業學生二十人，會同本組人員，(分)乘大卡車、小摩托車二部，赴街頭宣傳，趕秩歌。(五)與交通、事務、歡迎招待各組連繫、發佈本會有關消息。

四月二十八日：(一)編製快報(因油印機缺、未印出)、(二)編製標語等宣傳品。(三)下午、由本組人員、出發到街頭貼標語、並作口頭宣傳。(四)接待記者、發佈消息與昨同。

四月二十九日：(一)編製標語等宣傳品。(二)由本組人員、出發到街頭貼標語、並作口頭宣傳。(三)準備結束工作。

四月卅日：上午街頭貼標語下午辦理結束移交工作

二、工作檢討

甲、本組缺點：(一)各工作同志太少、缺乏繪畫人材、(二)宣傳工作多未深入(三)宣傳品內容、缺少具體事實的敘述。

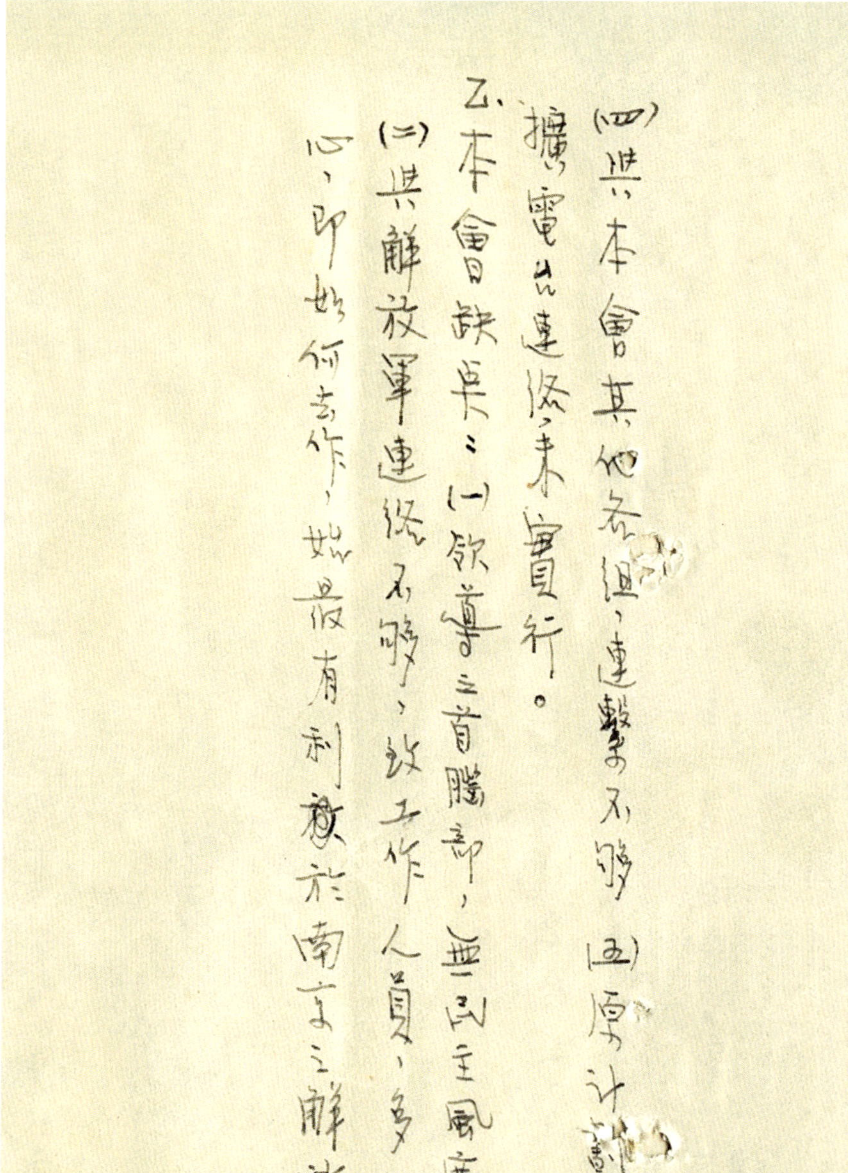

(四)與本會其他各組連繫不夠 (五)原計劃與影劇界、廣播電台連絡未實行。

乙、本會缺点：(一)領導之首腦部，無民主風度與組織才能。(二)與解放軍連絡不夠，致工作人員，多無法把握工作重心，即如何去作，始最有利於南京之解放，

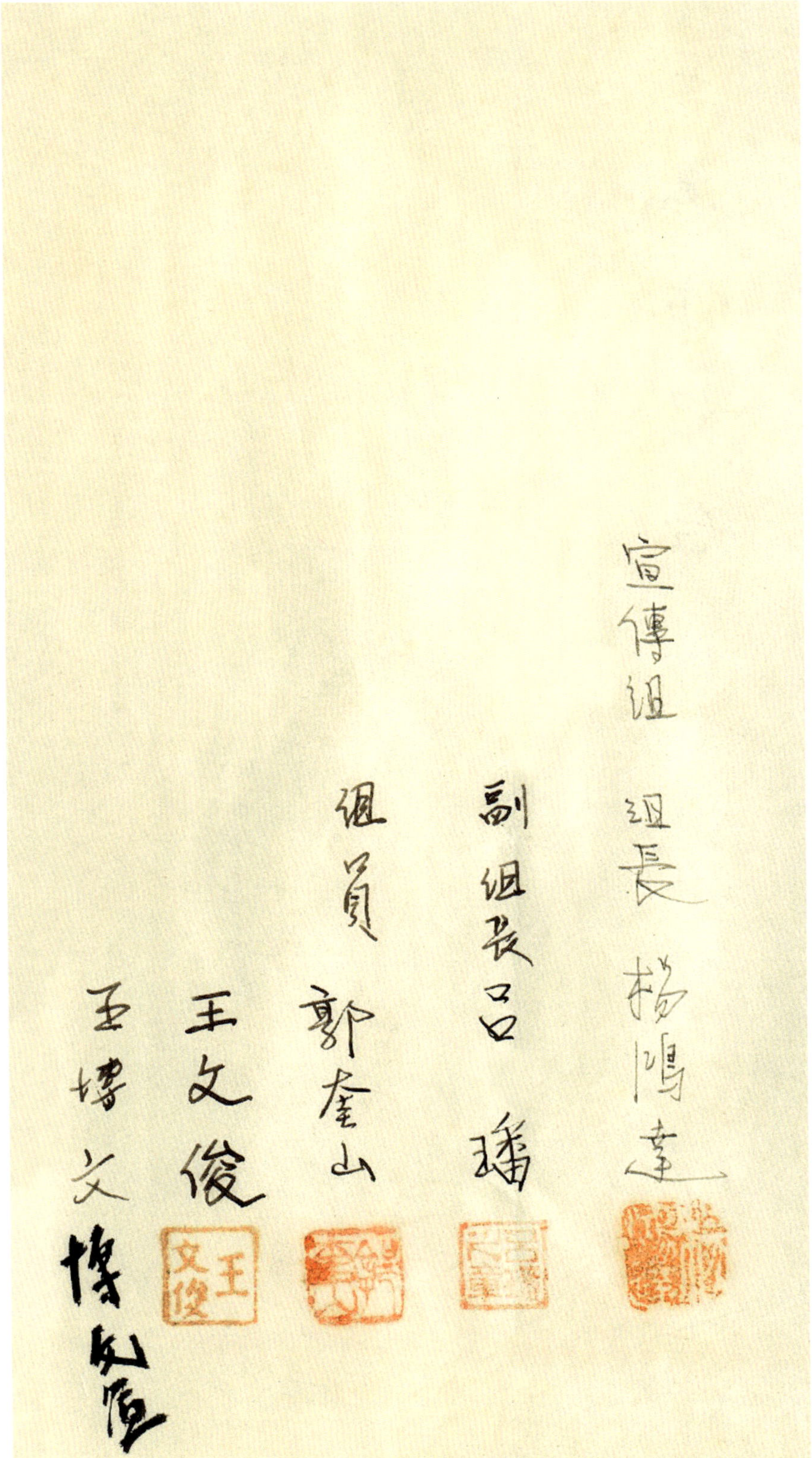

宣傳組
組長 楊鴻達
副組長 呂 璠
組員 郭奎山
王文俊
王增文
[illegible]

工
02
工作報告

南京治安維持委員會
交通組
圖章

南京治安维持委员会交通组工作报告（一九四九年五月一日）

報告

三十八年四月卅日（五月一日）

於交通組

謹將職組自成立以來工作情形逐項詳報如次：

（一）籌借公商運輸車輛：

本組為供應軍方及疏散蔣軍遺留機場炸彈地雷等危險物品與便利交通駛用起見經向公商方面借得大小汽車三十五輛計首都汽車公司大型車四輛郵局卡車二輛摩托車六輛公務局卡車三輛中吉普一輛交通部運輸處卡車一輛小車四輛其餘各車行商車（卡車）十輛小車四輛以資供應

（二）籌集渡江船舶往來軍運：

本市解放初期江中軍運頻繁本組經與京浦港務所張國樑蔡九

皋雨先生洽妥輪船十隻在下關江面往復行駛輸運解放軍進駐同志

（三）籌借汽車燃料：

本組自借得供應車輛後因汽油無着乃返復逕向各界奔走商借計借得鴻達車行汽油一桶南京車行汽油一桶友聯車行汽油一桶中航公司一桶機場三桶合計七桶（每桶五十加侖）（附表）

（四）供應車輛處所：

軍部方面計用大型車十二輛小型車六輛飛機場方面計用大型車五輛中吉普一輛本會宣傳組駛用大型車一輛摩托車二輛（宣傳粘貼標語等事應用）其餘車輛或作疏散炸彈地雷汽油等駛用或為解放軍運輸需

困或作本會各組交通上駛用連日輪派供應迄未間斷

（五）登記解放前本市公商車輛被蔣軍拉去散失數額：

本市解放前夕因蔣軍倉促散退急需運輸工具乃強拉公商大小汽車駛用混亂不堪撤退途中因車輛機件損壞無法行駛者為數甚多任其殘毀非特正當商人之損失無法估計即今後京市交通亦感問題嚴重本組特舉辦該項散失車輛登記以便設法整頓至目前為止登記者已近三十輛仍繼續辦理中

右報告

主任委員馬

交通組組長孫右衡

附職員名冊一份

油料消耗報告表一份

繳呈組章一枚[redacted]

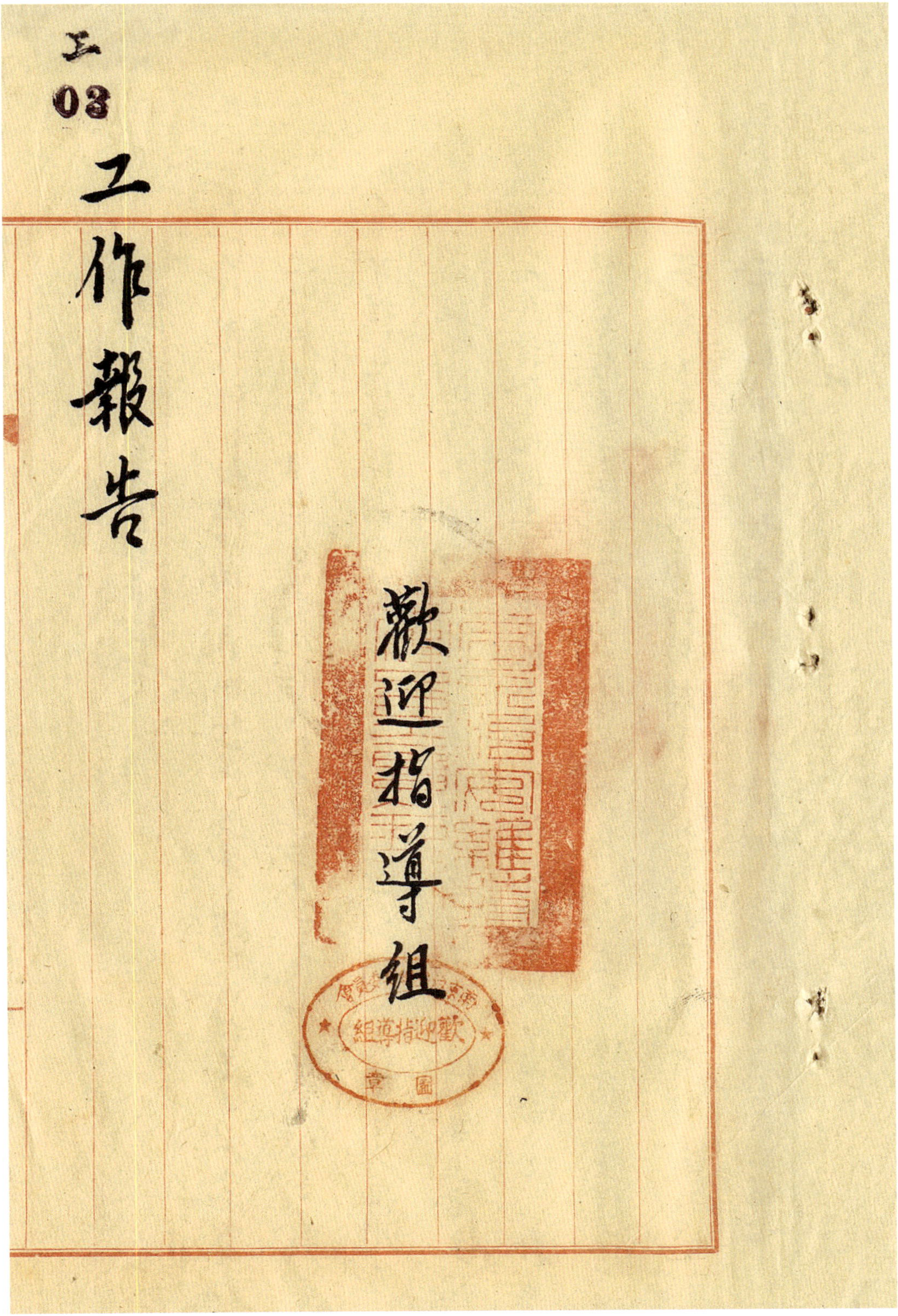

工 03

工作報告

歡迎指導組

南京治安維持委員會 歡迎指導組 圖章

南京治安维持委员会欢迎指导组工作报告（一九四九年五月）

歡迎指導組工作報告

一、工作準備：歡迎中國人民解放軍為南京治安維持委員會兩大任務之一。本組工作同志有鑒及此，乃於四月廿三日午夜由王俠仁、姜毅、石宋謙三同志隨解放軍地下聯絡人員胡一紅、何廷祥、李成訓同志前往下關首都電廠與解放軍聯絡，是日下午本組正式在南京治安維持會內成立，名曰：歡迎指導組，並奉發本組圖章一顆，為由大會推選王俠仁為組長，姜毅、安靜之為副組長，並指定丁聿蔚、石宋謙、葉國銓、張翔南、吳邦英、蔡學庭、賀錫敷等七同志為組員，即日起在中央飯店一樓112號本組辦公室正式辦公。

二、工作實施：

八、订定本组工作大纲，本组第一次组务会议拟订工作大纲五项（详述经签奉主任委员马核准并集本组会后工作即根据此项计划分别实施。

五、指导筹备庆祝中国人民解放军庆祝南京解放大会：

四、发动本市各界踊跃参加庆祝大会筹备会，本组为发动全市各界热烈庆祝中国人民解放军起见，首先发布新闻及广播消息，召集各界代表来本组办理参加庆祝大会登记事宜，自四月廿三日起至廿五日止登记之单位共一九五代表共二三七人，广续召开各单位代表大会商讨举行庆祝解放军大会事宜。

四、推举产生欢迎大会主席团——四月廿五日召开各单位代表大会推举产生主席团办法，并俟已登记各单位归类统计分配主席团应佔席次，以期主席团之人选遍佈全市各界，为使大会一致赞同，就已登记单位，推定主席团单位，并决定主席团办公地点设于中央大学工学院一〇四室，规定欢迎大会所有应办事项，会后统由主席团决定办理，本组旋派副组长安静之、组员丁书蔚、吴邦英三同志参加大会担任联络及宣传工作。

五、通知参加欢迎大会各单位，前往大会筹备处填表登记——大会主席团产生后，为明瞭各单位实际参加大会及进行人数过久，本组乃发布通知由南京广播电台转播、各单位选送赴中大工学院参加大会阅卿初详填表报。

3、电影戏剧业同业公会欢迎指导并 中国人民解放军、经奉核定函送中国人民解放军南京市军事管制委员会转发电话通知电影戏剧业同业公会转告全市剧院开业准备普遍欢迎致送慰劳券。

4、发动理发沐浴同业公会及商会、召开谈话会，指导举行欢迎事宜。

四、函理发沐浴等同业公会及商会，请派代表出席谈话会：本拟欢迎中国人民解放军意见，经决定由各公会先行到召集各业店代表商讨。

③计划指导全市商店举行货物大廉价，优待中国人民解放军庆祝南京解放。

④通过商会迅速转达各商店开业。

5、配合宣传组宣传：派石宇谦、王安義等同志配合宣传组，赴各地宣传欢迎中国人民解放军；

①派本组薛同志偕趙南華、金鐘、賀錫款、石宇謙四員前往电影戏剧业同业公会联络，交换欢迎之意见，决定先由全市大华等八家规模较大设备完善之剧院以三天致送欢迎中国人民解放军慰劳券。

②、派贺锡麒同志出席上海市电影戏剧业同业公会召集各剧院谈话会讨论救灾慰劳方式，经决定每日每院拨全院票座（救灾日）百分之廿剧票为慰劳券，并择最佳之座位（救灾）以示敬意，此项慰劳券迳由同业公会汇齐送来本组转中国人民解放军转发。

③、转发各电影剧院（救灾）慰劳券：

ⓐ、第一次：四月廿八日大华等八家剧院（救灾）慰劳券三千陆佰柒拾贰张，本组经即出转中国人民解放军第三十五军军部请转发

ⓑ、第二次：四月廿九日大华等八家剧院（救灾）全天慰劳券

三千六百五十二路及慶祝南京解放之意義。

丙、贊襄中國人民解放軍南京市軍事管制委員會及中國人民解放軍佈告、通知各單位及地方保甲來會領帖。

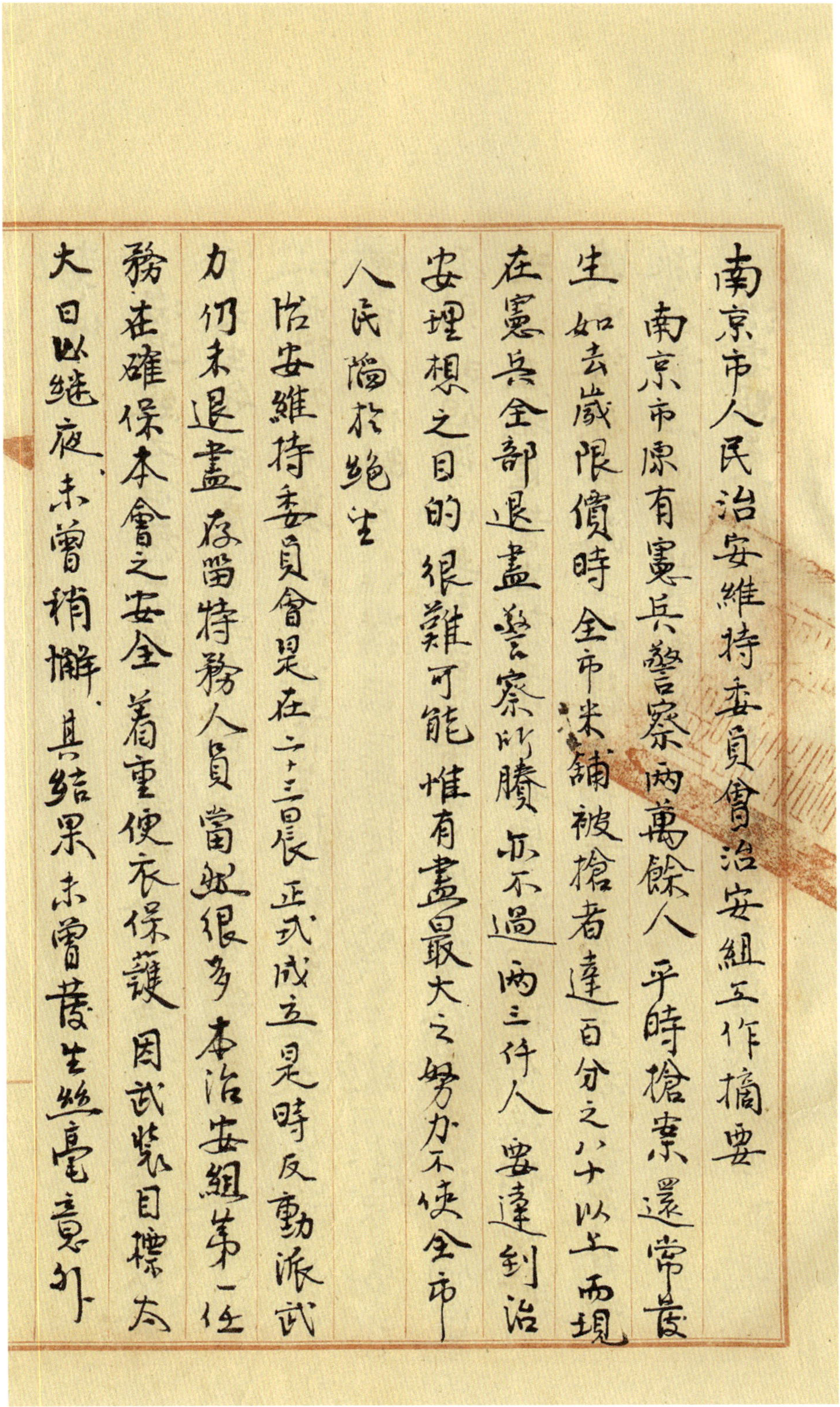

南京市人民治安維持委員會治安組工作摘要

南京市原有憲兵警察兩萬餘人 平時搶案還常發生 如去歲限價時全市米鋪被搶者達百分之八十以上 而現在憲兵全部退盡 警察所賸亦不過兩三仟人 要達到治安理想之目的很難可能 惟有盡最大之努力不使全市人民陷於絕生

治安維持委員會是在二十三日晨正式成立 是時反動派武力仍未退盡 存留特務人員當然很多 本治安組第一任務在確保本會之安全 着重便衣保護 因武裝目標太大 日以繼夜、未曾稍懈、其結果未曾發生絲毫意外

南京治安维持委员会治安组工作摘要及逐日工作日志（一九四九年五月）

事件

治安組之任務不單在保護本會之安全而要保護全市之生命財產 因為人力武力有限未如人意者很多 如水西門外中華門兩地發生搶案 雖經來電話 而未曾派人 但制止搶案第一要把握時機 第二要有威力 否則非但勞而無功 或反有害 軍警人員當知這個道理 但在城區發生搶案者如電訊局國府後街豐橋漢中路林森路三牌樓等地發生搶案 都是經本組派人前往而制止及驅散

治安組另一積極任務 而在協助指導民眾自動組織

群衆及武力而自衛 如下關北區西區東區中區南區西郊北郊等地 凡連絡得上或來本會接洽者無不予以詳細指導及經驗協助 其對本市之治安助益很大

本人奉命兼承西區治安之責任 西區除去歲國民党執政限價時 被搶之米店而今又被搶外（如明瓦廊一帶）其餘店鋪住户如中正路漢中路 莫愁路昇州路朝天宫建鄴 秣陵路評事街等很少曾受驚害 尤其為維持治安 制止搶案 奮不顧身而慘遭匪衆毒害連死員警二名者 尚很少見 能力雖有限 而已盡最大之

努力
總之因為時局進展之神速出人計劃之外本組事前
未能作絲毫準備粗粗組成即担此重任未如人意者當
多还祈 各界原諒指正 所幸本會之安全及全市大體
之治安未曾發生重大意外 此不能歸功於本組乃我
人民解放軍德風之吹至及我南京市一百餘萬市民之福
澤吾人當要為此慶幸

南京市人民治安维持委员会治安组逐日工作日誌：

四月二十三日

晨六時籌備成立治安組織構，至各方活動人與槍，往返奔走五小時，至中午十二時集合全体至開羅飯店，共二十二人，步槍十枝，首先担任開羅飯店之警備工作，下午二時本會於中央飯店紅梅廳開全体代表大會，當又率三分之二警力至中央飯店，担任警衛工作

下午七時許國府西街報有匪警，當即派警二名持槍前去搜捕，待到達後，該匪已完全逃去

下午九時許聞有多數散匪，意圖破壞本市電訊局，經本組派警七名會同林森路義警巡邏車兩輛前往圍攻，該匪見巡邏車趕到，即紛紛逃散。

俟時中共代表來於本會紅梅廳開會，商討一切。本組建議：一、迅速派兵進駐重要軍火庫，并擬就本組之治安方針四大條，發動各家報紙刊登。

晚十一時許，司法院來電，報告發生失警，本組即通知各處消防車趕速出救。

晚一時半，下關來電，報告解放軍已大部过江，并由挹江門開始進城，當因沿途治安堪虞，即保護此間中共代表前往迎接，同時并接洽各方事宜，延至晨四時許始返。

五時後，即通知左近警察機關解放軍進城消息，并要彼等嚴守崗位。總之二十四小時內，未曾休息一刻。

十三時許，朝天宮一帶發生搶米事件，經朝天宮所員警前往彈壓，當被群眾毆斃警士一名。

十七時許安品街一帶發生群众搶米一事，經安所員警前往彈壓，亦被群众毆斃一警員。

十九時許興橋灣來報匪搶，當派警五名，前往該地鳴槍數响，群匪始四散逃走。

四月廿四日

晨八時許，保護馬主任委員出巡全市，由太平路、建康路、中華路、中山北路，至下關，沿途視察下關車站、江邊碼頭、聯勤總部、監察院、交通部、行政院等地，至十一時半，返抵中央飯店。

十二時許，本人赴西區籌組全西區之全体員警，經通知後各員警均勇躍前來報到，當令全体員警各先恢復原有交通崗位，及巡邏隊，至十四時半始返。

十五時許，自來水廠來人報告，謂該廠原有機步槍數枝，而被不明身份者劫去，特來請求本組援助，查彼等原有武器，而今被劫去，足見這批不明身份者，非為平常匪徒，本組所轄人員實力有限，無法應往協助，只得通知中央联络员朱先生，請示派人前往。

十六時許，自来水廠及有恒麵粉公司，又前来本局報警，随又去朱先生处联絡，答称：下午六時人民解放軍即能到達彼处，至六時後，該两地再未来人，料解放軍定按期到矣。

十七時許，北區鼓楼，发生命案，即派警四名，將兇犯三人逮捕来組，經訊問後，即移送碑亭巷本会警察总隊覊押，待人民政府成立後交往法办。

廿五日

首都警察廳，駐衛警察總隊，約二三百人，連絡成功，由原有大隊副率領，並令其先向東區警察局報到（東區局即本會警察總隊）

下關、北區、中區、南區等地人民代表前來本組請示治安方針，當予以詳細指導，組織原有自衛隊、義務警察及防護團，擔任地方治安工作。

中華路錦繡坊薛榮來此報告，存有公家麵粉六百餘包，當令其保管靜待接收，並通知中華路義警隊保護，又請示本會最高當局

首都消費合作社，經理曹作仁來組報告，建鄴路倉庫被搶，當令其十三自衛隊長盧國棟，就近辦理

珠江路資員委員會、中央無線電公司廠長王端讓前來報告，該廠存有器材甚多，恐怕被搶，當令珠江路派警加防衛。

廣州路南京市銀行城北辦事處，存有手雷彈數箱，當請東區警總隊前往移至他处。

漢中路漢中高坊附近，因有大批貧民行動不軌，當派警四名前往驅散。

四月廿六日

晨八時由馬主任委員主持在本會紅梅所開會，直至十一時半始散，會開馬主任委員首先自我檢討，并請人批評後，又討論如何增加工作效率

十四時奉令查明故宮飛機場所存危險物品、汽油、炸彈、搬運的情形经查明有解放軍三一五大隊、三中隊自己在搬運，但搬運汽車僅四輛因此搬運速度極慢，適會中寫公函去司法院物產保管委員會交涉車輛協助搬運

十六時至各重要街道巡查，秩序較為安定，銀元販很多，商店多

未開門营業。重要交通崗已恢復正常，如大行宫、科巷口、阜下路口、珠江路口、新街口、國府路口、碑亭巷口等處。

四月廿七日

八時整派朱保鈞組員送廣播詞至太平路党公共電訊局营業处，廣播内容告知各機関团体代表於本日上午十時，前来中央飯店参加公開歡迎大會筹備会。

九時派沈博峯組員前往碑亭巷，調查联勤總部、財务署、房室及公物。

十時派本組朱保鈞前往逸仙橋逸仙村第三進房室，搬運國民党軍遗丢之破甲地雷三十七桶，送至勵志社解放軍後勤總部，其时附近人心之安寧影响極大。

十四時至東西南北中各區巡視，東西中三區交通情[?]大致恢復如常，服裝亦整齊，沿途見失散員警很多，當即各個別予以勸導指示，使各人自動入各警察所報到。

四月二十八日

各軍事機關留京人員很多，前來報到，當個別予以指示向行政院軍管會報到。

發動民眾团体向世界正義呼援，制止蔣匪飛機停止對南京作盲目掃射和轟炸。

下午至市區各處巡查，并至下關察看被炸之區域，當分別予以慰問，及告訴彼等國民黨之不顧及老百姓的政策。

四月二十九日

八時主任委員招集各組負責人談話

十時收驗民調會之十發盒子手槍兩枝子彈二十發子彈盒兩隻。

十一時本會召開全体工作人員會，主任委員當宣佈將來可能派我們到上海再替上海市民們做一点工作，同仁聞訊後，莫不窃喜

下午二時太平門外堯晨鄉、西霞鄉人民代表、丁賓棟徐士林葛德舉蔡永采等前來本組請示鄉間自衛工作方法，當詳細予以指示及鼓勵。

四月三十日

八時人民解放軍第三十五軍一〇五師三營指導員郎國俊奉命前來繳槍經請示　主任委員馬准許後將駁殼槍兩枝子彈二十發及子彈盒槍盒各二件交清無誤九時四十七分奉主任委員馬手諭暫將會計室王天心、張樹模二同志管押待追回羅偉後釋放

十時奉派前去國府西街二十九號之一找蘇康英未曾找着繼又派前往安樂酒店找羅偉當經找回。十一時十七分奉　主任委員馬手諭准王天心、張樹模二同志繼續工作

南京治安維持委員會啓事

本會於國民黨匪軍撤退後，倉卒成立，對維持本市治安，未臻完善，疎漏之處，愧對人民。茲解放軍到京，軍事管制委員會於四月二十八日成立，治安維持委員會，即於二十九日結束。惟以各界應選出之委員始終未能選齊，故遲延公佈。在本會工作一週期間，如會內同人有假公濟私，冒領強取行為者，請各界人民，向軍管會指名報告，以便懲處。結束後如再有假本會名義招搖者，請扭送軍管會懲處，以維紀律而安社會。此啓。

主任委員　馬青苑
副主任委員　吳貽芳
委員　陳裕光、胡逸民、閻志遜、馬灤森、李旭旦、倪青原、錢貫之、吳裕後、穆華軒

一九四九年五月九日

南京治安维持委员会关于结束工作的启事（一九四九年五月九日）

（二）南京市军事管制委员会布告、通知

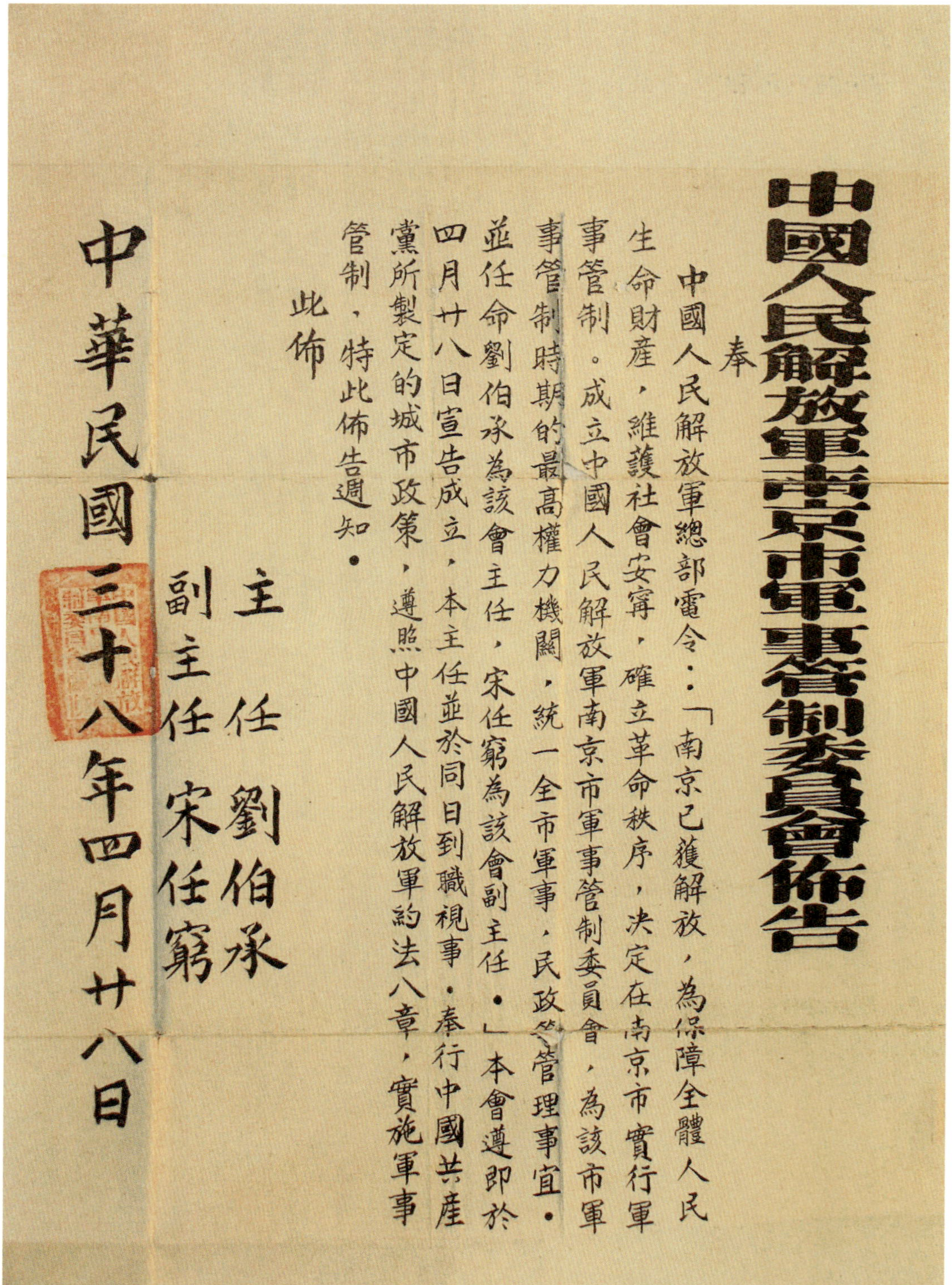

中國人民解放軍南京市軍事管制委員會佈告

奉

中國人民解放軍總部電令：「南京已獲解放，為保障全體人民生命財産，維護社會安寧，確立革命秩序，決定在南京市實行軍事管制。成立中國人民解放軍南京市軍事管制委員會，為該市軍事管制時期的最高權力機關，統一全市軍事、民政等管理事宜。並任命劉伯承為該會主任，宋任窮為該會副主任。」本會遵即於四月廿八日宣告成立，本主任並於同日到職視事。奉行中國共産黨所製定的城市政策，遵照中國人民解放軍約法八章，實施軍事管制，特此佈告週知。

此佈

主任 劉伯承

副主任 宋任窮

中華民國三十八年四月廿八日

南京市军事管制委员会成立布告（一九四九年四月二十八日）

88

南京市軍管會佈告

中國人民幣為本位幣

限期禁用偽金圓券

人民幣與偽幣比值按偽幣貶值程度隨時變更

【本報訊】中國人民解放軍南京市軍事管制委員會於四月二十八日發佈軍管字第[illegible]號佈告，規定關於使用人民幣及限期禁用偽「金圓券」的規定法，原文如下：

查偽「金圓券」係國民黨反動政府和四大家族掠奪人民血汗，損害人民利益，及進行內戰之工具，使我全國人民損失極大。本會為保護人民利益，穩定市場金融，建立新民主主義經濟新秩序起見，特作如下規定：

一、中國人民銀行所發行之人民幣，為全解放區統一流通之合法貨幣。自即日起，所有完糧納稅以及一切公私款項收付，物價計算、賬務、債務、票據、契約等，均須以人民幣為計算及清算本位。

二、偽「金圓券」自即日起為非法貨幣。但為照顧人民之困難，在五月八日以前暫准在市面流通，過期即嚴禁使用。在暫准流通期間，人民有權自動拒用偽「金圓券」，任何人不得強迫其收受。

三、本會規定人民幣一元折偽「金圓券」二千五百元為本市第一次比價。但因國民黨反動政府，仍在繼續發行，偽「金圓券」一定繼續貶值，故在暫准流通期間，市場使用偽「金圓券」，不受第一次比價之限制，人民可隨時按其貶值程度更改比價。本會并授權本市中國人民銀行，隨時掛牌公告人民幣對偽「金圓券」比價之變動。

四、自即日起，本市買賣物價，一律按其原價遵照本市第一次比價，改成人民幣計算。以後不得因偽「金圓券」貶值而抬高。如有奸商故違，定予嚴辦。

五、凡四月二十八日以前之一切債權、債務、契約、合同等，均須按本市第一次比價折成人民幣。凡不依規定改訂者，在法律上不生效力。

六、為照顧人民困難，本會贊成本市中國人民銀行，以人民幣按牌價收兌一部份偽「金圓券」，收兌之比價、限額、期限、票面種類及兌換手續辦法，由人民銀行規定公佈之。

以上規定，仰全體人民遵照辦理，違者以擾亂金融論處。此佈！主任劉伯承　副主任宋任窮　中華民國三十八年四月二十八日

南京市军事管制委员会关于人民币为流通币的布告（一九四九年四月二十八日）

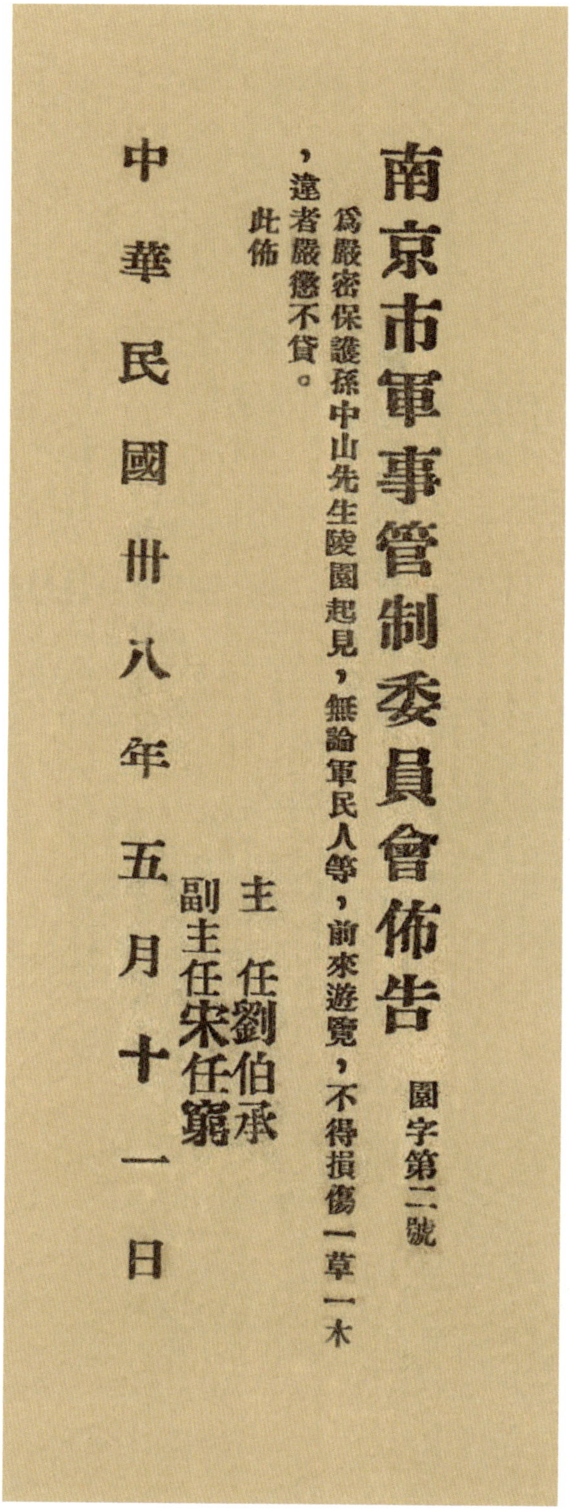

南京市軍事管制委員會佈告

園字第二號

爲嚴密保護孫中山先生陵園起見，無論軍民人等，前來遊覽，不得損傷一草一木，違者嚴懲不貸。此佈

主　任　劉伯承

副主任　宋任窮

中華民國卅八年五月十一日

南京市军事管制委员会关于保护中山陵园的布告

（一九四九年五月十一日）

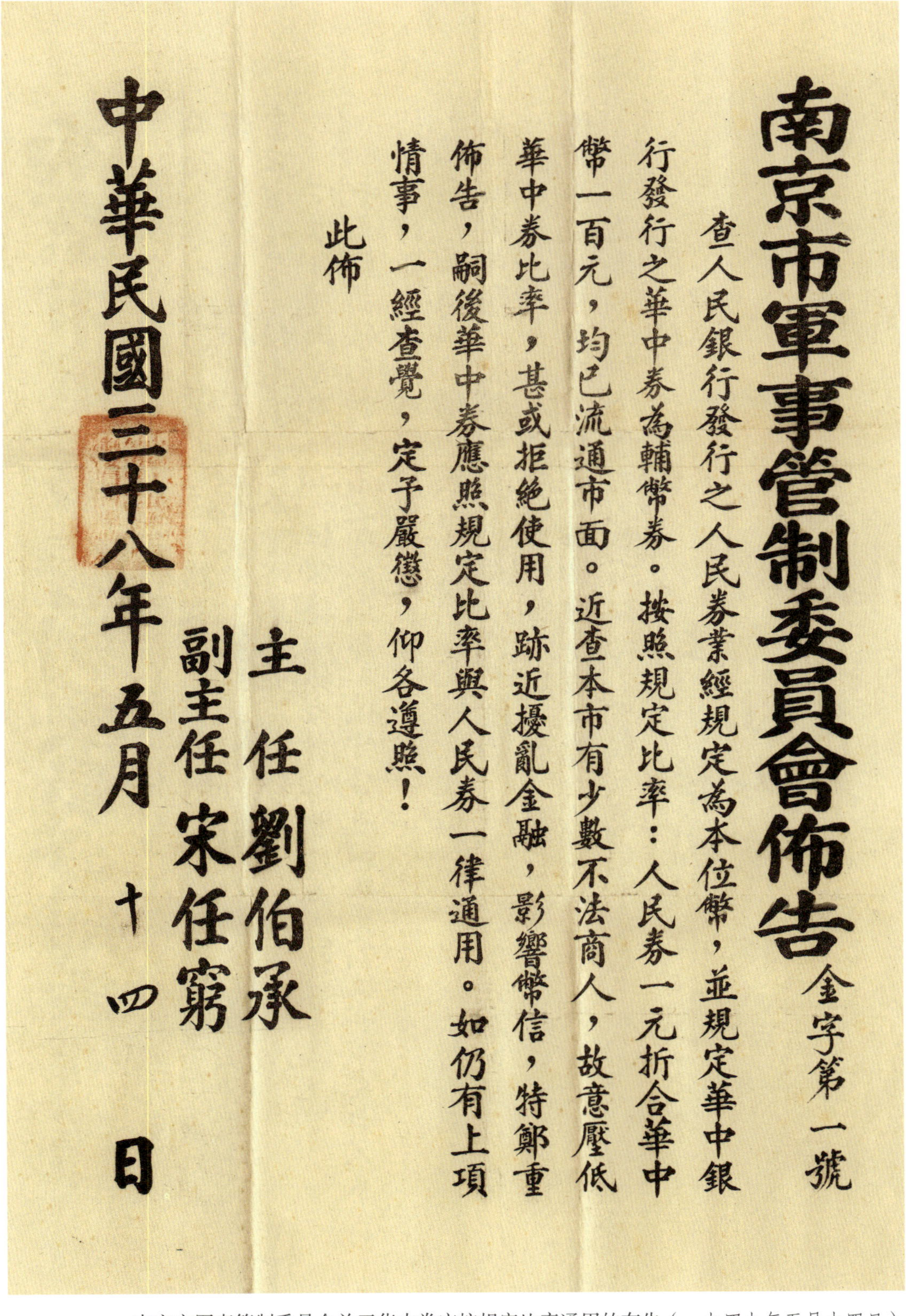

南京市軍事管制委員會佈告

金字第一號

查人民銀行發行之人民券業經規定為本位幣，並規定華中銀行發行之華中券為輔幣券。按照規定比率：人民券一元折合華中幣一百元，均已流通市面。近查本市有少數不法商人，故意壓低華中券比率，甚或拒絕使用，跡近擾亂金融，影響幣信，特鄭重佈告，嗣後華中券應照規定比率與人民券一律通用。如仍有上項情事，一經查覺，定予嚴懲，仰各遵照！

此佈

主　任　劉伯承

副主任　宋任窮

中華民國三十八年五月十四日

南京市军事管制委员会关于华中券应按规定比率通用的布告（一九四九年五月十四日）

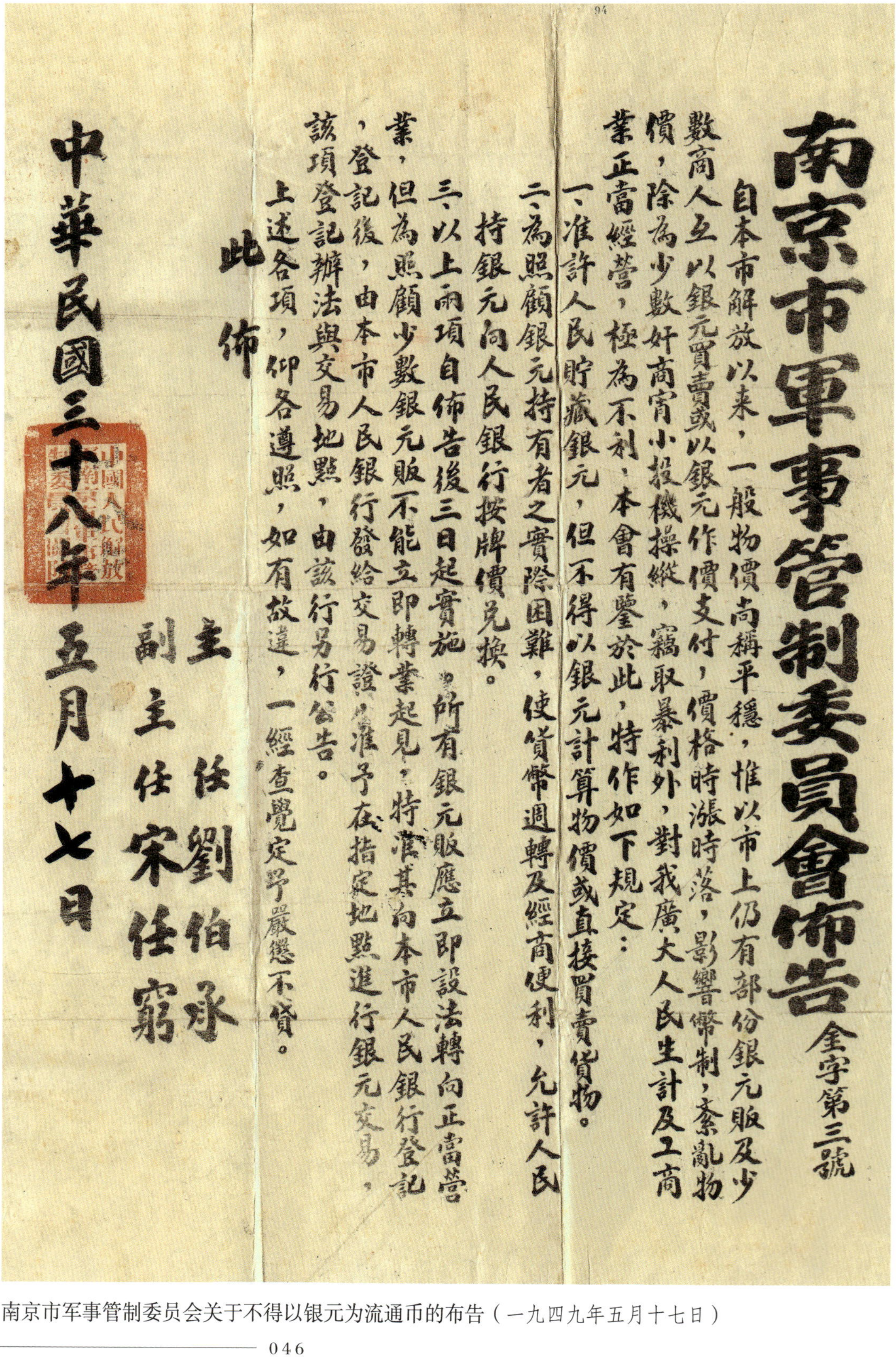

南京市軍事管制委員會佈告　全字第三號

自本市解放以來，一般物價尚稱平穩，惟以市上仍有部份銀元販及少數商人立以銀元買賣或以銀元作價支付，價格時漲時落，影響幣制，紊亂物價，除為少數奸商宵小投機操縱，竊取暴利外，對我廣大人民生計及工商業正當經營，極為不利，本會有鑒於此，特作如下規定：

一、准許人民貯藏銀元，但不得以銀元計算物價或直接買賣貨物。

二、為照顧銀元持有者之實際困難，使貨幣週轉及經商便利，允許人民持銀元向人民銀行按牌價兌換。

三、以上兩項自佈告後三日起實施。所有銀元販應立即設法轉向正當營業，但為照顧少數銀元販不能立即轉業起見，特准其向本市人民銀行登記，登記後，由本市人民銀行發給交易證，准予在指定地點進行銀元交易，該項登記辦法與交易地點，由該行另行公告。

上述各項，仰各遵照，如有故違，一經查覺定予嚴懲不貸。

此佈

主任　劉伯承

副主任　宋任窮

中華民國三十八年五月十七日

南京市军事管制委员会关于不得以银元为流通币的布告（一九四九年五月十七日）

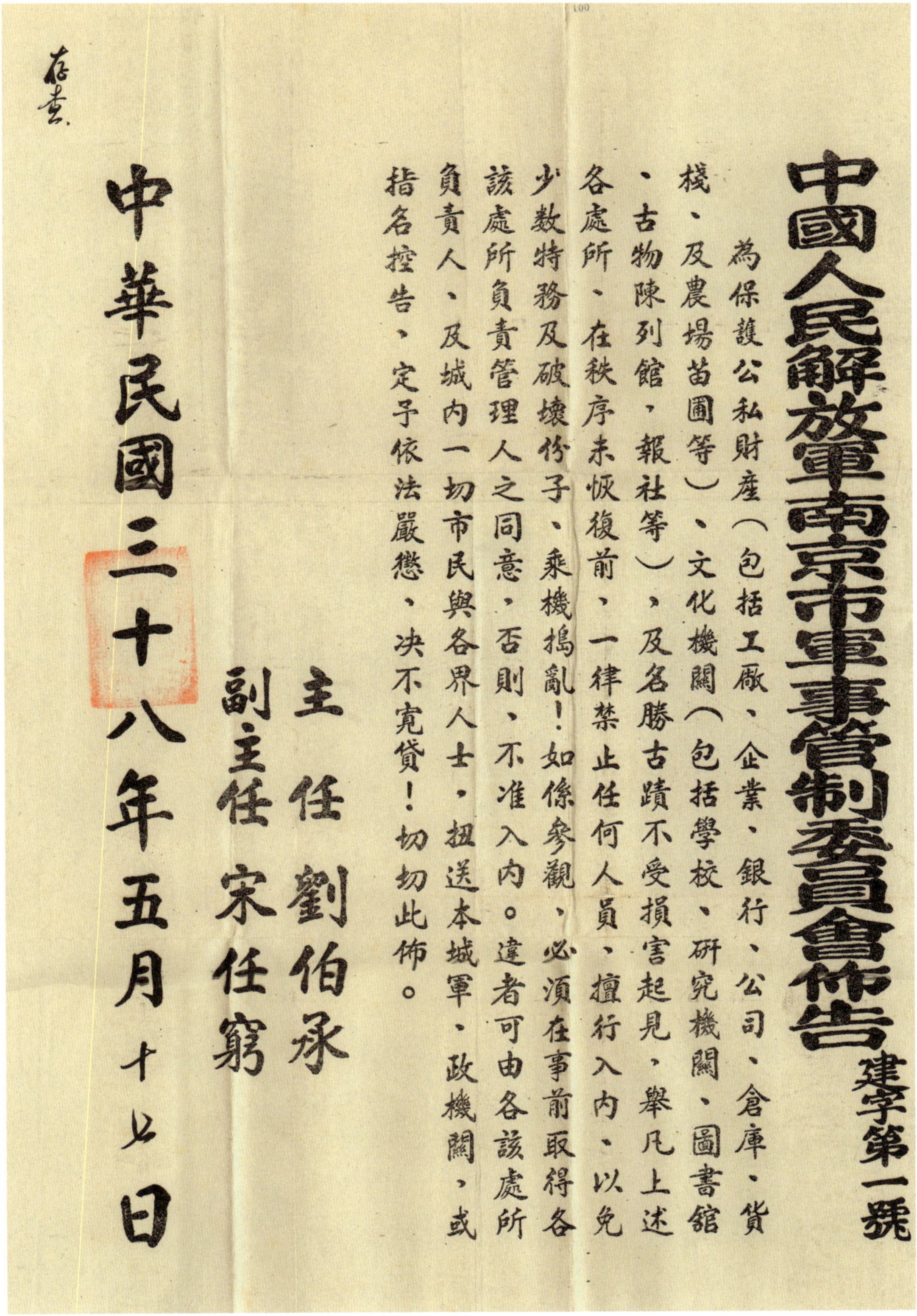

中國人民解放軍南京市軍事管制委員會佈告

建字第一號

為保護公私財產（包括工廠、企業、銀行、公司、倉庫、貨棧、及農場苗圃等）、文化機關（包括學校、研究機關、圖書館、古物陳列館、報社等），及名勝古蹟不受損害起見，舉凡上述各處所、在秩序未恢復前、一律禁止任何人員、擅行入內、以免少数特務及破壞份子、乘機搗亂！如係參觀、必須在事前取得各該處所負責管理人之同意、否則、不准入內。違者可由各該處所負責人、及城內一切市民與各界人士，扭送本城軍、政機關，或指名控告，定予依法嚴懲、決不寬貸！切切此佈。

主任 劉伯承

副主任 宋任窮

中華民國三十八年五月十七日

存查

南京市军事管制委员会关于保护公私财产、名胜古迹的布告（一九四九年五月十七日）

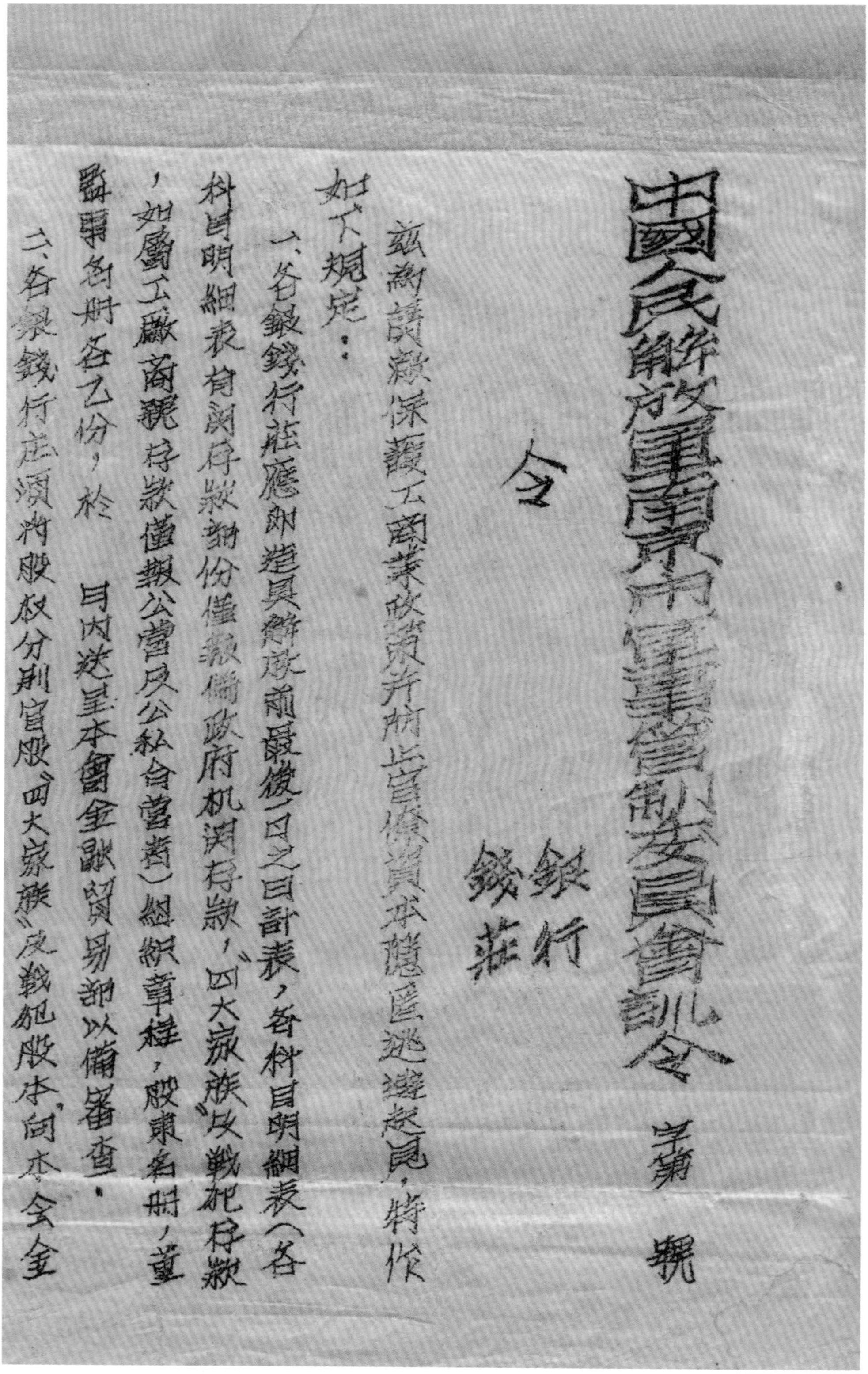

中國人民解放軍南京市軍事管制委員會訓令　字第　號

令　銀行　錢莊

茲為認真保護工商業，防止官僚資本隱匿逃避起見，特作如下規定：

一、各銀錢行莊應將迄至解放前最後一日之日計表，各科目明細表（各科目明細表內有關存款部份僅報備政府機關存款，"四大家族"及戰犯存款，如屬工廠商號存款僅報公營及公私合營者）組織章程，股東名册，董監事名册各乙份，於　日內送呈本會金融貿易部以備審查。

二、各銀錢行莊須將股权分别官股，"四大家族"及戰犯股本，向本會金

南京市军事管制委员会关于保护工商业、防止官僚资本隐匿逃避的训令（一九四九年五月）

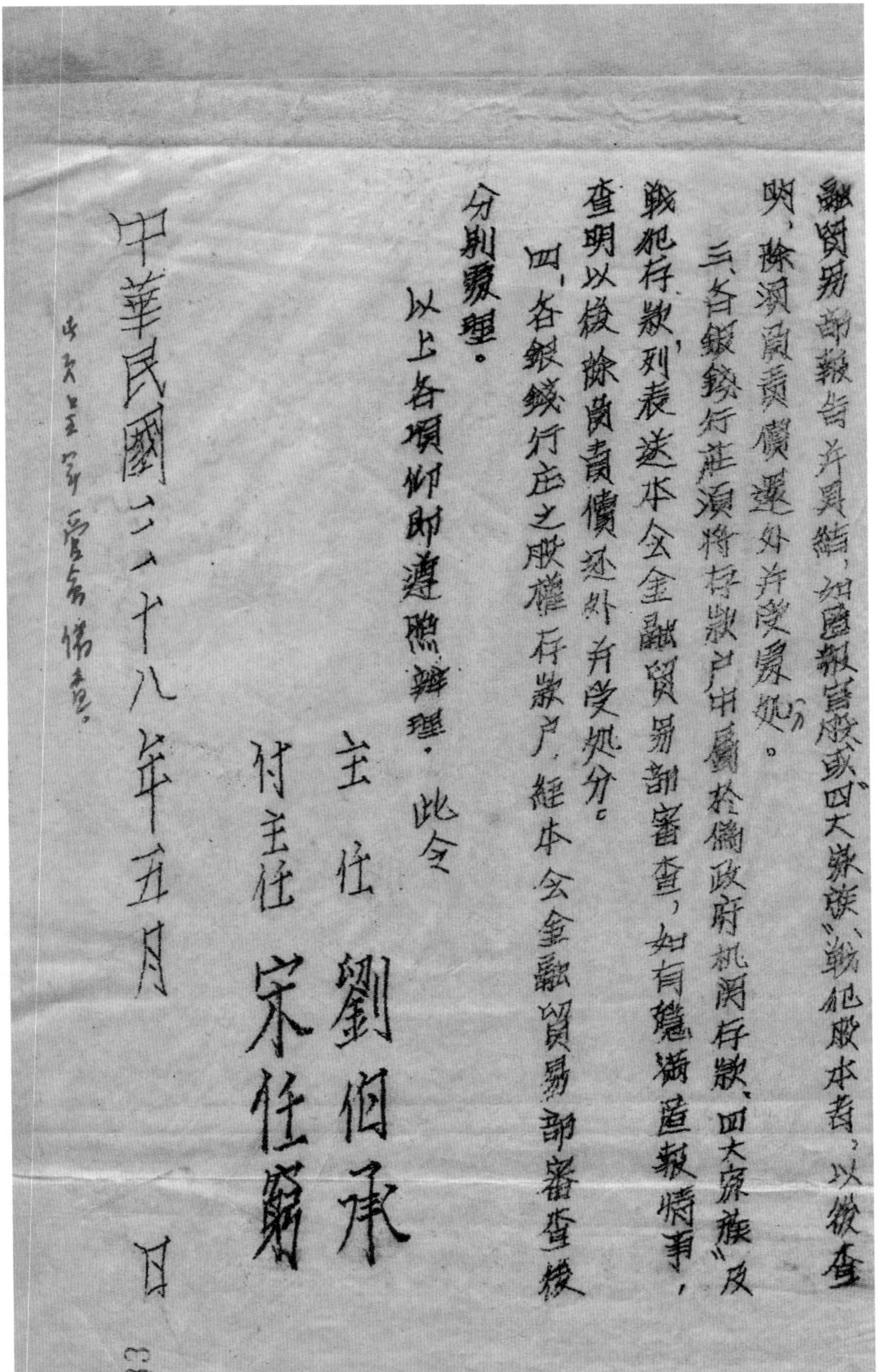

融貿易部報告并具結，如匿報官股或四大家族、戰犯股本者，以後查明，除須負責償還外并受處分。

三、各銀錢行莊須將存款户中屬於偽政府机関存款、四大家族及戰犯存款，列表送本会金融貿易部審查，如有隱瞞匿報情事，查明以後，除負責償还外并受処分。

四、各銀錢行庄之股權存款户，經本会金融貿易部審查後分别處理。

以上各項仰即遵照辦理。此令

主任 劉伯承

付主任 宋任窮

中華民國三十八年五月　日

此文已呈軍管會備查。

33

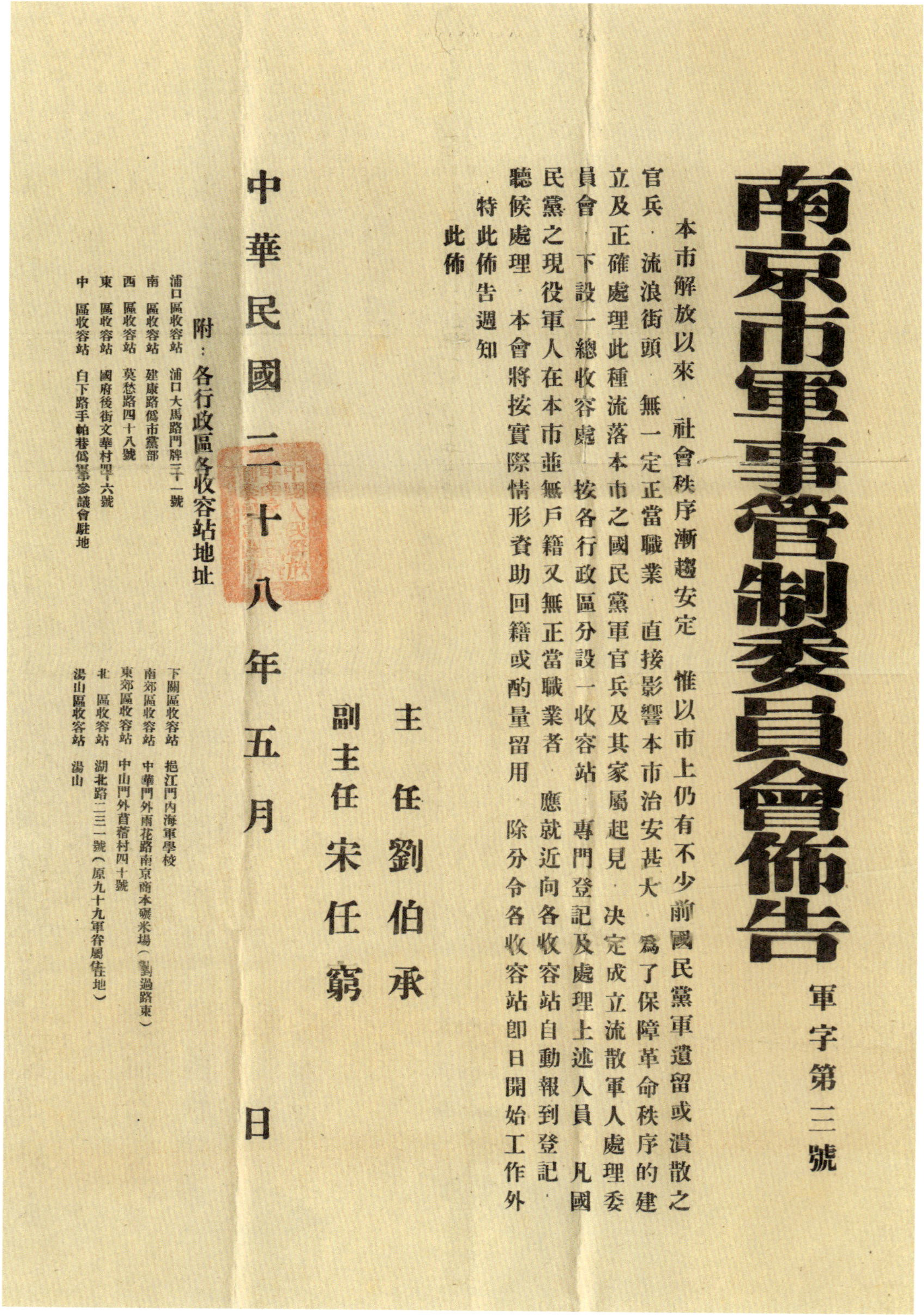

南京市軍事管制委員會佈告

軍字第三號

本市解放以來，社會秩序漸趨安定，惟以市上仍有不少前國民黨軍遺留或潰散之官兵，流浪街頭，無一定正當職業，直接影響本市治安甚大，爲了保障革命秩序的建立及正確處理此種流落本市之國民黨軍官兵及其家屬起見，決定成立流散軍人處理委員會，下設一總收容處，按各行政區分設一收容站，專門登記及處理上述人員，凡國民黨之現役軍人在本市並無戶籍又無正當職業者，應就近向各收容站自動報到登記，聽候處理，本會將按實際情形資助回籍或酌量留用，除分令各收容站即日開始工作外，特此佈告週知

此佈

主任 劉伯承

副主任 宋任窮

中華民國三十八年五月 日

附：各行政區各收容站地址

浦口區收容站 浦口大馬路門牌三十一號

南 區收容站 建康路僞市黨部

西 區收容站 莫愁路四十八號

東 區收容站 國府後街文華村四十六號

中 區收容站 白下路手帕巷僞警參議會駐地

下關區收容站 挹江門內海軍學校

南郊區收容站 中華門外雨花路南京商本碾米場（劉過路東）

東郊區收容站 中山門外苜蓿村四十號

北 區收容站 湖北路二三一號（原九十九軍眷屬住地）

湯山區收容站 湯山

南京市军事管制委员会关于成立流散军人处理委员会的布告（一九四九年五月）

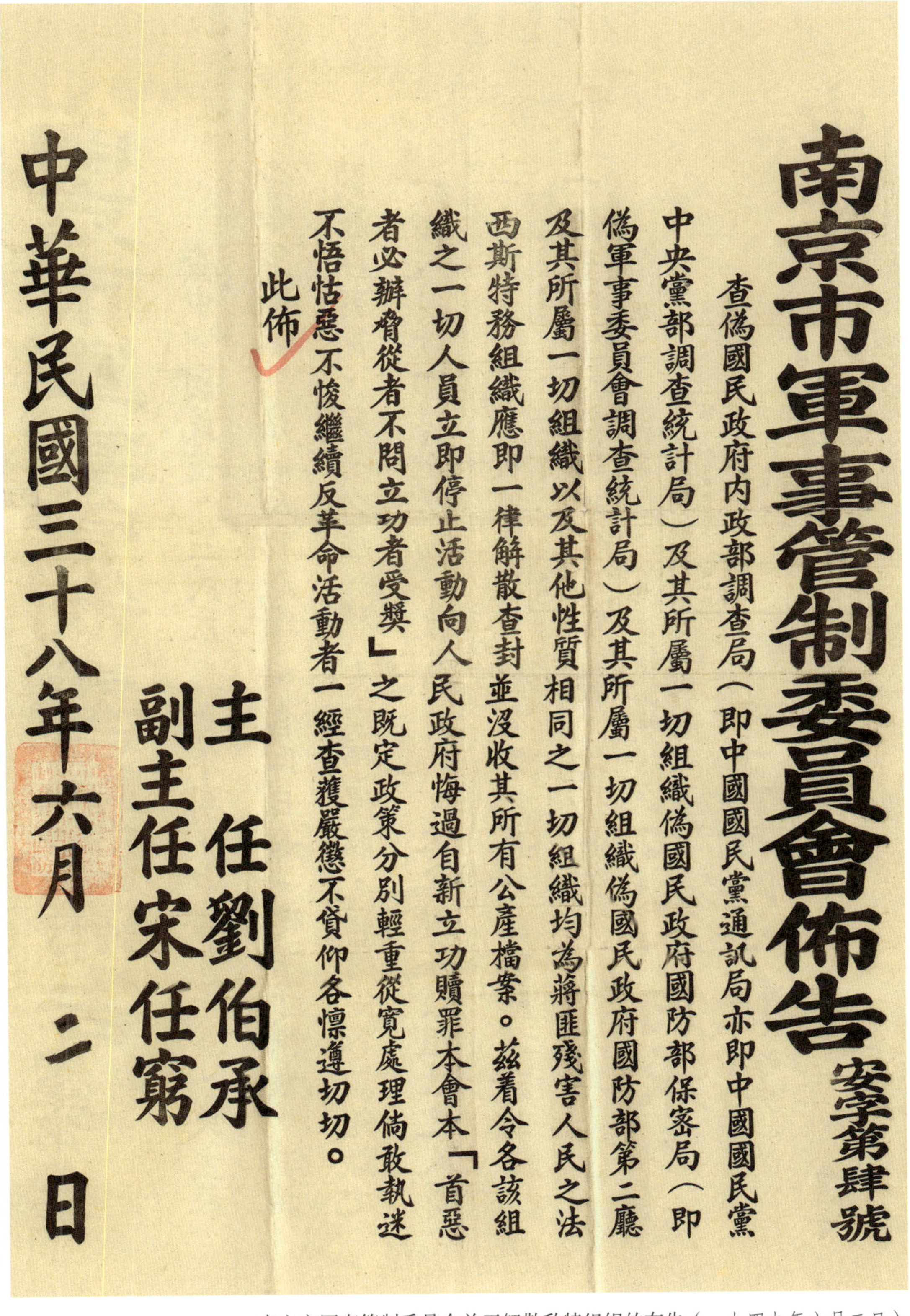

南京市軍事管制委員會佈告

安字第肆號

查偽國民政府内政部調查局（即中國國民黨通訊局亦即中國國民黨中央黨部調查統計局）及其所屬一切組織偽國民政府國防部保密局（即偽軍事委員會調查統計局）及其所屬一切組織偽國民政府國防部第二廳及其所屬一切組織以及其他性質相同之一切組織均為蔣匪殘害人民之法西斯特務組織應即一律解散查封並沒收其所有公産檔案。茲着令各該組織之一切人員立即停止活動向人民政府悔過自新立功贖罪本會本「首惡者必辦脅從者不問立功者受獎」之既定政策分別輕重從寬處理倘敢執迷不悟怙惡不悛繼續反革命活動者一經查獲嚴懲不貸仰各懔遵切切。

此佈

主任　劉伯承

副主任　宋任窮

中華民國三十八年六月二日

南京市军事管制委员会关于解散敌特组织的布告（一九四九年六月二日）

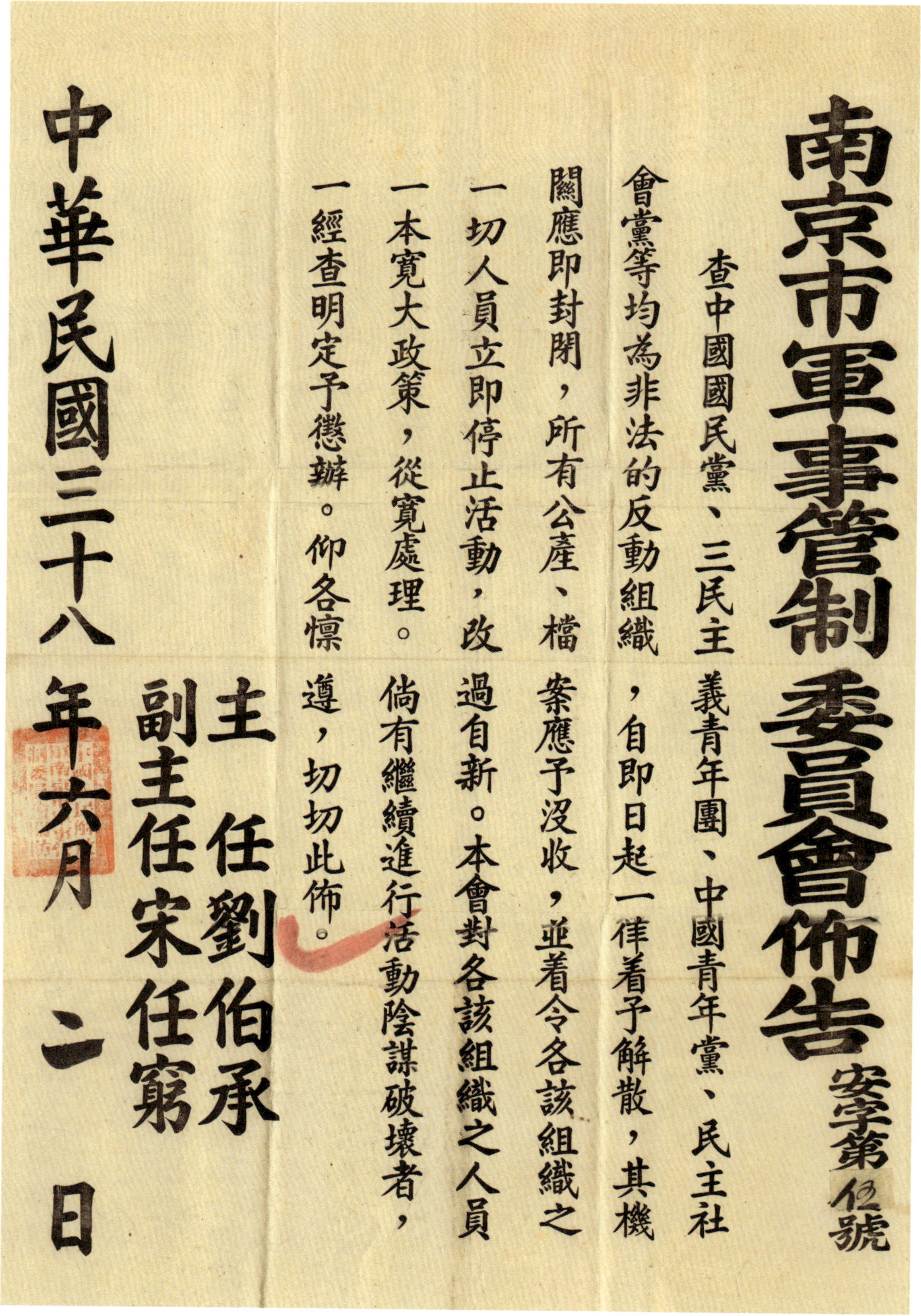

南京市軍事管制委員會佈告

安字第伍號

查中國國民黨、三民主義青年團、中國青年黨、民主社會黨等均為非法的反動組織，自即日起一律着予解散，其機關應即封閉，所有公產、檔案應予沒收，並着令各該組織之一切人員立即停止活動，改過自新。本會對各該組織之人員一本寬大政策，從寬處理。倘有繼續進行活動陰謀破壞者，一經查明定予懲辦。仰各懔遵，切切此佈。

主任 劉伯承

副主任 宋任窮

中華民國三十八年六月二日

南京市军事管制委员会关于解散反动组织的布告（一九四九年六月二日）

南京市軍事管制委員會佈告

軍字第八號

本市流散軍人收容處，自設立以來，經登記處理之蔣軍流散官兵及其眷屬，爲數已達一萬五千六百八十九人。其中除一部已適當分配工作或轉入學習機關外，其餘願回籍者，均已資送回籍。爲了更妥善的，更進一步的處理蔣軍流散官兵，及保證人民秩序之安定，特再頒佈下列決定：一、凡流散或隱蔽於本市內之蔣軍現役軍人，及本市解放前半年內之退役軍人，無論軍官、軍佐、軍屬、士兵，統限自即日起，一律到各行政區內蔣軍流散軍人收容站，進行登記（現已在本市各機關服務者，由各機關負責人來信證明，可不登記。），聽候處理。二、凡遵令登記者，本會均按其實際情況，妥爲處理，或酌予留用，或轉送學習機關，或資遣回籍，或辦理留京居住手續。三、凡應登記之人員，逾期不來登記者，定予查究；並歡迎本市各界人民，向警備司令部、警備政治部或有關部門檢舉。四、登記日期：自公佈之日起，至七月二十日截止。。以上各項，仰各切實遵行，萬勿自誤。此佈

主任　劉伯承

副主任　宋任窮

中華民國三十八年六月

南京市军事管制委员会关于妥善处理蒋军流散官兵的布告（一九四九年六月）

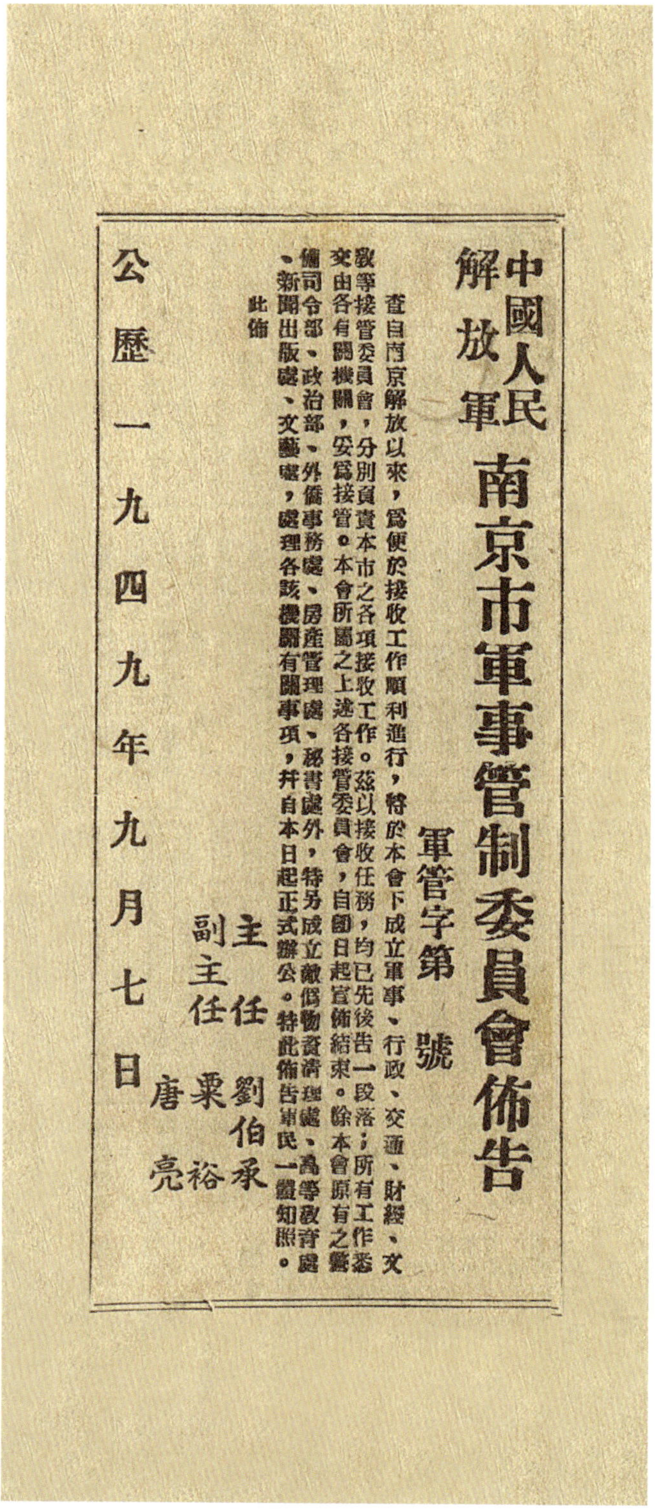

中國人民解放軍南京市軍事管制委員會佈告

軍管字第　號

查自南京解放以來，爲便於接收工作順利進行，特於本會下成立軍事、行政、交通、財經、文敎等接管委員會，分別負責本市之各項接收工作。茲以接收任務，均已先後告一段落；所有工作悉交由各有關機關，妥爲接管。本會所屬之上述各接管委員會，自即日起宣佈結束。除本會原有之警備司令部、政治部、外僑事務處、房產管理處、秘書處外，特另成立敵僞物資清理處、高等敎育處、新聞出版處、文藝處，處理各該機關有關事項，幷自本日起正式辦公。特此佈告軍民一體知照。

此佈

主任　劉伯承

副主任　粟裕　唐亮

公歷一九四九年九月七日

南京市军事管制委员会关于各接管委员会宣告结束的布告

（一九四九年九月七日）

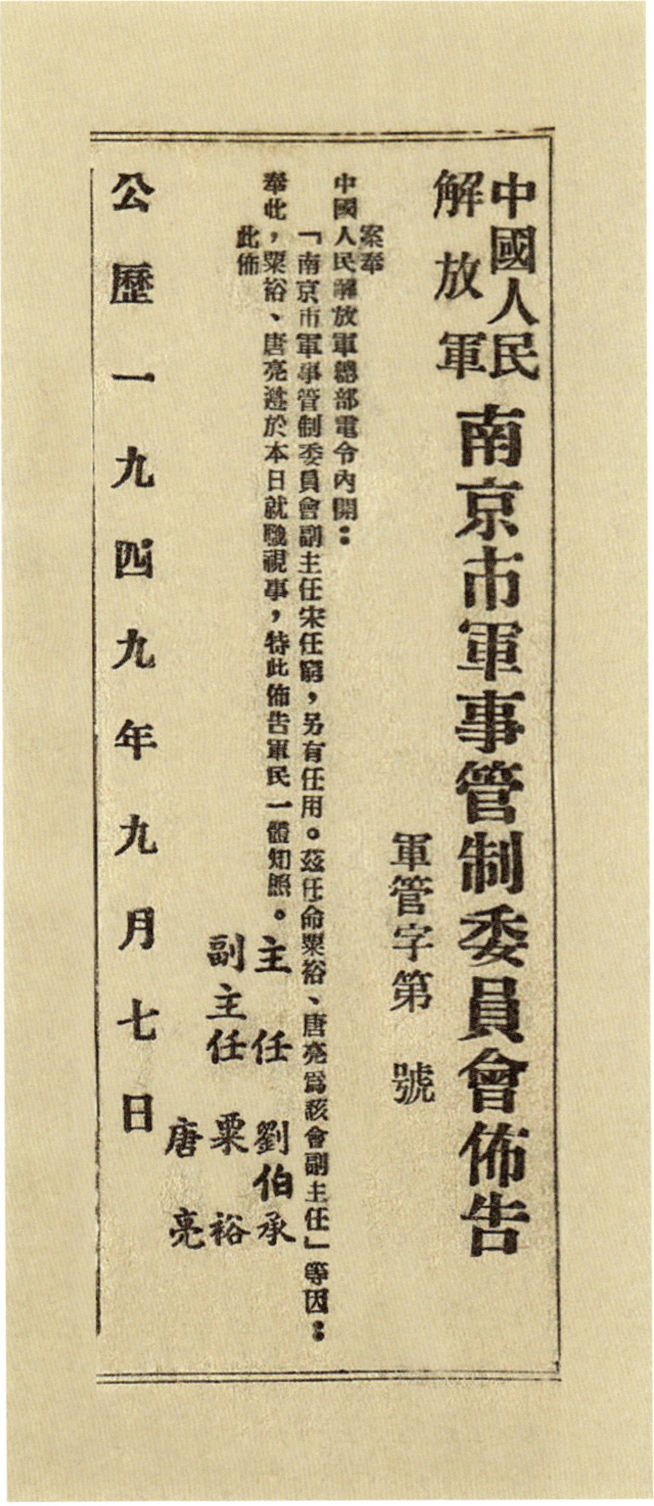

中國人民解放軍南京市軍事管制委員會佈告

軍管字第　號

案奉

中國人民解放軍總部電令內開：

「南京市軍事管制委員會副主任宋任窮，另有任用。茲任命粟裕、唐亮爲該會副主任」等因：

奉此，粟裕、唐亮遂於本日就職視事，特此佈告軍民一體知照。

此佈

主任　劉伯承

副主任　粟裕

唐亮

公歷一九四九年九月七日

南京市军事管制委员会关于宋任穷等职务任免的布告

（一九四九年九月七日）

南京市軍事管制委員會對編餘舊人員處理的通知

九月廿四日

關於編餘人員的處理問題，中央、華東局屢有指示，本會根據目前寧市情況提出以下意見，希各部研究執行。

整編節約的方針必須貫徹執行。因爲我們所接收的過去官僚機關，往往機構臃腫，人浮於事，如不適當調整，是會妨礙生產建設的。

對編餘舊人員必須分別處理，個別劣跡昭著，或反革命分子特務分子，應與一般舊人員區別，應當開除，其中首惡分子還須法辦。

一般編餘人員中，可分爲兩種，自己有辦法生活與自己無辦法生活的，我們要說服鼓勵第一類人員自己想辦法，不可以把有辦法的與無辦法的混同，一律都由政府設法解決，那樣就會使第二類人員的按置更加困難。

無辦法的要本着「三個人飯五個人吃」的精神求得適的解決，但這不能誤解爲將三十個人的編制，擴大到五十個人，這話的重要意義，是要使在職人員照顧大局，降低生活水準，其次編餘的受政府供養的人員必須節衣縮食，公家只能給以最低限度生活費，這種辦法必須在羣衆中反覆說明，不然他們一定會心懷不滿。

機關、部隊、學校等必須堅決執行新編制，幷力求迅速，以免某些幹部可能產生思想混亂不安。

企業生產部門的編制與整理必須與機關學校嚴格區別開來，必須照顧到今天與明天，除由於國民黨官僚作法而留在生產企業部門的無用人員，應當裁撤外，一般技術人員則須考慮事業的發展前途，不應過分緊縮，整理組織時，必須在職工中充分醞釀，認眞計劃，不要以單純的行政方式處理。

遣散者，一定要發足一個月的遣散費，對自己確無辦法的人員，很好按置，耐心說服，不要態度冷淡，漠不關心，編餘人員屬公安系統者，送公安學校學習，公安學校可設警員隊及雜務人員隊，幷應專設一、二隊容納整編中抽調的幹部，屬參職員系統者送華大，正式工人則送工人政治學校或農村工作訓練班，其他人員由各單位自行收容，組織學習。關於一般人員學習的生活問題，除供給本人糧菜金及一定的學習費外，其家庭困難者可採取補助辦法，幷分別處理。最好採取民主評議辦法，誰應補助，誰不應補助，不是一、二人可以決定。學習人員找到工作崗位後，即可退學。

要充分發揮疏散委員會機構的作用，建立固定辦公地點，建立經常機關，對論處理編餘人員的辦法，首先在委員會人員中求得一致，然後才能有力量的推動全盤工作。

加強對外聯系，首先將華大和工人政治學校的技術人員進行統計，電告各地，以便他們量才錄用，各個系統亦可與各方聯系，設法按置。

已遣散處理的人員，有處理不妥當者，應從新研究處理，有技術的人員，應盡量設法保存，但亦不可一律無條件的回到原機關，經調查後，確無法生活者，應適當照顧，或召回學校學習。

對於某些有專門技術的人材，各單位可聘請他們參加研究組或顧問室，一面學習，一面工作，以待生產事業恢復發展時，正式進入工作崗位，在研究組時，生活要適當照顧。

對舊人員的學習，不論在學校，或在機關中，都必須研究適當的辦法，不應當把訓練軍隊或軍事學校的教育辦法，機械搬用，及適當照顧他們的過去歷史，研究新的方法，以免使他們視學校爲畏途。

按置編餘人員時，必須詳爲解釋，說明目前困難的原因和具體情況，引導大家積極從生產上來想辦法，使體會精簡的必要，幷說明當前的困難是勝利中的暫時的困難，生產事業發展須要時，有復工的優先權。必須使全市人民在此困難時期，共艱苦，共患難，同心協力大家負責，不互相埋怨，不推諉責任，一致奮起，都作咬緊牙關，渡過困難的幾年的打算，這才是解決問題的基本辦法。

具體處理辦法另行公佈。

南京市军事管制委员会关于处理编余旧人员的通知

（一九四九年九月二十四日）

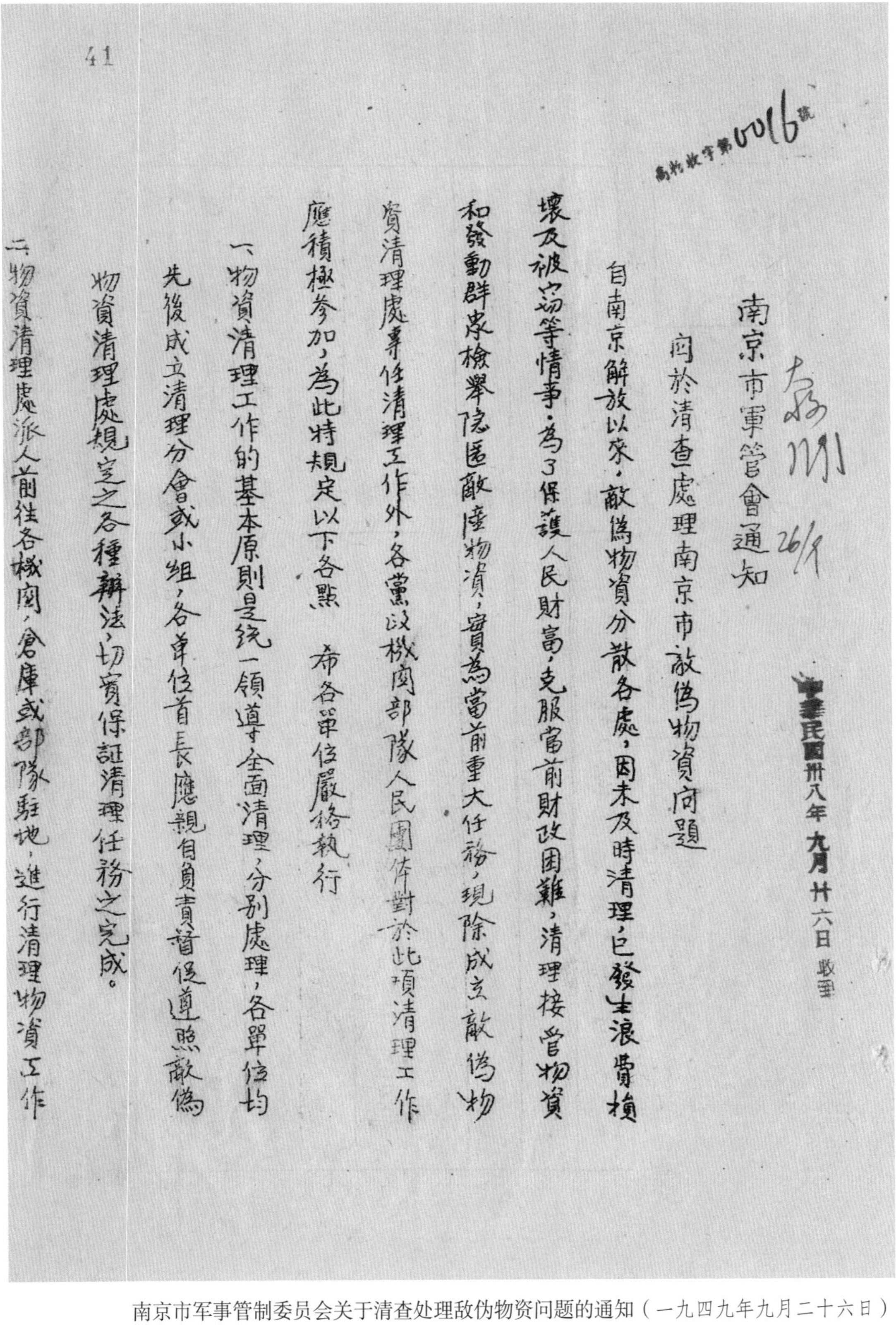
41

收字第0016號

南京市軍管會通知

關於清查處理南京市敵偽物資問題

中華民國卅八年九月廿六日收到

自南京解放以來，敵偽物資分散各處，因未及時清理，已發生浪費損壞及被竊等情事。為了保護人民財富，克服當前財政困難，清理接管物資和發動群眾檢舉隱匿敵偽物資，實為當前重大任務，現除成立敵偽物資清理處專任清理工作外，各黨政機關部隊人民團体對於此項清理工作應積極參加，為此特規定以下各點 希各單位嚴格執行

一、物資清理工作的基本原則是統一領導，全面清理，分別處理，各單位均先後成立清理分會或小組，各单位首長應親自負責督促遵照敵偽物資清理處規定之各種辦法，切實保証清理任務之完成。

二、物資清理處派人前往各機關、倉庫或部隊駐地，進行清理物資工作

南京市军事管制委员会关于清查处理敌伪物资问题的通知（一九四九年九月二十六日）

時，各部負責同志，務須予以協助或派專人負責協助清点，不得有阻撓事件發生。

三、各機關單位對所接管的物資，不得擅自動用或批撥其他單位，凡需動用者，應先呈請本會物資清理處核准後始得動用，緊急需要（如長江防汛）不及事先報請者，必須經各該部處首長同意，事後立即報告本會物資清理處備案。

四、各機關部隊學校團体單位在請求動用接管物資時，應按照向所屬上級呈請，由一定機關認真審核後轉報本會物資清理處，（[illegible]

42

部隊須经三野後勤部轉報，三野部隊須经三野後勤部轉報，南京市警備部隊須经警備司令部轉報，黨政機關須经市委市府轉報等。

五、在此清理期間，各单位對於所接管的物資應負全部看管責任，於出入物資均須取具正式手續，如有對保管物資不負責任或擅自動用等情事，各单位發現應即向本會物資清理處報告核辦，如此可能減少損失。

六、各单位所接管的物資，如發現有損壞霉爛及不耐久存者，應提先呈報本會物資清理處，以便緊急處理。

七、各单位如發現有尚未接管或隱匿的敵偽物資，應立即報告本會物資清理處，以便進行調查清理。

此致

高等教育處

南京市軍管會

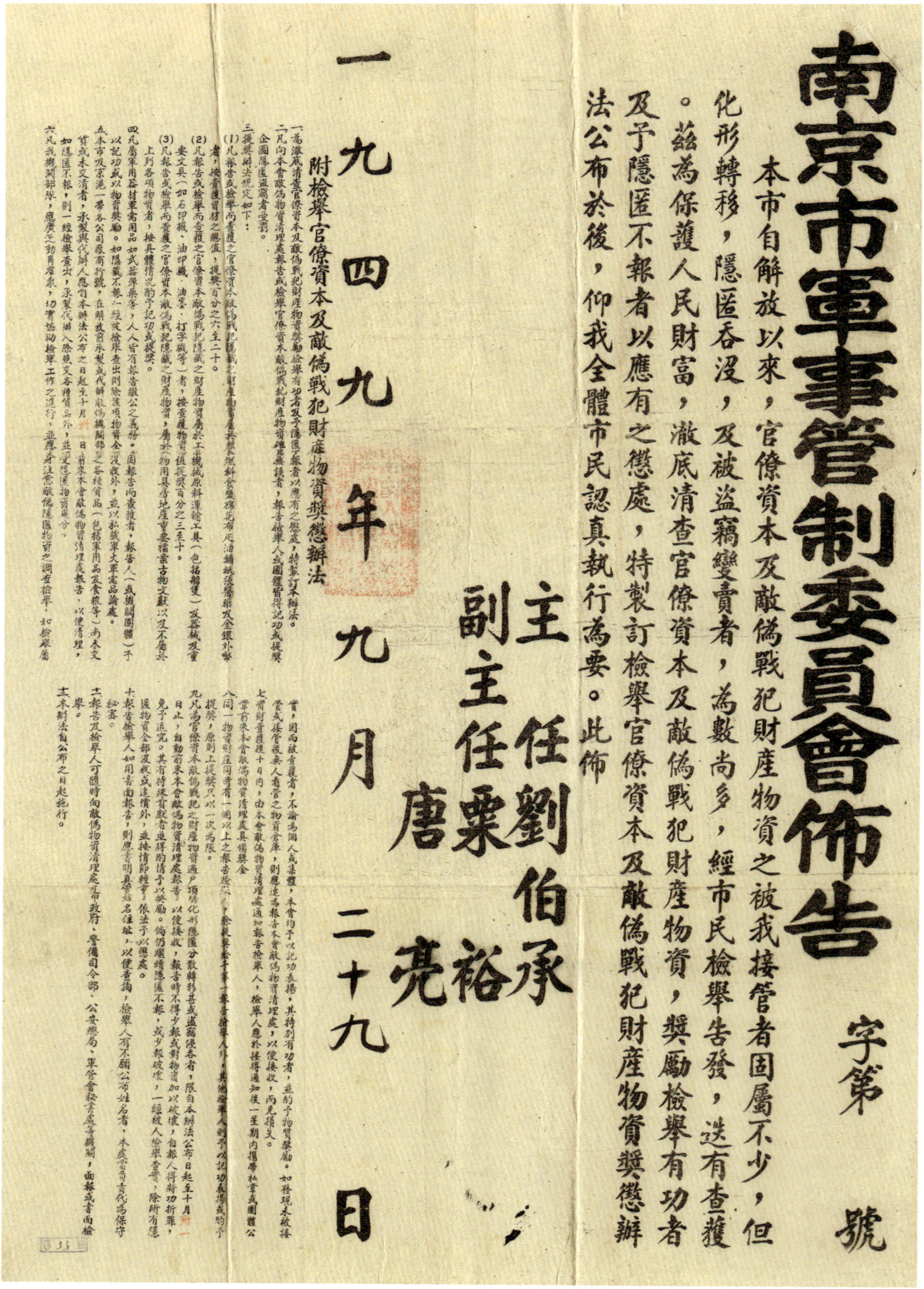

南京市軍事管制委員會佈告

字第　　號

本市自解放以來，官僚資本及敵偽戰犯財產物資之被我接管者固屬不少，但化形轉移，隱匿吞沒，及被盜竊變賣者，為數尚多，經市民檢舉告發，迭有查獲。茲為保護人民財富，澈底清查官僚資本及敵偽戰犯財產物資，獎勵檢舉有功者及予隱匿不報者以應有之懲處，特製訂檢舉官僚資本及敵偽戰犯財產物資獎懲辦法公布於後，仰我全體市民認真執行為要。此佈

主任　劉伯承
副主任　粟裕　唐亮

一九四九年九月二十九日

附檢舉官僚資本及敵偽戰犯財產物資獎懲辦法

一、為澈底清查官僚資本及敵偽戰犯財產物資獎勵檢舉有功者及予隱匿不報者以應有之懲處，特製訂本辦法。

二、凡向本會敵偽物資清理處報告或檢舉官僚資本敵偽戰犯財產物資確鑿無誤者，報告檢舉人或團體皆得記功或提獎，企圖隱匿盜竊者受罰。

三、提獎辦法規定如下：

(1)凡報告或檢舉而查獲之官僚資本敵偽戰犯隱藏之財產物資屬於糧食燃料食鹽棉花布疋油類紙張醫藥及金銀外幣者，按查獲資材之總值，提獎百分之六至二十。

(2)凡報告或檢舉而查獲之官僚資本敵偽戰犯隱藏之財產物資屬於工業機械原料運輸工具（包括船隻）及器械及重要文具（如石印機、油印機、油墨、打字機等）者，按查獲物資總值提獎百分之三至十。

(3)凡報告或檢舉而查獲之官僚資本敵偽戰犯隱藏之財產物資，屬於什物用具房地產重要檔案古物文獻以及不屬於上列各項物資者，按具體情況酌予記功或提獎。

四、凡屬軍用器材軍需用品如武器彈藥等，人人皆有報告繳公之義務。因報告而查獲者，報告人（或機關團體）予以記功或以物質獎勵。如隱藏不報，一經被檢舉查出則除該項物資全部沒收外，並以私藏軍火軍需品論處。

五、本市及京滬一帶各公司廠商行號，在解放前承製或代辦敵偽機關部隊之各種貨品（包括軍用品及食糧等）尚未交貨或未交清者，承製與代辦人應自本辦法公布之日起至十月卅一日前來本會敵偽物資清理處報告，以便清理，如隱匿不報，則一經檢舉查出，承製代辦人除照交各種貨品外，並受隱匿物資處分。

六、凡我機關部隊，應廣泛動員群衆，切實協助檢舉工作之進行，並應注意敵偽隱匿物資之調查檢舉，如檢舉屬實，因而被查獲者，不論為個人或集體，本會均予以記功表揚，其特別有功者，並酌予物質獎勵。如發現未被接管或接管後無人看管之物資倉庫，則應速為報告本會敵偽物資清理處，以便接收，而免損失。

七、資財查獲後十日內，由本會敵偽物資清理處通知報告檢舉人，檢舉人應於接得通知後一星期內攜帶私章或團體公章前來本會敵偽物資清理處具領獎金。

八、同一物資財產同時有一個以上之報告檢舉人，除提獎給予第一報告檢舉人外，其他檢舉人則予以記功表揚或酌予提獎，原則上提獎只以一次為限。

九、凡為官僚資本敵偽戰犯之財產物資過戶頂替化形隱匿分散轉移甚或盜竊侵吞者，限自本辦法公布日起至十月卅一日止，自動前來本會敵偽物資清理處報告，以便接收，報告時不得少報或對物資加以破壞，自報人得將功折罪，免予追究。其有特殊貢獻者並得酌情予以獎勵。倘仍繼續隱匿不報，或少報破壞，一經被人檢舉查實，除所有隱匿物資全部沒收或追償外，並按情節輕重，依法予以懲處。

十、報告檢舉人如用書面報告，則應書明真實姓名住址，以便查詢，檢舉人有不願公布姓名者，本處當負責代為保守秘密。

十一、報告及檢舉人可隨時向敵偽物資清理處及市政府、警備司令部、公安總局、軍管會秘書處等機關，面報或書面檢舉。

十二、本辦法自公布之日起施行。

南京市军事管制委员会关于颁布《检举官僚资本及敌伪战犯财产物资奖惩办法》的布告（一九四九年九月二十九日）

南京市軍事管制委員會佈告

——關於保護人民祖國財產的決定——

一九四九、十一、四

南京解放後，基本上完成了接收各種物資及財產的任務，許多工廠、鐵路、郵政、電訊、市政設備等絕大部份均完整接收，對中山陵園、博物館、僞總統府、中央研究院等等，都保護得完整無缺，這些都是南京全體軍民認眞負責，艱苦辛勤的結果。但是工作中也還存在很多缺點，有些接管部門沒有把接收、保管、處理三個步驟看成一系列的工作，以致有的地方接而不管，有的地方只是派兵看守而不處理，致遭損耗。房屋傢俱的損壞極爲嚴重，甚至有個別壞分子私自出賣公家房屋給羣衆拆磚瓦木材；還有少數物資霉爛損失，飛機場汽油被竊達六百桶至一千桶之巨，森林苗圃被砍達廿萬株。少數房屋被霸佔，未加清理接收。部份隱匿與分散物資，未能發現與收集，個別將各種重要文獻檔案，當作辦公用紙，任意扯毀廢棄，產生以上種種損壞的重要原因，實由於我全市軍民對於保護人民祖國財產的觀念尙欠明確所致，加以缺乏各種制度規程與獎懲辦法；尤其對偸竊、盜賣、霸佔、隱匿等破壞祖國的財產等違法犯罪分子，未能及時予以揭發制止並予以必要的處分，致使違法分子逍遙法外肆行無忌。本會爲保護人民祖國財富不致再遭損壞，特作下列各項決定，希全市軍民切實遵照執行。

（一）全市軍民應廣泛展開保護人民祖國財產思想的教育，糾正各種糊塗思想，如認爲不屑清理零碎物資以及南京房屋傢俱很多，破壞一點不關癢痛等錯誤想法。要知道一個螺絲釘，一個汽油桶對於恢復和發展生產，醫治戰爭創傷，建設國家經濟都是很寶貴的。

（二）對於不經批准，擅自撤運傢俱，遷移房舍居地，因而使房屋遭受損失者，對於怠於職守，看管疏忽，造成人民祖國財產損失者，分別予以處分，並在報端公告其不法行爲。偸竊盜賣公物及其他破壞行爲者，本會必予嚴厲懲辦，對留用看管房屋的人員有不負責任甚至盜賣公物者，以法紀制裁。

（三）保護國家財產確有成績者，以及在淸査物資中檢舉不法分子，供給確實材料因而獲得物資者，給予獎勵並在報上公佈表揚（願匿名者可不公佈）。

（四）責令有關部門立即製定和公佈各種制度規章條例，俾使全市軍民有法可守。

（五）組織文化古物保管委員會，聘請民主人士及愛好文化古物學術界人士參加。對各種有歷史意義的建築如中山陵園等，以及有歷史價値之資料，更要加以保護，嚴禁破壞。

（六）爲使上述任務順利完成，決定加强對敵僞物資清理處及房產管理處的組織與工作，密切的與公安局、地政局等有關部門配合，主動聯系，加强工作效能。

（七）迅速整理國民黨僞中央的物資、文獻、材料，分別按照接管系統加以淸理。各單位應抽出一定數量的幹部負責進行，以備短時期內中央派人前來接管。凡不屬各系統的檔案材料由本會統一組織力量負責整理。

（八）二野離寧後，重新調配機關部隊團體房屋，盡量擠出房屋出租，增加國家收入，減輕人民負担。

（九）凡公家房產修築工程尙未完成需繼續加工修築者，由建設局擬訂具體計劃，統盤預算呈報，批准即行修建。機關部隊團體住用的公共房屋的一般內部修理由房產管理處協同所駐單位按華東財辦規定制度辦理之，出租民用房屋之修理按房屋租用條例規定辦理之。

以上決定希各機關團體部隊，認眞傳達討論，並將工作佈置與檢査情形，隨時報告本會。

南京市军事管制委员会关于保护人民祖国财产的布告（一九四九年十一月四日）

（三）接管国民党各机构

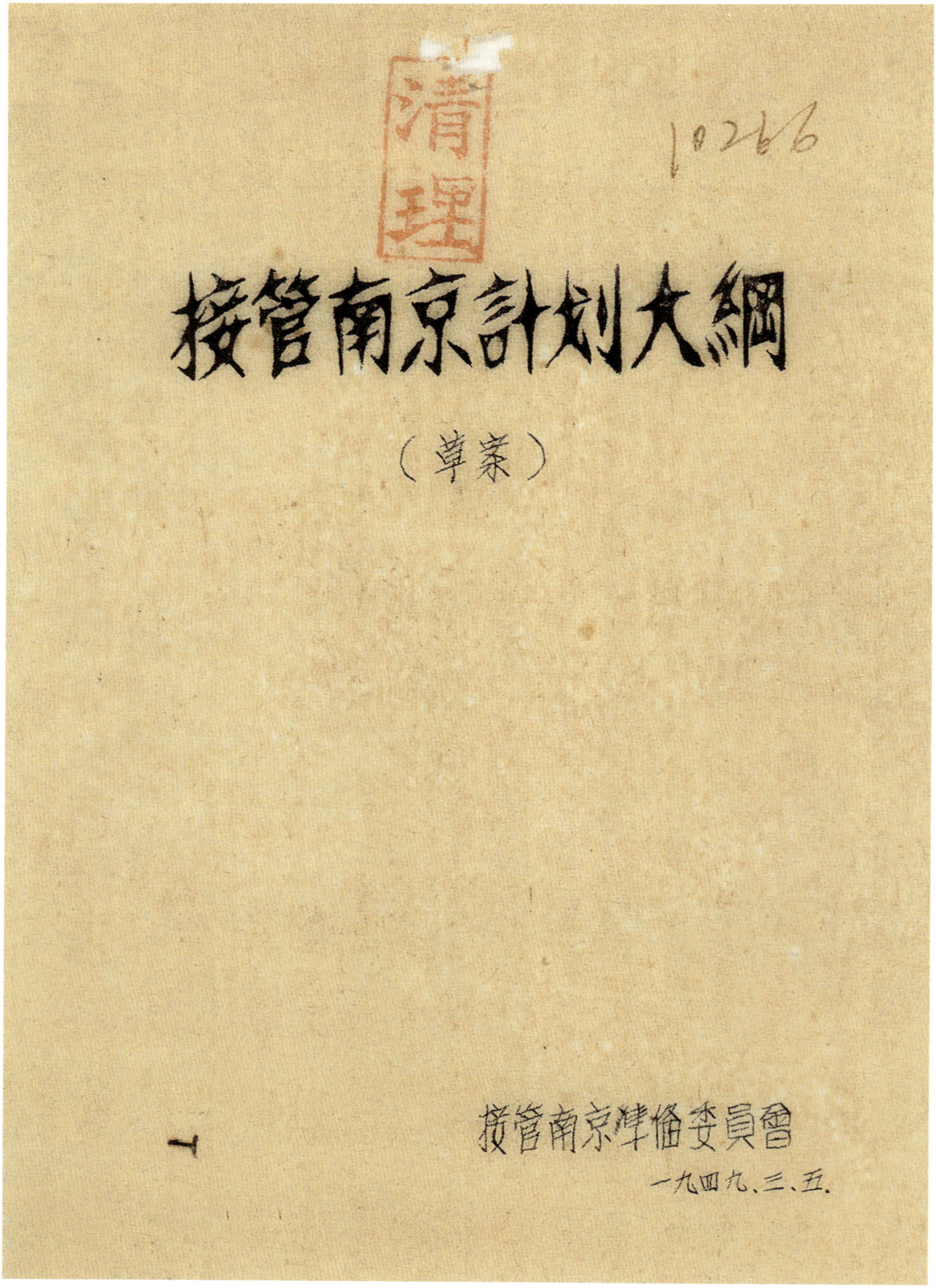

清理

10266

接管南京計划大綱

（草案）

接管南京籌備委員會

一九四九、三、五.

接管南京准备委员会拟《接管南京计划大纲（草案）》（一九四九年三月五日）

目　録

甲、軍管会組織草案

乙、各部門主要幹部配備表

丙、各部門力量組织分配表

丁、各部門工作細則

甲，中國人民解放軍南京市軍事管制委員會組織草案

一，秘書處——設正、付主任各一人。

〔一〕秘書科——設科長一人，秘書四人，收發二人，文印、打字、速記共五人，傳達二人，通訊員二班（配自行車）

〔二〕人事科——設正、付科長各一人，幹部科員三人，党务科員二人，幹部招待所（須有三個伙食单位，經常能容納五百人左右）。

〔三〕行政科——設正、付科長各一人，書記一人。

1.行政股——股長一人，股員三人（負責对內外联系，战什人員行政管理教育及党外人士招待（必要時可另設一個伙食单位或包一個旅館專司其事）等）。

2.供給股——股長一人，出納、会計各二人，供給員五人（担任全軍管会財政，粮食，被服等供給，統一預决算及領取支配報銷）

3.门診所——所長一人，医生二人，司药一人，衛生員三——五人。

4.战什人員招待所（須能容六百人左右供

2

—— 1 ——

幹部招待所相同）。

〔四〕机要科——科長一人，譯电員数人。

〔五〕电台区隊——（按通訊处編制一個区隊）。

二，調查研究室——設主任一人，調查研究員十余人。

三，接收管理委員会——設主任一人，付主任数人。

〈一〉敌産調查統計部：

（1）調查科

（2）統計科

〈二〉軍事系統接管部：

（1）軍械接管科

（2）軍需接管科

（3）軍医接管科

（4）通訊接管科

（5）運輸接管科

（6）軍事机关学校接管科

（7）空軍設備接管科

〈三〉房産接管部：

（1）公共房産接管科

（2）逃亡人員房産代管科

（3）名勝古蹟保管科

〈四〉文教系統接管部：

（1）文化机关接管科

（2）宣傳机关接管科

（3）教育机关接管科

——2——

(4) 科学研究机关接管科
〈五〉社团接管部：
(1) 國民党团特机关接管科
(2) 救济机关接管科
(3) 國民党御用社团接管科
〈六〉行政机構接管部：
〈七〉财政金融机关接管部：
〈八〉交通运输机关接管部：
〈九〉工礦接管部
〈十〉碼头船舶接管部

四、市委会（設正付書記各一人，秘書長一人）
〈一〉秘書处——設主任一人下分：秘書科
总务科
〈二〉宣傳部——設部長一人下分：宣傳科
教育科
〈三〉組织部——設部長一人下分：幹部科
組织科
〈四〉社会部
〈五〉工委会
〈六〉青委会
〈七〉妇委会

五、市政府（設正付市長，秘書長各一人。）
〈一〉秘書处——主任一人下分：秘書科
行政科
〈二〉人事科
〈三〉市政局

—3—

〈四〉民政局

〈五〉财政局

〈六〉粮食局

〈七〉工商局

〈八〉衛生局

〈九〉人民法院

〈十〉公安局

〈十一〉教育局

〈十二〉合作事業推進社

六，警備司令部、政治部：

〈一〉警戒指揮部

〈二〉防空指揮部

〈三〉軍法处

〈四〉联络部

〈五〉问事处

七，外事處

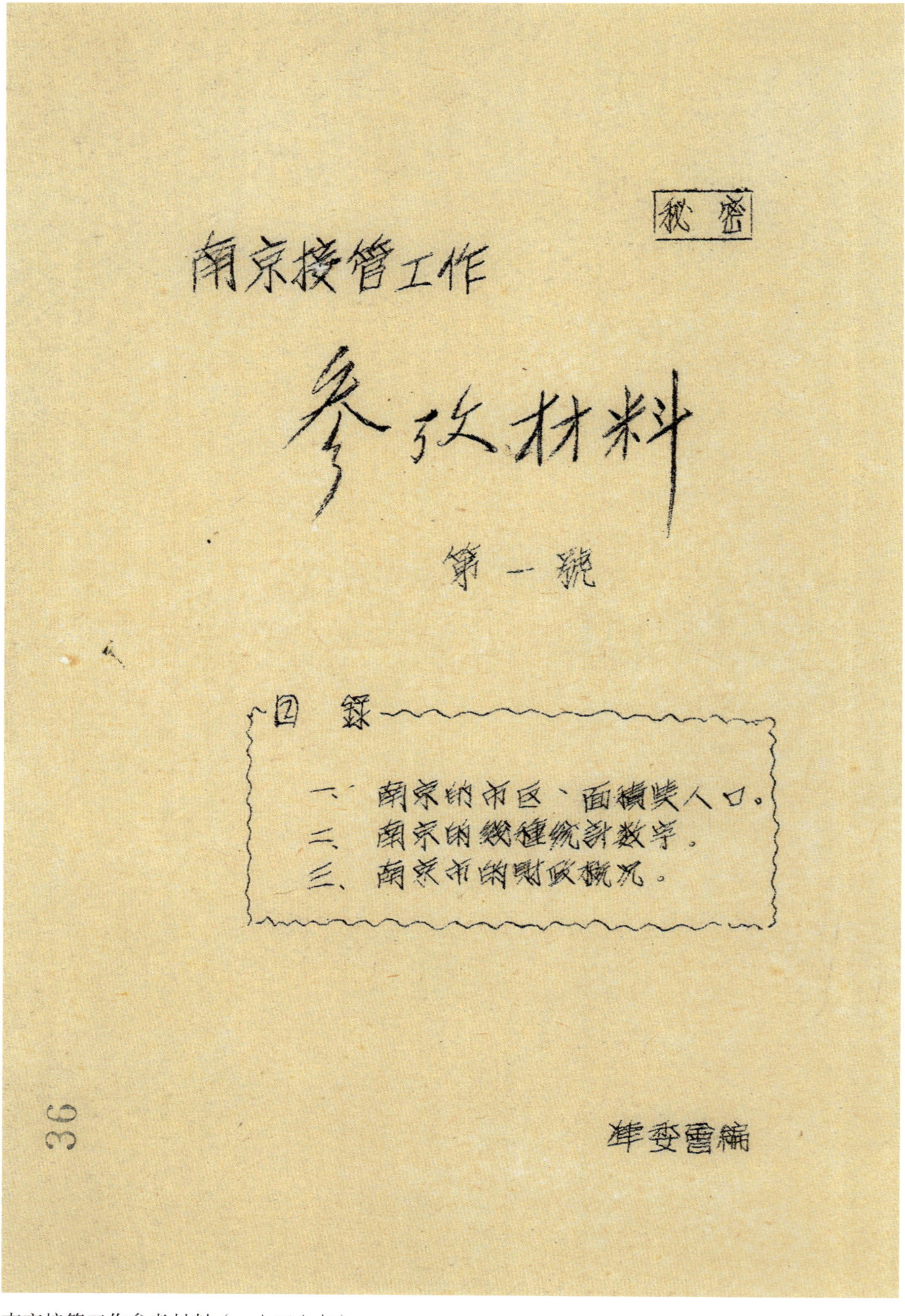

秘密

南京接管工作

参攷材料

第一號

目錄

一、南京的市区、面積與人口。
二、南京的幾種统計数字。
三、南京市的財政概况。

36

準委會編

南京接管工作参考材料（一九四九年）

通知

一、為便利各部门進行接管南京的準備工作，决编印参考材料，发至科。

二、請各部门多多提供下列稿件，送野政或胡山腰準委会，以便及時编印。

1. 南京具体情况的調查。

2. 有关政策的问题，意見或爭論。

3. 有关接管工作的建議與问题。

4. 其他城市接管工作的具体经驗。

三、寫稿時請注意三条件、簡短、具体、寫清楚。

四、待材料收集整理完備并各方証实後，則正式出版"南京須知"或"南京材料彙编"。

一　南京的市区·面积與人口

甲、市區與面积：

南京现在共轄有十三個区，總的面积是559355方公里（合838915市畝）計第一区8850方公里，第二区6345方公里，第三区2183方公里，第四区2174方公里，第五区6461方公里，第六区15104方公里，第七区3008方公里，第八区9853方公里，第九区180410方公里，第十区71348方公里，第十一区53024方公里，第十二区107192方公里，第十三区93603方公里。該十三区中，一、二、三、四、五、六区全在城内，（惟六区兼有城外玄武湖）七区在城外下関，八区在对江浦口，九、十、十一、十二各区，則在城垣以外外郭以内，十三区在湯山外郭以外。

乙、人口

人口在民國卅六年統計是1076024人，民國卅七年六月份統計增至1137338人，到同年八月户口復查結果又增至1351976人（據中央日报卅七年八月十五日五版載"全市人口分区統計"）其分区統計列表如下：

— 1 —

南京市人口分区統計

区域	保	户	人	男	女
一区	35	33229	202258	116767	85491
二区	24	23677	134429	75452	58977
三区	31	14980	83240	46946	36294
四区	36	21925	106574	53177	53397
五区	35	34633	183891	101863	82028
六区	26	33522	192604	107077	85527
七区	25	22277	102663	59225	43438
八区	19	8045	39436	22855	16581
九区	38	12378	65876	34849	31047
十区	37	7652	40460	22163	18297
十一区	46	19205	89984	48754	41239
十二区	47	16398	86856	47407	35449
十三区	10	4037	23680	14831	8854
總計	409	251927.	1351976.	751357.	600619.

二 南京的几种統計数字：

甲、車輛数字統計：

自用乘人汽車1234輛，營業乘人汽車128輛，自用運貨汽車222輛，營業運貨汽車379輛，自用乘人大汽車133輛，營業乘人大汽車32輛，人力車6749輛，三輪車1963輛，馬車520輛，（根據1947.12南京市政公報三卷十一期）拉圾車260輛，每日拉拉圾400噸。

乙、南京每月所需物資統計数字：

棉紗旺月二千件，淡月一千件，棉絨月需三百件，布旺月五千件，淡月三千件，（每件四十匹）皮革月需紋皮打五大、中、小牛皮1500件，橡膠鞋月需1400打，白煤月需600噸，烟煤月需4000噸，糖月需5000包，食油月需9000担，（除公教人員外）白報紙月需8000令，毛边500件，（20令一件）六五毛边9000件，燒碱月需70桶，泡化碱月需90桶，各色白鐵管100,000尺，汽油15000加侖，机油500加侖，柴油3520噸，（卅七年十月南京市長沈怡報告）。

三、南京市的財政概况：

甲、税收内容、数量：

營業税佔第一位，其征收税率捲烟百分之一百二十，薰烟葉30%，酒120%，火柴20%，糖25%，棉紗10%，毛紗毛綫15%，皮絲15%，水泥15%，飲料品30%，錫箔迷信用紙60%，化粧品45%，（卅七年七月修正貨税）娛樂營業税次之，最差的是筵席税，以上為自治税，另外还有电费、旅館、汽車、市政建設捐等則為特別税，其收入数量據1948、7、份統計，該月共收入一千四百億元。

乙、支出数量：

據1948、7、份統計，該月支出總計四千四百四十六億，其中教育經費佔支出中的第一位，工务經費佔第二位，（全市職員五千八百九十五名，教育人員佔三千一百〇六名）其三六年度岁出也以教育費支出佔第一位，佔總預算45.5%，教育經費佔地預算之大，在全國可能是第一位，故过去偽市府參議会曾数次向偽國府要求，將全体教育人員生活補助費全由偽

38

上

— 3 —

國府補助。

丙、偽中央对南京市财政補助情形：

南京財政支出既大大超过收入（1948、7、份收入一千四百億，支出四千四百四十六億）其虧空数額过去主要靠偽中央補助，如民國二十四年南京市全年实收五百八十九萬八千一百五十七元五角五分，内偽中央補助款佔二百五十五万二千四百二十一元六角二分，佔了收入總数50%以上，民國三十六年收入項下一千二百億元由偽中央補助者約為三分之二，民國三十七年七月职員薪水发出的九十五万億半数都是向偽中央銀行借来的。

丁、財政困难原因及其克服办法：

上述財政困难原因是由於一方面南京是首都之区，在教育建設、衛生諸方面要加倍注意，而另方面在收入上又不能與其他一等大都市相較，①南京不是工业区，也不能称為商業区，税收不能與沪、漢、穗等相較，（1948、7、份南京税收一千四百億，上海税收一万一千億，為一與八之比）②南京是拥有十多万公務員的政治区③南京的道路下水道、码头等建設事項未有好的基礎，今後克服財政困难办法，不但要从整頓税收着手，并且要在生產方面打注意。

（完）

—— 4 ——

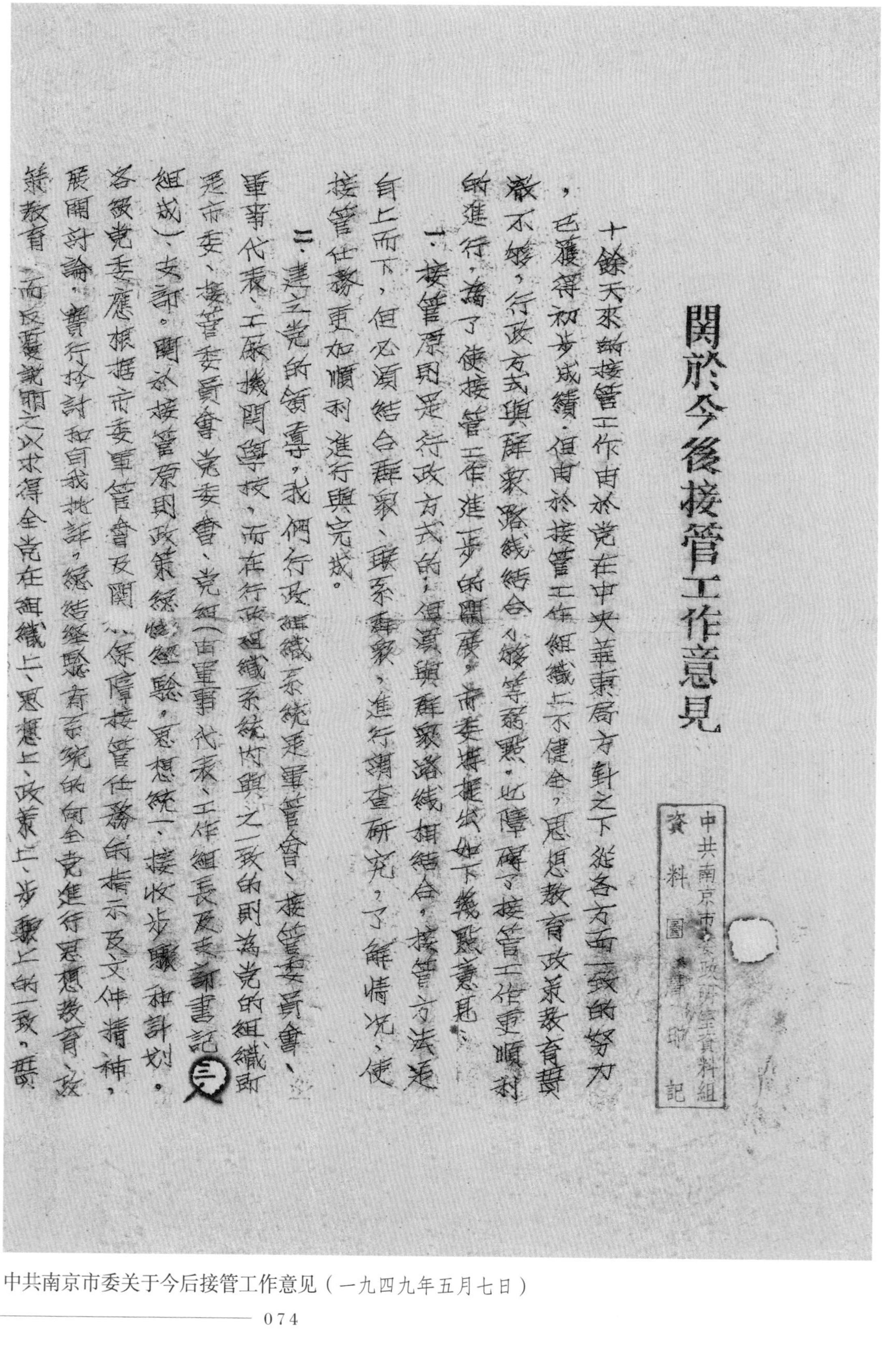

關於今後接管工作意見

十餘天來的接管工作由於党在中央華東局方針之下從各方面一致的努力，已獲得初步成績。但由於接管工作組織上不健全，思想教育政策教育宣教不够，行政方式與群衆路線結合不够等弱點，此障礙了接管工作更順利的進行，為了使接管工作進步的開展，市委特提出如下幾點意見：

一、接管原則是行政方式的，但須與群衆路線相結合，接管方法是自上而下，但必須結合群衆、聯系群衆，進行調查研究，了解情況，使接管任務更加順利進行與完成。

二、建立党的領導，我們行政組織系統是軍管會、接管委員會、軍事代表、工廠機関學校，而在行政組織系統內與之一致的則為党的組織即是市委、接管委員會党委會、党組（由軍事代表、工作組長及支部書記組成）、支部。關於接管原則政策總的經驗，思想統一，接收步驟和計划，各級党委應根據市委軍管會及關於保障接管任務的指示及文件精神，展開討論，實行檢討和自我批評，總結經驗，有系統的向全党進行思想教育，政策教育，而反覆說明之以求得全党在組織上、思想上、政策上、步驟上的一致，為

三

中共南京市委关于今后接管工作意见（一九四九年五月七日）

徵華東局各市的指示。

三、為使党的領導活動的加强起見，京市地下党應做到大部公開，一般〃做到公開以（但不機械執行，應依具體情况及工作需要確定）確定公開的党員目前首先做到在党內公開，暫不在群衆中公開，將來依群衆□情况再逐步公開（由市委統一决定）由市委組織部確定原則交支部討論確定名單後提交市委組織部批准（組織部委托京市地方党各部門負責人或委員會審定後交與市委組織部存案）

四、工作步驟：在全党中說明接管時期的（一般不過幾個月）但管是尋常年的。這是當推翻反動統治後完成新民主主義建國的重大步驟，必須動員全党重視接管工作，特別是接、收、管三者應是一致很好的進行管理，發展生產進行建設。目前首先在幹部中支部中廣泛討論，統一思想，經過党員聯系群衆，傾聽群衆意見，并對群衆進行說服教育，做到將党的政策變為群衆的政策，正確的貫徹党的各種政策（防止工人四面八方）使工作和政策少偏左偏右，以少錯誤，召開各界座談會和代表會有步驟的開展生產的建設的群衆運動也就是解决工人及勞動大衆生活的運動。

五、此意見明日（八日）上午各接管党委會開會討論九日上午向軍管會市委會報。

市委

五月七日

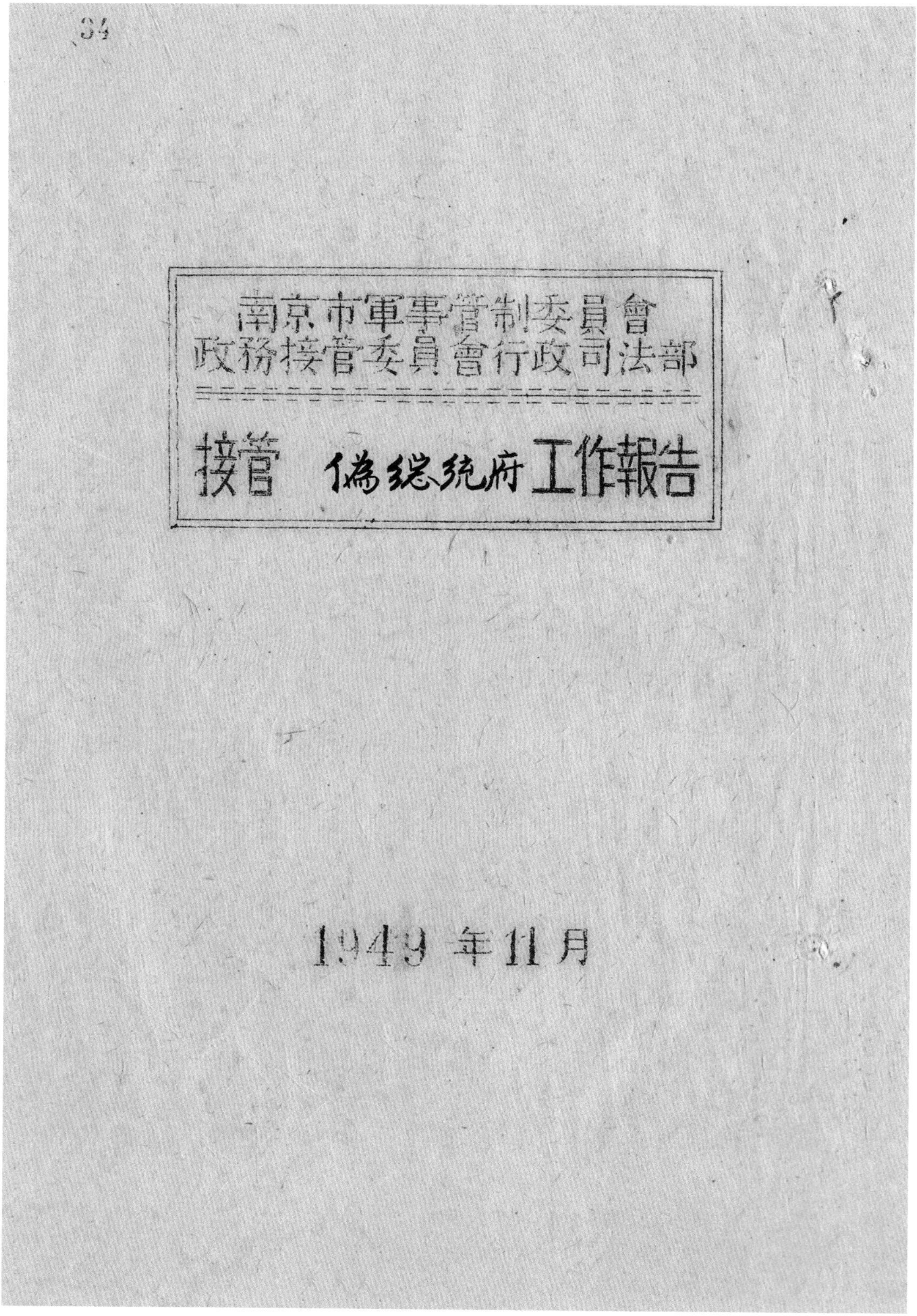
34

南京市軍事管制委員會
政務接管委員會行政司法部

接管 偽總統府 工作報告

1949 年11月

南京市军事管制委员会政务接管委员会行政司法部接管伪总统府工作报告（一九四九年十一月）

35

接管偽總統府報告

一、原機關名稱地點沿革及隸屬關係：

偽總統府地址在南京林森路三百十四號其原址在滿清時爲兩江總督衙門太平天國時曾爲天王府一九一一年孫中山先生就任臨時大總統時爲臨時大總統府軍閥時期爲督軍公署至一九二七年偽國民政府由廣州移設於此抗日戰爭中遷移重慶梁鴻志乃以之爲維新政府汪精衛政府成立即爲偽立法院迨日寇投降偽國民政府復又遷回一九四八年蔣介石公佈偽 憲法召開國民大會選舉偽總統乃改稱總統府是爲國民黨反動派最高發號施令之機構（附房屋表組織系統表）

二、接收負責人及接收時日

1 接收負責人 軍事代表丁汝棨

2 接收日期　一九四九年五月八日

三 接收經過：

自五月八日起開始接收至五月廿五日接收清楚總計接收

1 人員　計職員一二一人工友二五九人（附接管各機關人員（職員 工友）調查表

各四份）

2 檔案　計有各項檔案二九櫃當交由保管人詳細整理

3 圖書　計有各類圖書八十二架雜誌公報乙大堆當交由保管人詳細整理

4 傢俱物資及其他　分別各室所存造具清册交由保管人保管及清理

四 處理經過：

1 職員　計留用一六人擔任管理房屋保管器具清理物資整理圖書檔案及一切

36

還有之工作另保送學習一二人照顧回鄉轉業等一一人介紹其他機關工作一人

（附接管各機關人員（職員）處理情況統計表四份）

2 工友　計留用二四人擔任協助保管房屋器具清理物資並全部清潔保養花木等工作及看管府外各宿舍另照顧回鄉轉業等四六人介紹其他機關工作三人（附接管各機關人員（工友）處理情況統計表四份）

3 檔案圖書　任接收時均混雜堆置零亂不堪已由保管人員將圖書整理分類登記業經就緒計有四六四二〇冊將檔案整理分類亦有頭緒計有二〇〇〇二宗六三五冊四〇捆另有雜卷八櫃在繼續清理中（附圖書統計表檔案統計表各四份）

4 傢俱物資及其他　均經清理計有九八三種（附物資清冊四份）

五、現時情況：

1關於編餘人員最近再舉行登記計又保送職員學習二一人工友學習一二八介紹工友至教養院一人向有留學無工作者職員四六人工友一七九人等待處理

2關於圖書經整理分類後業已如數移交南京市文化古物保管委員會接收清楚

3關於各項物資由保管人員清理後經敵偽物資清理處分撥有關機關提用

六、主要經驗教訓：

由於該處保管員工向能努力對於房屋及傢俱之保管圖書檔案之整理各項物資之清理花木保養成績向佳惟以偽總統府幅員廣濶兼以限於經費以致有許多處牆灰剝蝕前後屋漏未能隨時修補集衆修繕需費甚鉅

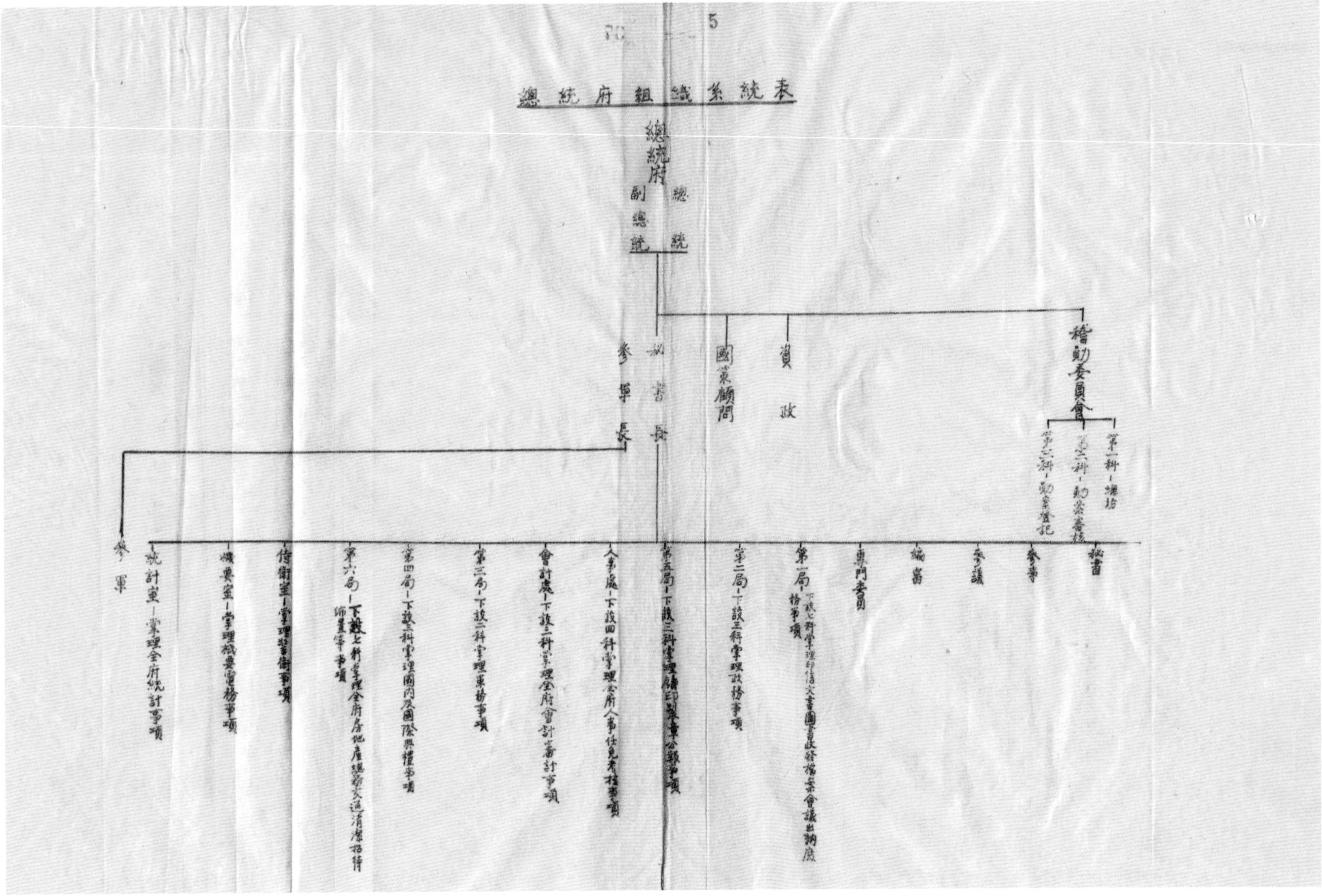
5
總統府組織系統表
總統府
總統
副總統
秘書長
參軍長
國策顧問
資政
稽勳委員會
第一科-擬核
第二科-勳案審核
第三科-勳案登記
秘書
參事
參議
編審
專門委員
第一局-下設七科掌理印信文書圖書收發檔案會議出納庶務事項
第二局-下設三科掌理政務事項
第五局-下設三科掌理鑄印製章公報事項
人事處-下設四科掌理全府人事任免考核事項
會計處-下設三科掌理全府會計審計事項
第三局-下設二科掌理典禮事項
第四局-下設三科掌理國內及國際典禮事項
第六局-下設七科掌理全府房地產總務交通清潔招待佈置等事項
侍衛室-掌理警衛事項
機要室-掌理機要事務事項
統計室-掌理全府統計事項
參軍

52

南京市軍事管制委員會
政務接管委員會行政司法部

接管偽監察院工作報告

1949年11月

南京市军事管制委员会政务接管委员会行政司法部接管伪监察院工作报告（一九四九年十一月）

53

接管偽監察院報告

查偽監察院（以下說該院）為國民党反動政府五院之一，該院組織，大致以「監察委員」為主體，內部除設置「院長副院長」各一人及秘書處處理事務外，並針對偽行政院各部會之工作分設十個委員會。外部則在各省設置所謂「監察委員行署」，每一行署轄區有二省或三省不等，該院職責，在表面上說，其权力甚大，可以彈劾一切違法的官吏，可以糾正一切的政策，但实際上，並不能使用其職权，僅係一空存名義及形式之机構而已。

本部於五月九日由軍事代表丁汝琛、武士魁兩同志，指派聯絡員李一堅等五同志到該院接管，首與該院員工聯誼會代表人談話，對該院之組织，人事，办公處所職工宿舍分佈地点，及現有物資器材等情形，得到初步瞭解後，即召集該院全体員工開会，由李一坚同志闡明中共中央保，對護人民財產的人員，功必奬，過必罰的意旨，並指示了接管的步驟與方法，當时又推定了办公處所及職工宿舍，各單位的負責保管人員会後，即由各联絡員会同各保管人作清查工作，對檔案圖書及物資，則在整理、點數登記後，予以集中封存，對傢俱，文具，用品則以各單位均駐有部隊，需要使用，故不能集中封存，乃會同部隊負責同志，將借用部份點數貼簽登記後，由部隊出具借条，暫為代管，然後按存放地点及物資器材種類，分別造具清冊，總查此次對接管該院工作，為时祇有四十天，即完成任務。

又月間，南京市人民政府地政局成立房地產管理處，本部乃將所

54

接管該院之房屋及一切物資器材賬冊移交房屋管理處接收，惟在本部保管期間，一切傢具用品，大部份為部隊借用，其中難免有少数損壞或被携走，尤其將圖書搬動凌亂，損失了一部份。及至南京市軍管會房產管理處成立，再行接管重加點查，乃將各項器材，撥交有關機關利用，以上為本部接管偽監察院以至於現在之經過情形，其詳細數字，均分别造册附送。

在接管保管期間，復由联络員同志發動該院員工成立新民主主義學習會，以便打通思想，並作為將来為人民服務之基礎，一面並勸導他们回鄉生產，或進學校學習。總計該院留在南京員工有一四二人，又上海办事處職員廿人，共一百六十二人，現留寧無工作者，祗約有半數，而其中尚有一部份可以自謀生活，及一部份年令身体不適於現时一般工作者，還有一部份因工作地區及眷屬等問題，就業學習發生困難。以上為本部接管偽監察院人員及處理大概情形，謹造具該院員工名冊及處理情形統計表附送，可以察見其詳。

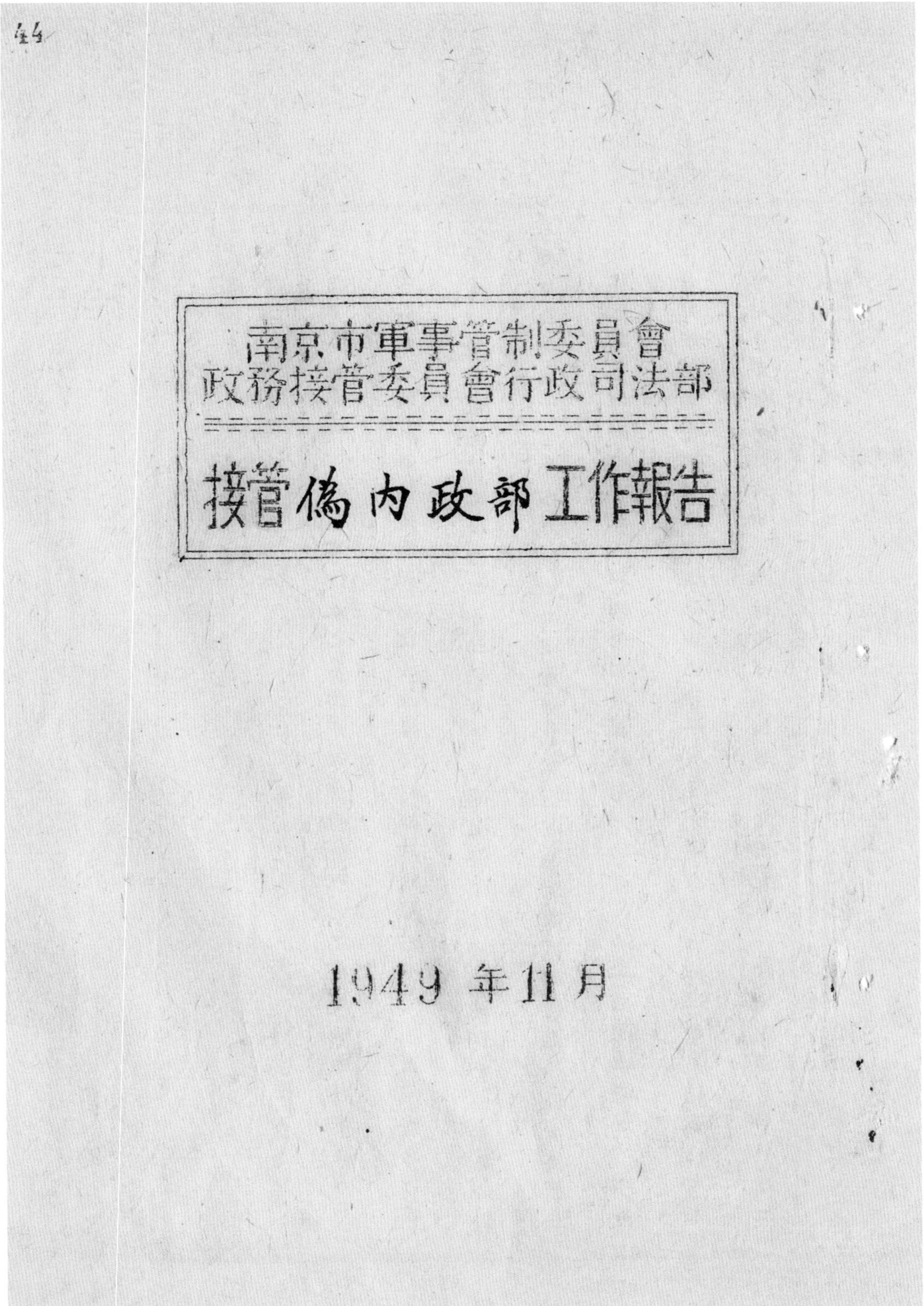
44

南京市軍事管制委員會
政務接管委員會行政司法部

接管偽内政部工作報告

1949 年11月

南京市军事管制委员会政务接管委员会行政司法部接管伪内政部工作报告（一九四九年十一月）

45

接管偽内政部工作報告

(一)原機關名稱地點及隸屬關係

1 沿革：我國古代無内務行政之名詞亦未有内務行政之專管機關自辛亥革命中華民國成立南京臨時政府採總統制設外交内務財政軍務及交通五部内務行政之正式機關於以確立迨後行政各部雖有增設或歸併而内務部則仍維其舊直隸於大總統及民國十七年四月偽國民政府成立實行五院制改成内政部隸屬於偽行政院俾設民政土地警政衛生四司同年十月改設總務統計民政土地警政禮俗六司參事秘書視察編審等處衛生司改爲衛生部一九三一年復將衛生部改署仍隸内政部并又增設首都警察總及警官學校兩附屬機關一九三五年統計司改處次年七月土地司改地政司九月將警高與浙江警校合併改爲中央警官學校一九三八年二月又

將禁政劃入職掌成立禁煙委員會管理全國禁煙及國際禁煙合作事宜一九三九年七月衛生署劃出一九四二年五月地政司擴署亦劃出均隸行政院是年七月增設戶政司辦理全國戶籍行政成立營建司辦理全國建築行政并設會計室一九四三年設人事處一九四五年撤銷視察處一九四六年八月警政司擴充為警察總署原警察總隊改為第一警察總隊（駐南京）將新六軍第廿五旅改組為第二警察總隊（駐重慶）均為附屬機關同年人事處改為人事室撤銷編審處一九四六年十月增設方域司辦理全國區域圖誌水陸地圖審查疆界勘測事宜一九四七年五月戶政司擴充為人口局仍隸內政部會計室改為會計處總之內政部在一九二八年以前為內務部以後業務上雖迭有變更而僞內政部之名稱則仍舊焉

2 編制：

46

1.組織—本部方面：有民政方域禮俗營建總務五司參事秘書會計統計四處及人事室附屬機關：有警察總署八口局禁煙委員會中央古物保管委員會北平古物陳列館中央警官學校首都警察總第一二兩警察總隊

2.人員—本部方面：部長一人特任政務次長常務次長各一人參事四至七人司長五人均簡任秘書六至八人其中二人簡任餘薦任視察八至十二人其中四人簡任餘薦任技正四至六人其中三人簡任餘薦任編審八至十人科長廿三至廿九人均薦任技士六至八人科員二〇二人至一三四人辦事員廿六人至四〇人均委任專門委員二至四人簡派專員五至九人薦派統計長會計長各一人均簡任人事室主任一人薦任雇員五十六至八十五人共計二六一人至三六三人各附屬機關編制人員數目另列於各該機關組織法內

存

财政部接收工作报告

甲、接收工作佈署按财政部本部，國税署，盐务总局，粮食部，市财政局等五個单位为主派出五個軍事代表。代表以下根据单位多少及大小之不同設助理代表及連絡員，全部接收工作在四月三十日開始佈署，五月六日点交工作全部展開，到二十三日基本上全部点交完畢，税务部门即大部進入税收工作，其他部门为清查整理结束工作，其中清查工作今後即将成为一個细致的較長時期的工作，至六月一日全部開始舊人員的處理。所接收的单位名称，物資統計人員統計如附表。

乙、接收工作的步驟和重点：開始曾要求过急，纠正後有的先接收一二個小单位吸取經驗，再接收大单位（如接收國税署）在重点上税务部门是着重於原始冊籍，一般是着重於主要物资，交通工具，進一步再到一般用具，文物档案，房地産。順序为一面造冊，一面点交。工作的進行一般是穩步前進，出乱子不多，但由於全力集中在接收，税收工作開始較晚，財政上未及時注意訂定制度掌握開支致財政上進入正規較晚。

丙、接收工作的特点：

一、地方党组织推动联誼会進行保管，使机关保持完整，接收顺利。二、接與管相结合，如税收部门和粮食部门都是必須很快開展業务工作的，因之在接收过程中就開始管，就開始使用舊人員。

三、接收过程中負責幹部的調动，在某些地方，使全部工作不能一致的貫澈下去，我接收幹部之情绪更高，对舊人員的審查处理亦較順利。

丁、我們问题的檢查：

一、群众路线開始注意不夠，没有注意一開始就從人的团结與了解上着手，行政方式多於深入群众發掘问题，所以總的表现是点交工作顺利，清查出的物資不多，甚至有的認为税警人員都是坏傢伙，对之批評多，後一段重視發动下層群收集情况之後，在碾米廠經过工人的檢举查出三部馬達，在舊人員的使用上，同样因为未從群众中去更深入的去了解每個人的情况，被使用的不一定是真正好的，而被疏散的人員中也不一定都是坏的，以致在舊人員中有不少反映，說我們吸收的不公平，近日曾經地下党反映說我之收留掌税人員中，有一個是花了五十塊大頭参加進去的，我們正檢查中。

二、在接收公私未是清的中盐公司和裕本米廠中，一般是穩步的，如中盐公司未查清公私股份之前首先是看管，凍结存盐，直到上海解放，上海開始接收其總公司通知我們接收時才開始接收，对裕本米廠同样是先看管凍结，等确定其中三分之一肯定为官股，其餘还未查清，即以先行復業生産，继續清查办法，即准其復業。

三、舊人員的使用问题：在税收與粮食部门是跟着業务工作的展開而全部或大部臨時使用的，在具体名義问题上，对其原来的負责人给顾问名義，其下層人員則为分配给具体工作，和我們原来的幹部参差工作，使用之後，由於我們提出了在工作中表现是今後録用的主要条件，加以他們自己也看到國民党的龐大官僚机关人員太多我事实上不能全部録用人人都有即将来到的失業危険，一般表现很積極，多主动找工作，主动提出工作上的建議並和我們的幹部共同生活，有的提出实行供给制）上下班按時及礼拜天不休息等，其中原来的負责人，同样是因大勢所趨多数積極要求工作，如下关盐务掌驗局長，就提出"只要给我工作，作什么都可以"並多次表示他对盐务上知道一些東西，他可以在盐滩上种樹，及他会俄文，作教育工作也可以等，至於其中仍企圖混入以继續行貪污及欺压群众者，当然亦尚有，现还未發现。

南京市军事管制委员会接收伪财政部工作报告（一九四九年）

四、預借工資問題上，由於接收開始未能展開群众性的審查及各部门对預借工資薪的条件，具体执行上有不一致處，第一次預借時有些解放前即被國民党疏散，解放中又未查看管之责，解放後登記領了預借費，致陸續有不多已疏散人員又趕回南京請求領薪，在第二次發薪時我们曾纠正了一部份，但因各部门不夠一致，造成不能領薪的一批人之不满，如市財政局的一部份疏散人員與原市府其他局的疏散人員數百人曾集合派代表請願，大喊不平。

五、在幹部問題上一般是很積極的，接收最緊張時常々一天只吃一餐飯，仍在積極工作，但亦產生了如下問題：

（一）會師問題：一般是團結的，但由於批評與自我批評開展不夠在真正思想一致上仍很不夠，解放區幹部和地方党幹部之間互相看不起，地方党的同志認為解放區来的同志文化程度低，不了解城市情況，把農村的经驗硬往城市搬，解放區幹部認為地下党同志政治上較差，不如自已有经驗，提的問題中立場不夠明確，甚而致於怀疑為什么提这些同志提拔的这样快，在討論問題中常々意見紛歧不易解决。

（二）地位問題，在有些同志的思想上存在着，有的因為接收工作中分配不夠十分恰当，認為把自已压下去了，对於作助理代表連络员或工作员不满，想弄個名義，想独立搞一件事情，甚至有的学生还以為自已是老區来的到新區就应担負重要工作，而不满於工作员的名义。

（三）到接收工作的後半期，一部份接收偽中央机关的同志覺得接收完畢後這一机关即要取消，較普遍的担心自已今後工作的分配而情緒动盪。

六、执行請示報告制度方面，由於認識不明確領導上未给予具体幫助，普遍表現对政策宣傳不夠，不敢講話，事無巨细，都要請示，甚至有的發現盗賣公物仍予亦不及时加以監視，只是注意到請示，致請示之後人已逃跑了，有的对舊人員提的問題，一句也不敢答覆，甚至不敢去和舊人員談，使舊人員对我怀疑。另一方面，無政府無紀律的現象亦發生不少，如有的同志發現私人米廠的蔴袋上寫有長江米廠字樣就馬上搬过去，後经調查其中蔴有一部份是私人的，又给送回去並给道歉，有的不经請示把（接收以后[illegible]别人，有的把）接收的用具搬到家去。

七、对联誼会缺乏具体領導及明確方針，在後一时尤其進入舊人員的处理时，某些地方形成了包袱，我们的工作佳这他不好，不佳这他亦不好，而他们自已本身亦覺得很多問題不好办，尤其在發薪等問題上他们是受到攻击的，有很多人以為登記不上領不到不是联誼会的人在中間搗的鬼。這一問題領導上应明確方針。

八、对舊人員的處理問題上手續过繁，以致一切準備好後，領路費及証件往々需要两三天还領不到甚至有的因时間拖延及物價高漲，有的領到之数还没有這幾天花去的多，我们提议民政局成立大招待所，在处理未决时管他吃幾天飯，或者把部的处理权加大，时間迅速，影响会更好。

南京市军事管制委员会接管中央大学的报告（节选）（一九四九年）

目录

1.封面
2.序言
3.接管工作展开前
(甲)军事代表赵卓先生谈话纪要
(乙)军管会管什么事
中共对知识份子态度问题
关于接管中大问题
(乙)学生应变会的号召
(丙)中大人的热烈响应

(丁)接管工作是怎樣開始的

4.接管工作的展開

(甲)工作組組織系統

(乙)接管工作概況

圖书分组概况　庶務分组概况　總務分组概况

文法師分组概况(工作花絮)　理院分组概况(工作花絮)

工院分组概况　農院分组概况　農林牧場素描

醫、牙、兩大学醫院

(丙)典型人物

5.工作總結　經驗總結　統計數字

6.新中大的誕生

插圖　照片

2

序言

劉慶雲

軍管會接管中大的工作開始於南京解放後第四週。僅僅在這短短的一個週裡，就完成了最主要的清點工作。工作的進行，其所以能夠如此迅速緊張，十足的表現着中大成員對于舊政權的鄙棄和對于新中大的渴望與期待。

在宣佈開始接管前，駐校軍事代表趙卓先生曾說過：“以往，中大在性質上，是一個國民党訓練高級幹部，從事反人民鬥爭的機構，是為美國帝國主義控制下的反動派和官僚資產階級服務的。今天的接管，是把它還給人民，作為訓練人民革命幹部的機構，訓練新中國建設人才的機構，是為人民服務的。因此，這次接管的意義，并不同于以往新舊校長交卸时的那种僅僅是官僚式的人事的交代，而是將整個中大的一切（動產與不動產）精细的清查点驗过了交给中國人民，交給中國人民的代表者——人民政府。由于今天的中大是人民的大學，中大財產中，每個中大成员都有其不可分割的一份，所以這接管工作不是几個人的事，而是全中大成员们的事；因此，在趙卓先生号召下，全校教職员、學生、工友，都參加了工作。經过了集体合作的努力，終于把整個中大完完全全的，由舊的反動的政权手裡，移交到新的革命的人民手裡。

——中大是全國規模最大的一所大学，因之，這次接管的範圍是龐大的，工作也是複雜的。這裡，不僅如一般学校，有校具插卷，有圖書儀器，有教室实驗室，并且有工廠農場和醫院。不僅有教育的設施，并且是生產的。因此，由這一次接管工作中所得的经驗，無疑地將是其他学校辦理接管工作時的一個好的參考。

這一接管工作，不僅是舊中大為新中大的轉換点，同時，也給予了一种教育——一种学習机會。中大現在已有卅四年的歷史，但所積累的具体内容究竟怎樣，恐怕所有的中大成员都不能确切明瞭，尤其像這樣偏重于事務性質的工作，一般说来，更是向来为人所忽视的。经过了這次徹底的清查，中大的实况是毫無隱蔽的揭露了。她的優点缺点，以及她所具有的可能發展的基礎，都被發現，都被幹部，這种教育是最实际不过的。

当然，在工作進行中，我们曾遇着过并克服了許多困難和缺陷，諸如準備的不够，設計的不周，物品名称的不统一……等。然而，這些大都只能在工作中被發现，并且只能在工作中去克服，事先是很難憑想像来决定她们的存在的。這种实践的效能，在我们的教育上也有其豐富的意

10

義。

根据以上这些，我们把在接管工作中所得的资料，以及在接管工作中所得的经驗，特地整理编輯，印成专册，作为这次工作的总结。

现在接管的任務已经终了，管理的工作也已经开始，在管理工作进行中，牠是要根据这些总结，来发扬和提高工作效能的。我们希望这本专册能達到牠的任務。

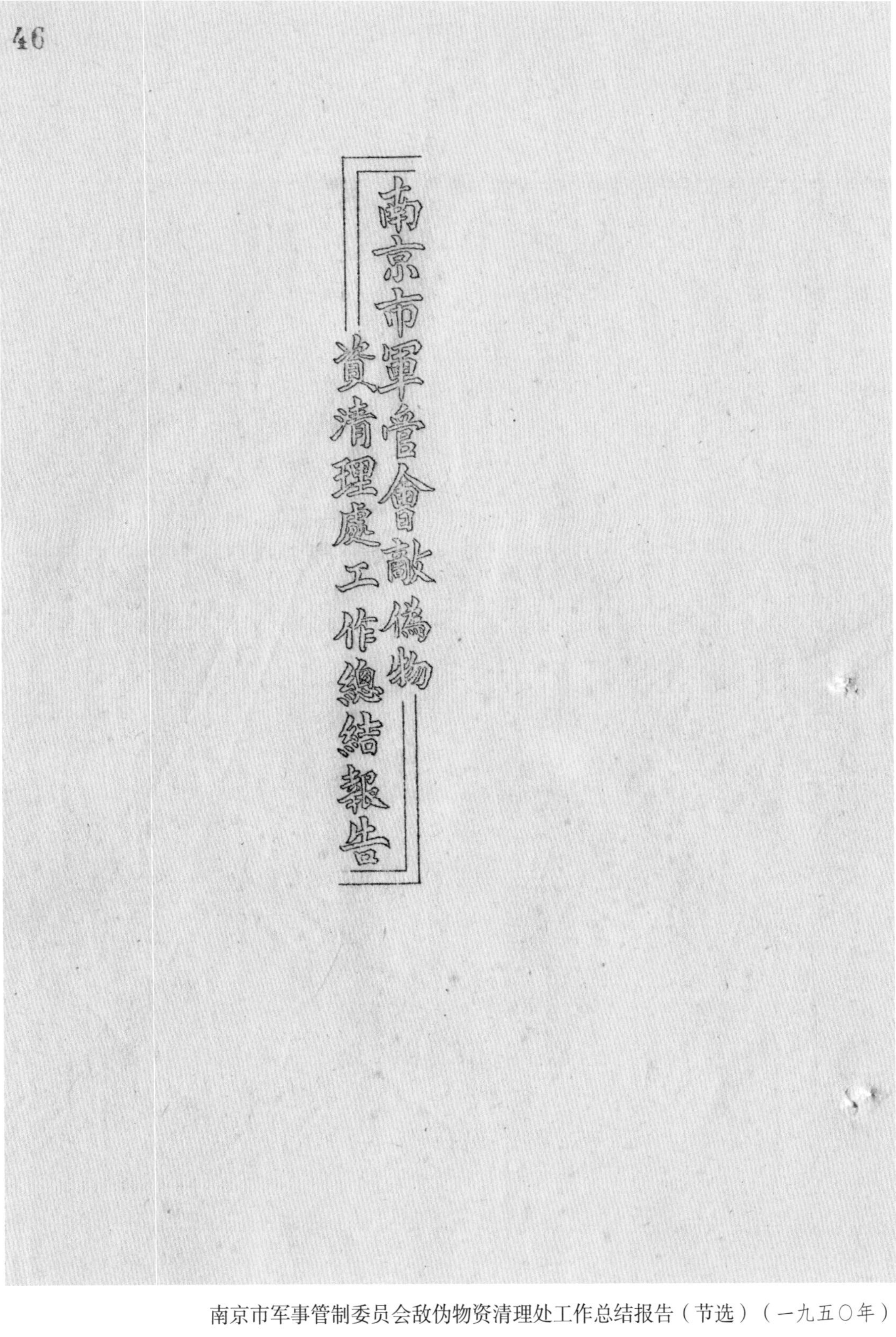

46

南京市軍管會敵僞物資清理處工作總結報告

南京市军事管制委员会敌伪物资清理处工作总结报告（节选）（一九五〇年）

南京市軍管會敵偽物資清理處工作總結報告

第一部份　清理接管物資工作

一、前期的清理工作

㈠去年七月下旬，二野將離開南京前往西南時，發覺南京解放後各單位所接管的為數極巨的各種敵偽物資，由於缺乏統一處理機關，已有浪費損毀以及被竊的現象發生，為了愛護人民祖國財產，軍管會遂於八月初組織了一個接管物資清理委員會，委由三野後勤部副司令除漫雲與劉峰同志負責進行清理，並下令各單位首長要重視這一工作。

清理委員會成立後，即決定按照原來的接管系統成立七個清理分會和四個直屬清理小組，分會和小組的成員全由各單位自己抽出，委員會只指派聯絡員到每一分會（與直屬小組）去推動督促檢查這一工作，在當時幹部困難的情況下，這一辦法是有效的。

㈡清理範圍方面，當時確定：凡屬軍用物資、房產、傢俱係由軍事接管委員會及房管處分別清理，均不在本委員會清理之列。但如電燈郵、電訊局、鐵路等企業機關，因仍在繼續營業，並爲獨立單位，故亦不屬本會清理範圍之內。

(三)當時的清理方法，是首先由清理分會所屬各單位組織清理小組，將所有的接收物資（除去軍用品與房屋傢俱）查點整理清楚，然後按委員會擬定的接管、使用，（即本單位自用）撥出、撥入、損失、變賣、及現存（即現存可以撥走的）七種表格造送本會，再由本會統一處理。

(四)當時並曾通知各單位，在清理期間爲避免浪費和本位起見，所有實存物資，原則上一律凍結，不准動用和撥出撥入。如有需要，須先經委員會批准後始可動用。（緊急需要如防汛等不及先行送請批准者則事後報告）這一規定，基本上大家是執行了的，不過仍有個別單位沒有遵守。

二、清理處成立後的工作

(一)從來軍管會感覺不但這一清理工作是繁複的，這些少數幹部是不

48

夠的，而且南京遺留下來匪區在民間的敵偽財產物資還有很多，要收歸人民所有，需要更健全的組織，因此到九月初，正式成立敵偽物資清理處。為了加強領導，除任命盧俊青兼處長，劉羣同志為副處長外，又委財政局宋季文局長兼副處長，另調三野後勤政治部副主任李芳書任副處長，同時又從三野調來十多個幹部，把組織擴充為一室（秘書室）二科（調查清理科與統計分配科）後來又從房管處吸取了六個舊有工作人員加強工作。至此組織已粗具規模，工作遂趨向發展。

㈡各清理分會和直屬清理小組的清點造表工作，在各單位首長的督導和各組同志的努力下，至九月底已大體完成，並將表冊裝訂送來，如水利部和文教廳的表冊交的最早，有的單位的首長如交際處的張副處長出版處的吳副處長，都親自領導和協助本單位小組的清理工作，因此大大提高了小組同志的工作情緒和效率。外事處的直屬小組，還動員了兩名勤雜人員一起參加清點整理，一舊人員並自覺地修配了一些午壞的文具用品，說「這樣不是又能用了嗎？」房管處從偽總統府

陸軍

動員一批舊職員，很細緻的清點偽空軍部的破爛東西，人民廣播電台化了很大力量來清點所有接收的各種機器和零件。使一個舊職員很感動地說「從國民黨開始以來，從來沒有像這樣徹底而有條有理的清理過」

㈢這樣我們清理了一百七十九個單位的大批接管物資。同時又發現了很多未曾接管與接管後無人看管的物資，有些散在各地的零星東西，也予以清查處理了。我們處理這些物資是根據那些原則呢？

⑴凡屬中央或華東區系統各單位的物資，原則上一律不動，總候中央與華東區處理。只有少數單位中與本單位無關又經該單位同意的物資如水利部的防毒面具，即我們處理了。

⑵凡屬軍用軍需物資，統交三野後勤部所屬各部接收。

⑶凡建設所需交通用具及工業原料等物資，統交市府建設局接收

⑷凡金銀外幣，糧秣食品，被服原料，油類煤斤，紙張文具等物資，統交市府財政局接收。

⑸凡屬醫藥與衛生器材，統交市府衛生局接收。

（1949—1951）

二

新生政权

（一）中共南京市委及各级党组织

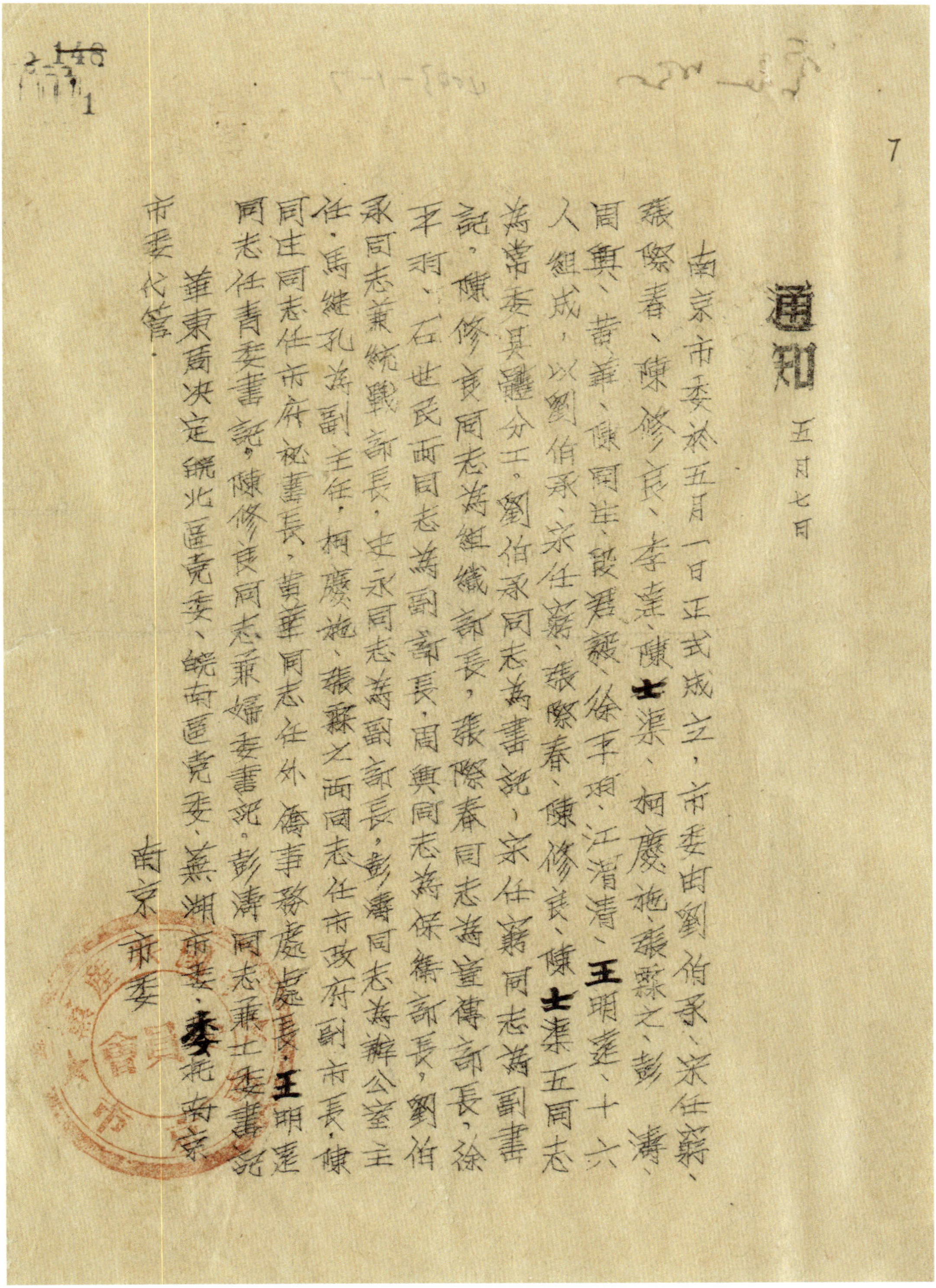
通知　五月七日

南京市委於五月一日正式成立，市委由劉伯承、宋任窮、張際春、陳修良、李達、陳士渠、柯慶施、張霖之、彭濤、周興、黃華、陳同生、段君毅、徐平羽、江渭清、王明遠、十六人組成，以劉伯承、宋任窮、張際春、陳修良、陳士渠五同志為常委，具體分工：劉伯承同志為書記，宋任窮同志為副書記，陳修良同志為組織部長，張際春同志為宣傳部長，徐平羽、石世民兩同志為副部長，周興同志為保衛部長，劉伯承同志兼統戰部長，安永同志為副部長，彭濤同志為辦公室主任，馬繼孔為副主任，柯慶施、張霖之兩同志任市政府副市長，陳同生同志任市府秘書長，黃華同志任外僑事務處處長，王明遠同志任青委書記，陳修良同志兼婦委書記，彭濤同志兼工委書記。

華東局決定蘇北區黨委、皖南區黨委、蕪湖市委、委託南京市委代管。

南京市委

中共南京市委成立的通知（一九四九年五月七日）

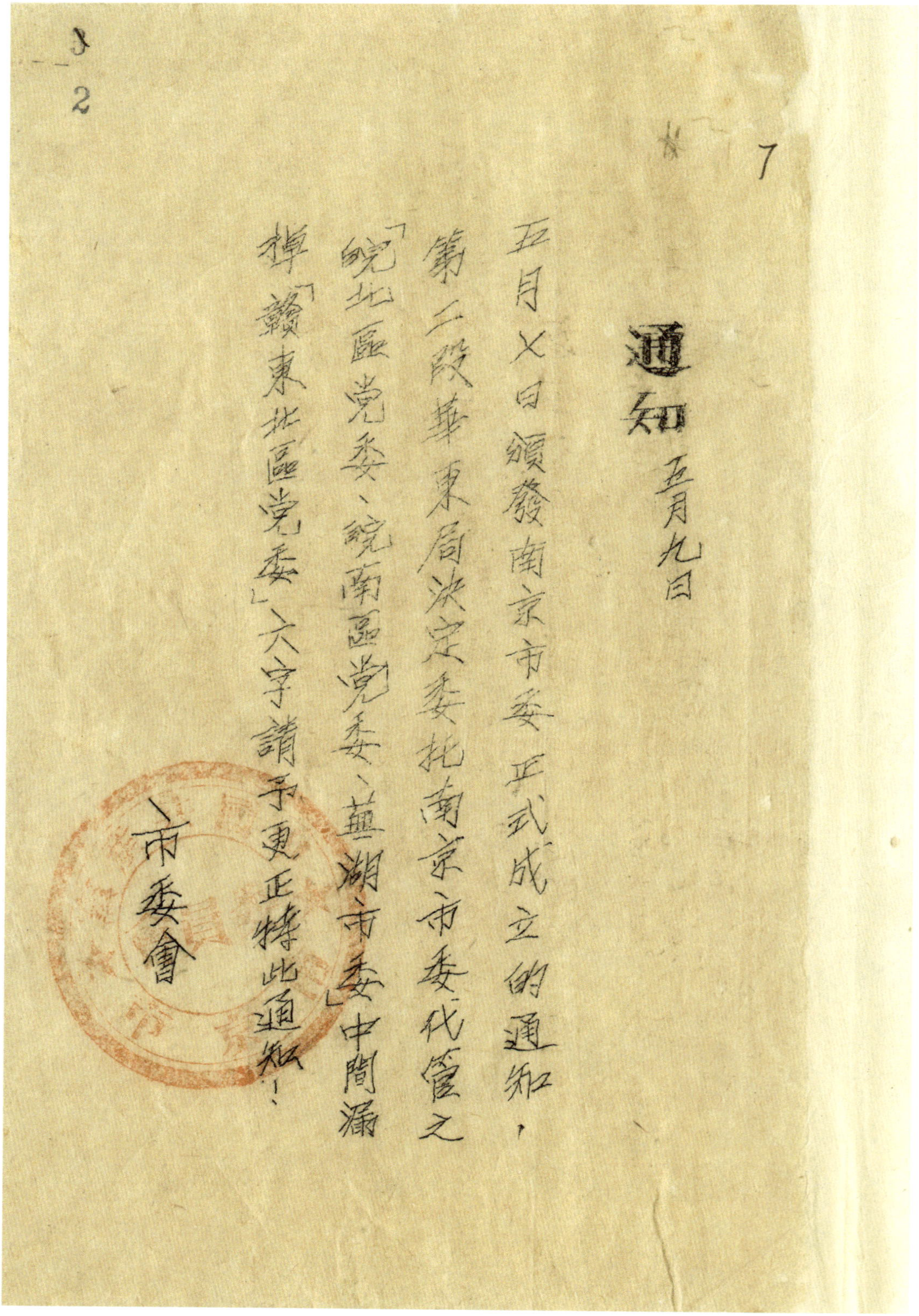

通知 五月九日

五月七日頒發南京市委正式成立的通知，第二段華東局決定委托南京市委代管之「皖北區党委、皖南區党委、蕪湖市委」中間漏掉「贛東北區党委」六字請予更正特此通知！

市委會

中共南京市委增加代管赣东北区党委的更正通知（一九四九年五月九日）

關於接管委員會黨委會组織工作指示

组字第一號

為了加強目前各接管委員會党委的組织工作，使各級党委在領导接管工作中，能够保証党的政策正確执行，并能有計劃的、有步驟的、更順利的建立與健全各級群众組織與政府组织，特對各接管委員會党组织工作，提出幾點意見，希即研究執行。

（一）各級党委的基本任務是执行市委的决定，掌握党的政策，完成接收任務，因此各級党委不应拘泥於行政事務的範圍，也不应单純處理机關党務工作，其重心应全面掌握党的方針，加強党與行政組织的領导，為着認真执行華東局指示的原則「如果僅有自上而下按照系統的接收，而無自下而上工人、职員的监查和檢舉相配合，是接收不好的」。不能忽視通過由軍事代表、党支部、工作組所組成的三人委員會（尚未组成~~工作組成~~工作組的地方要與支部或党員及群众积極份子合作），有計劃地去了解各被接收机關内之实际情况，组织與教育群众，更多與群众相結合，来[illegible]接收工作中各种困難與解决複雜問題，是目前各級党委所

中共南京市委关于接管委员会党委会组织工作的指示（一九四九年五月十二日）

应特别注意的。

（二）按各接管系统整理与健全党的组织机構，首先健全各接管委员会党委会，重新整编總支、党組、支部；按照部门大小，党员数量多少与集中分散的分佈情况，分别組成總支或直属支部，並必須從上級党委到支部，建立組織部门配備組織幹部，并加强其工作。

（三）加紧进行了解幹部与登記幹部工作，尤其是有計劃地提拔培养群众中有威信的幹部，掌握幹部思想情况，及時进行幹部教育，各接管委员会应以最大努力採取各种方式，充分利用各种机会，不断进行训練与提高党与非党幹部工作，整理幹部材料，自上而下逐级进行幹部登記和統計（包括外来幹部与本地幹部），除所有幹部均須填簡明登記表外；其餘军事代表或相当於軍事代表及解放区来的縣团以上幹部与地方党現任科長以上幹部均另填登記表。

（四）嚴格党的組織制度：

1．切实建立各级党的会議、学習、請示報告等制度，其中心内容为：一、会师团结；二、政策学習；三、联繫群众；四、紀律教育四項，由各党委會討論做出具体决定，并送交市委組織部存查。

2、在执行接管工作中有关一般原则性等问题，均应经过党委认真讨论，并保证执行。（发布原则性的书面指示应先提交市委审查）

3、以后干部调动须实行两级鉴定制（同级与直属上级）并须严格执行接转关系正式手续，干部有所调动（县团级以上或从地方党转入各接管部门，或各接管委员会间互调）时，必须经市委组织部批准，过去未经市委组织部正式介绍关系之干部，各接管部门党委亦必须开列名单，并填写明登记表连同原有材料补送市委组织部审查后，补转正式关系。

4、必须按月按级缴纳党费。

（五）今后各接管委员会党委会组织部须定期向市委组织部实行书面与口头回报（特别重要的应即以电话报告）其中心内容规定如下：

1、思想情况（反映在干部生活、作风、团结等各方面）。

2、执行政策、遵守纪律情况。

3、组织概况与干部调动情况。

市委

五月十二日

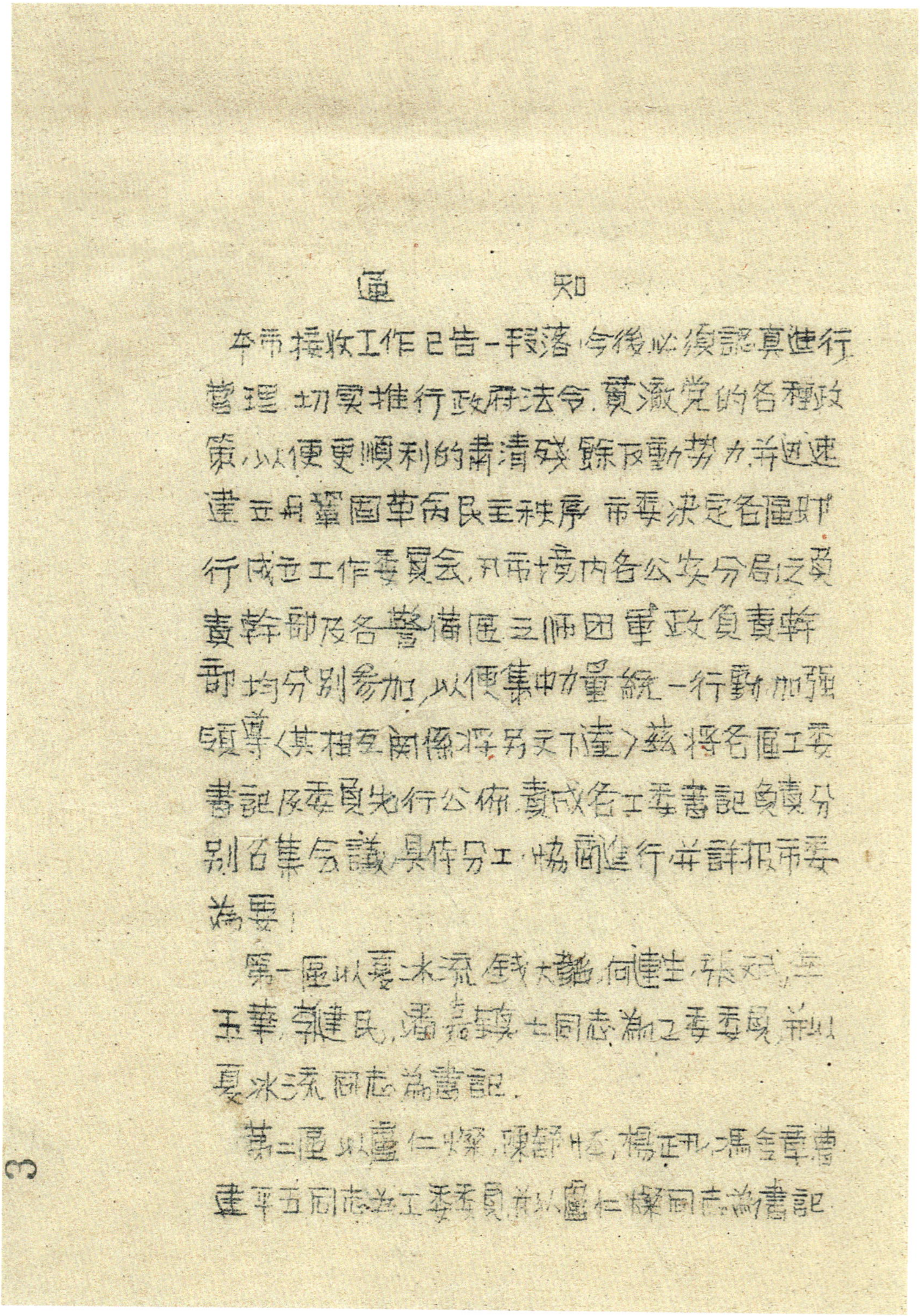

通　知

本市接收工作已告一段落，今後必須認真進行管理，切實推行政府法令，貫澈党的各種政策，以便更順利的肅清殘餘反動勢力，并迅速建立與鞏固革命民主秩序。市委決定各區即行成立工作委員会，凡市境内各公安分局之負責幹部及各警備區之師団軍政負責幹部均分別参加，以便集中力量統一行動，加強領導（其相互関係將另文下達）。玆將各區工委書記及委員先行公佈，責成各工委書記負責分別召集会議，具体分工，協商進行，并詳報市委為要！

第一區以夏冰流、錢大韶、何建生、張琛、王玉華、李建民、潘嘉鎮七同志為工委委員，并以夏冰流同志為書記。

第二區以盧仁燦、陳舒橋、楊正邦、馮金章、曹建平五同志為工委委員，并以盧仁燦同志為書記

3

中共南京市委关于成立各区工作委员会的决定及组成人员名单的通知（一九四九年六月十八日）

第三區以李廣，陳達吾，王尚三，張尧楷，夏國光，伊林天同志為工委委員，并以李廣同志為書記。

第四區以賈士珍，謝玉芳，張慈一，藤洪生，徐振亞五同志為工委委員，并以賈士珍同志為書記。

第五區以刘玉林，顧永清，伊萍，謝縱舟，馬銀五同志為工委委員，并以刘玉林同志為書記。

第六區以許海濤，楊蕙林，丁子明，楊可忠，趙樹臣，王勉，王先平七同志為工委委員，并以許海濤同志為書記。

第七區以胥光義，王國信，康衲，王守華，范克功，李葉章天同志為工委委員，并以胥光義同志為書記。

第八區以高黎光，陳明，楚國，夏革，刘國華，朱林，何進，郭忠仁，吳志敏，錢樹柏，張亮十一同志為工委委員，并以高黎光同志為書記，陳明同志為副書記。

第九區以時雄，~~《警備區司令》~~孫懷德、龐鋕，徐振東，高彥文五同志為工委委員，并以時雄同志為書記。

第十區以王貴，孔從周，張靖宇，黃士林，王成志五

同志為工委委員，并以王貴[illegible]同志為書記

第十一區以韓天儒、王衛民、黎民、馬寧、楊德講五同志為工委委員并以韓天儒為書記。

第十二區以楊欽、董衡夫、曾海涛、朱華荣、路新城五同志為工委委員并以楊欽同志為書記。

第十三區以刘淮、鄧家輝、孫叔平、王震、王楚南五同志為工委委員，并以刘淮同志為書記

市委 六月十八日。

中國共產黨南京市委員會

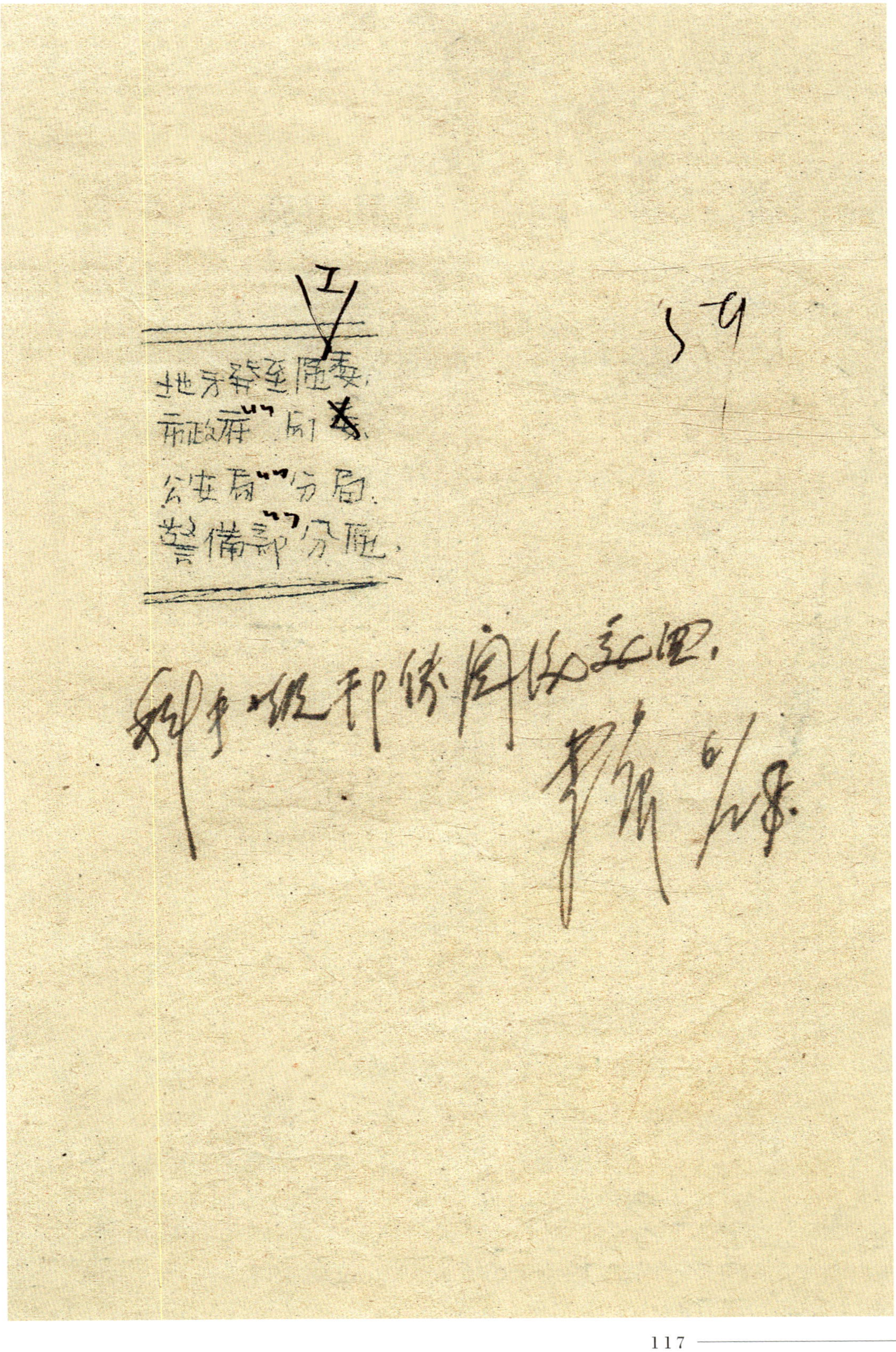

5 9

地方警备区委，
市政府""局，
公安局""分局，
警备部""分处，

郑重地执行你们的意见。
贺龙 6/18

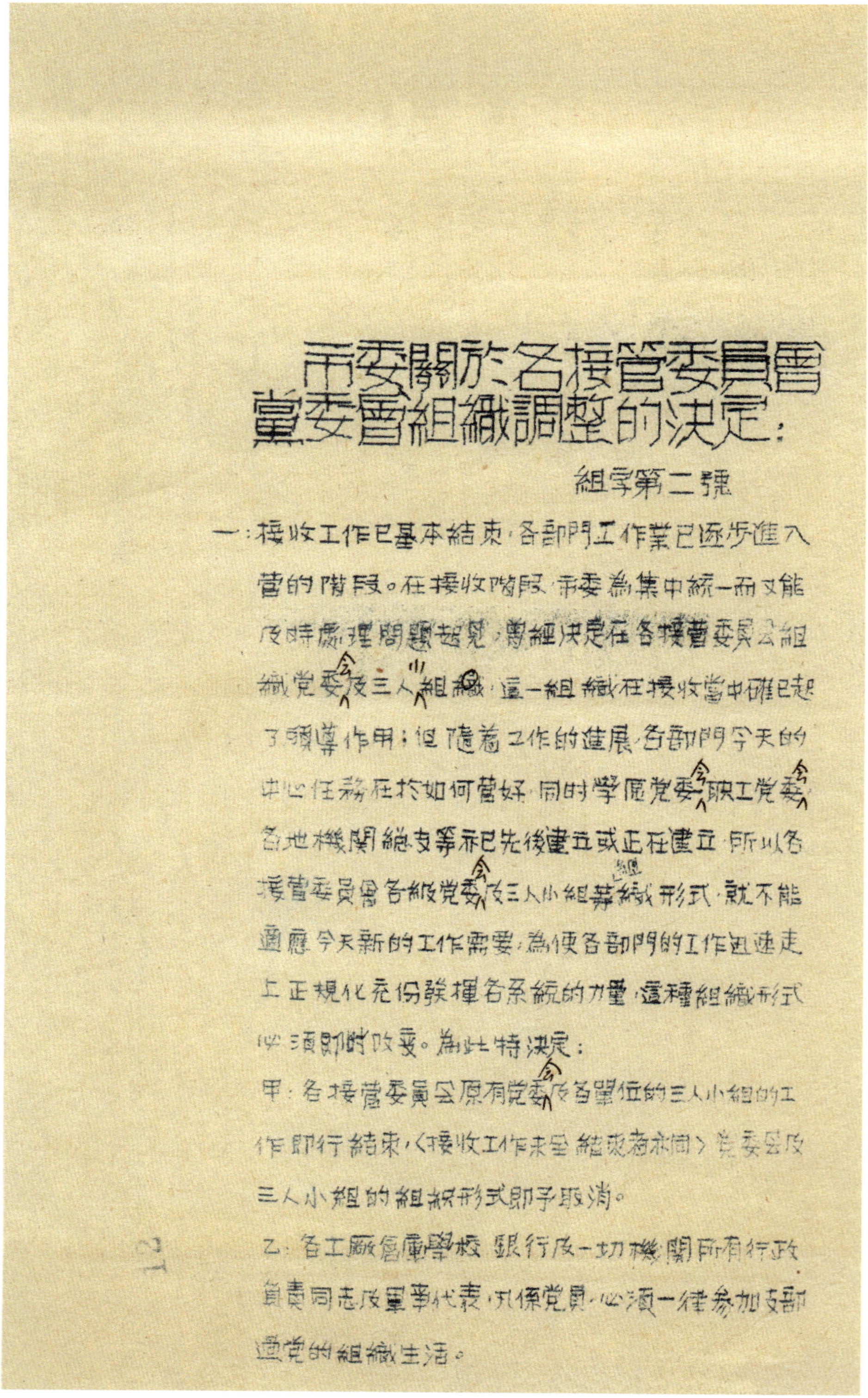

市委關於各接管委員會党委會組織調整的決定：

組字第二號

一：接收工作已基本結束，各部門工作業已逐步進入管的階段。在接收階段，市委為集中統一而又能及時處理問題起見，曾經決定在各接管委員会組織党委会及三人小組，這一組織在接收當中確已起了領導作用；但隨着工作的進展，各部門今天的中心任務在於如何管好，同时学區党委会、職工党委会、各地機關総支等亦已先後建立或正在建立，所以各接管委員會各級党委会及三人小組等組織形式，就不能適應今天新的工作需要；為便各部門的工作迅速走上正規化充份發揮各系統的力量，這種組織形式必須即时改变。為此特決定：

甲：各接管委員会原有党委会及各單位的三人小組的工作即行結束，（接收工作未全結束者亦同）党委会及三人小組的組織形式即予取消。

乙：各工廠倉庫學校、銀行及一切機關所有行政負責同志及軍事代表，凡係党員，必須一律参加支部通党的組織生活。

中共南京市委关于各接管委员会党委会组织调整的决定及发至支部的通知（一九四九年七月十四日）

丙：各支部的工作由所屬上級党委会或總支的領導。

二：接收工作雖基本完成，但是軍事管制的時期尚未過去，所以各部門的軍事代表制則不能削弱，以保証党在軍管時期的政策及一切決定，經過軍事代表在各單位能够確実実現。由於軍事代表是管制委員会的代表，也是党的代表，所以他與支部及行政關係應該是：

甲：軍事代表對於上級党和上級軍政機關的決定命令訓令均須堅決的執行。

乙：各單位行政負責同志在政治上要接受並尊重軍事代表的領導，軍事代表應尊重行政負責同志關於技術方面的意見并誠懇的學習。

丙：軍事代表應代表上級党指導所在單位支部的工作，支部除接受其上級党委的領導外應接受同級軍事代表的指導，指導的辦法：

①凡是只有候補党員無正式党員的支部，軍事代表一律兼任支部書記，除執行軍事代表的職务外并要認真進行党支部工作和群众工作。

②凡已有正式支部的單位，軍事代表可根据具体情况決定是否兼任書記，如兼任書記時可另設副書記一人，担任處理日常党务工作及組織群众運動。

③正副書記均應經市委組織部批准。

丁：軍事代表在執行其上級規定之指示中，必須了解實際情況，善於掌握群眾路線，首先傾聽黨員的意見，不得支部大多數定出執行辦法，（如有不同意見）同志的意見通過時，則應請示上級決定。如在處理緊急情況時，則一面執行軍事代表的意見，一面請示上級作最後的決定。

三：加強支部的領導保証完成任務，支部應經常注意：

甲：說服、推動和組織所在部門的群眾一道實現上級黨政軍和本單位所決定的各項工作計劃，發動所有黨員在各種運動中起模範的帶頭作用。

乙：組織學習與研究黨的政策和一切指示及其實現方法，提高黨員及群众之政治覺悟，在企業部門中須樹立新的勞動觀念，并提高勞動積極性。

丙：密切聯系群众，了解群众在工作及生活中的情緒和要求，并經常和軍事代表研究解決必須解決的問題，如有不能解決的問題則加以說明。

13

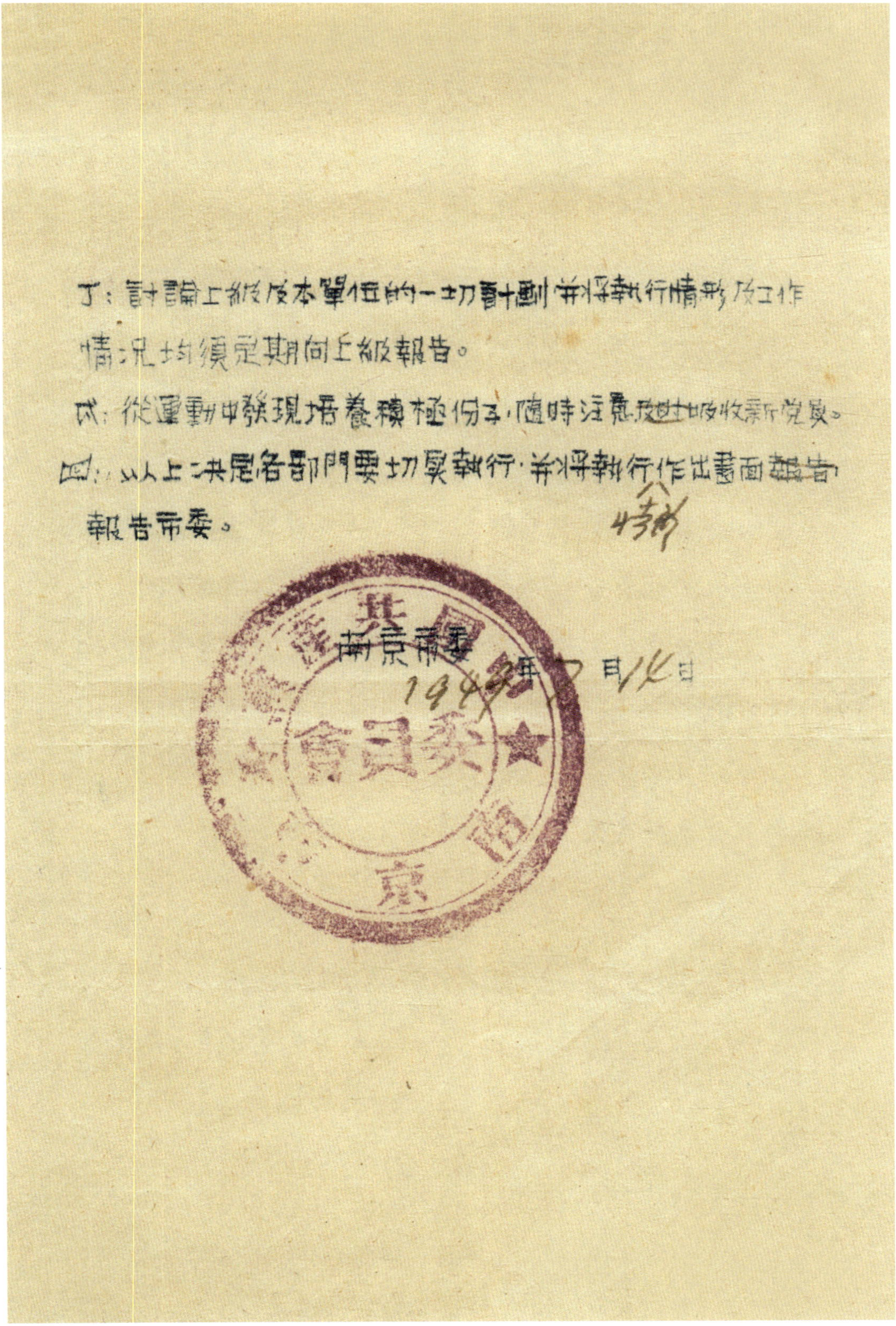

丁：討論上級及本單位的一切計劃并將執行情形及工作情況均須定期向上級報告。

戊：從運動中發現培養積極份子，隨時注意吸收新党員。

四：以上決定各部門要切實執行，并將執行作出書面報告報告市委。

南京市委　1949年7月14日

14

各委支部　通　知　組字第三號

一九四九年七月十四日發出「市委关於各接管委员会党委会組織調整的决定」中第三項戊条「從運动中發現積極份子隨時注意吸收新党员」是就支部的一般任务而言，并非指现在即行發展党的組織。在華東局未正式指示本市[illegible]正式發展党的决定以前，南京市各支部仍要遵照華東局暫停發展党的指示，不得發展党员而應集中力量整理原有党的組織，教育党员提高政治覺悟政策水平與業务技術。

此致

南京市委

一九四九年七月十五日

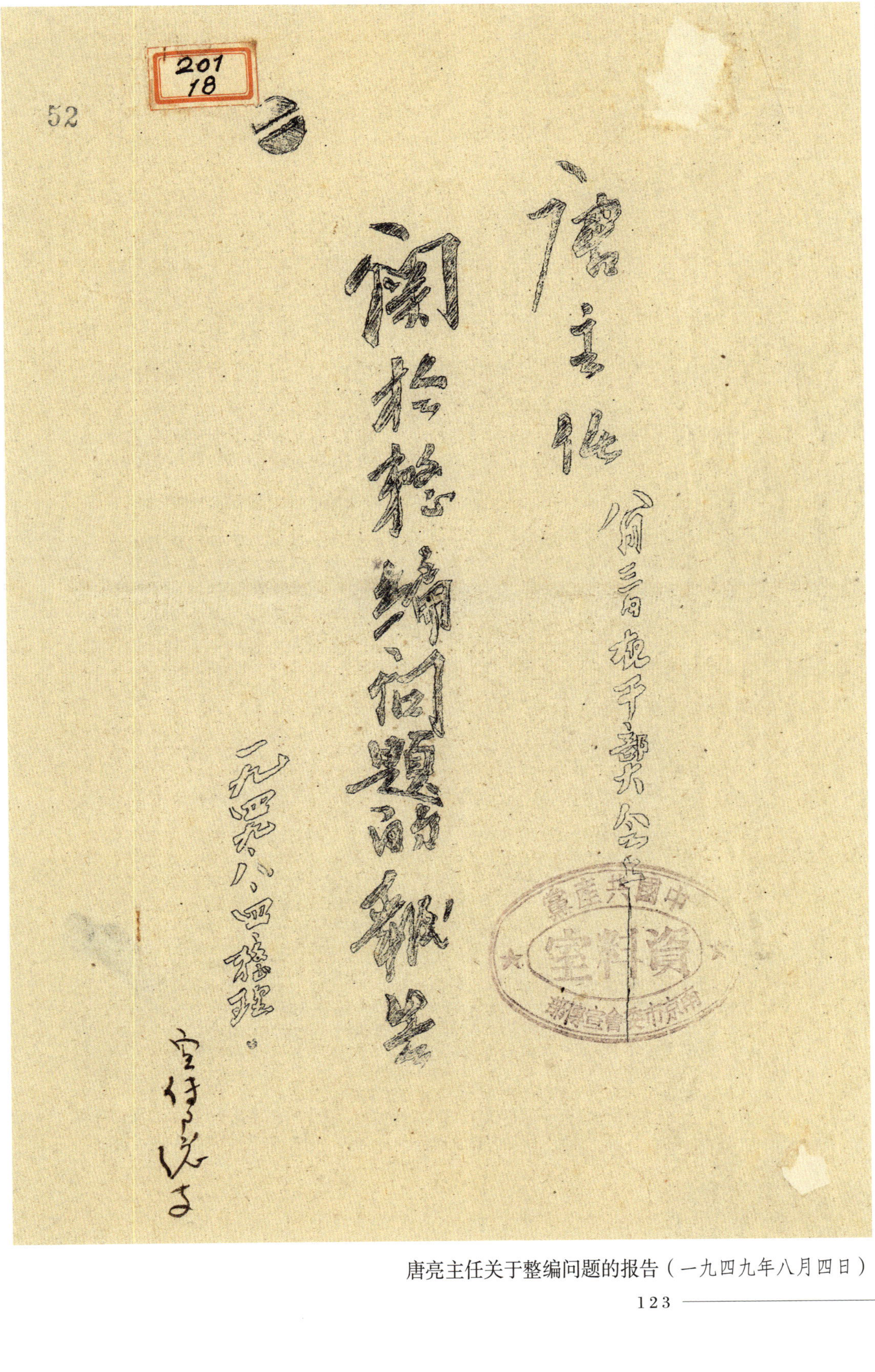
52

201
18

唐主任

关于整编问题的报告

一九四九、八、四整理。

宣传处存

中国共产党
资料室
南京市委会宣传部

唐亮主任关于整编问题的报告（一九四九年八月四日）

53

唐主任在八月二日幹部會議上的報告

同志們，市委要我講整編問題，由於本人對南京各方面情況尚不够十分了解，是否說得恰当，尚須大家討論研究。

這里我根據華東局整編節約指示，結合市委意圖，來講幾個問題，這個報告經市委審查後才發生效力，同志們聽後，有意見可以書面提出，市委審查通過後，各部門即應按此原則進行整編，我的整編報告分為四部份：

第一：為什麼要整編，為什麼要在此時提出整編，主要有下面幾個理由：

（一）我們由鄉村進入了中國有名的大城市之一的南京，現在負責領導建設新南京的市委会、市政府、公安局等機關，都已建立起来，這種大城市的環境与生產方式需要我們改变过去廿多年的在農村的情況而按城市的特点与需要来建設我們的機關与工作，城市与鄉村有很多不同的地方，如果我們的生活方式，工作作風还是过去農村的一套，就不能適應城市環境，本来組織形式是隨各個時期的主客觀条件，環境或不同的任务已有改变這就應有改变，我們过去的組織形式，才能適應今天的新情況，這樣才能提高工作效率，才能真正實現党中央二中全会决定的，把工作重心由鄉村轉入城市。

現在我們組織形式，還保存了農村的一套，這一套許多同志都已感到不便利，感到有整編的必要，很多過去有的組織而今天不需要存在，过去沒有的而現在需要建立，過去很龐大的如今可以縮緊，过去小的甚致要它擴大，這種方面皆需要動，這是我們為什麼要整編理由之一。

（二）目前我們正處在全國胜利的形勢下、全國解放已為期不遠，許多城市及廣大鄉村皆需要我們去領導去工作，党中央指出的先城市後鄉村的正確政策，並不是說只要城市而放棄鄉村，而是要分清緩急輕重把城鄉工作都搞好，要由点線開展到面，因此就感到幹部的異常缺乏，渡江以来，各地區皆把最好最重要，最大多數的幹部配備在城市里，這在工作初期是必要的，如果這些大城市若沒有足够優秀的幹部，工作就很難作好，所謂先城市後鄉村便成為空談，現在城市工作初步走上軌道，就迫切需要大批幹部去開展鄉村工作，但是這批幹部從何處来機動幹部是沒有的，只有從城市裡動員大批幹部到農村去，到農民群众中去，雖然很多城市本身就感到幹部不够，但问題必須解决，只可在城市里想辦法，很好的整編，我們的組織，抽出一批幹部来作骨幹再加上一批工人、青年知識份子給以訓練，派遣去開展農村工作，這樣来解决目前幹部的困難，這是我們整編理由之二。

（三）革命幹部有一個特点，工作越忙越高興，反過来沒有事幹就感到不痛快、這与舊社会的僱佣觀念完全不同，機關部隊領導上抓得緊，工作緊張繁忙時，幹部鬧問題的就較少，反之若領導鬆懈，工作閒下来，那么什么問題都出来了，革命工作者總希望多作工作，對革命多多貢献，若組織形式不恰当，就不能充份發揮幹部的積極性，有時有的組織重重叠叠，互相牽制，阻碍了我们的工作減低了行政效率，這是应該加以改正的。

有些同志喜欢從本单位人數多少，机关的大小来看地位的高低，是不合理的看法，人多事閒一点会說我们幹部感到苦悶，我们培养幹部主要的依靠工作中的鍛鍊，一个人做兩個人的事，开始時会感到吃点苦頭，但這对於鍛鍊提高幹部，發揮幹部的積極性是有好處的，這是整編理由之三。

（四）目前我们一面是偉大的胜利，另一方面是嚴重的困難，一方面要繼續向西南進軍向南進軍，另一方面又要展开全面的生產建設工作，這和抗戰時期全力抗日反蒋的全力進行建設时期不同的，今天我们必須照顧到戰爭与建設兩方面，我们打一次戰，消耗是無法計算的，因此我们应很好考慮，如何善於把每個錢都適当的用於支援戰爭与生產建設上，這是全党同志都要关心的事情，反過来說凡是与目前的戰爭和生產沒有关係的应盡量節約，整編組織，裁減冗員，節省开支，开發財源，正是為了战爭与建設的提早胜利，這是整編理由之四。

根据這四個理由，我们一定要很好的来整編我们的組織，厲行生產節約，充分運用一切有利條件来鞏固与發展我们的胜利，克服当前嚴重的困難。

第二、如何整編

（一）、要根据南京現在的情况，和最近将来的需要，重新審查全市各種組織，并且要採取堅决嚴肅的态度加以整編，我们要審查那些机关保留，那些机关必須繼續建立，在這些机关中要規定一個嚴格而合理的編制，其原則是既不妨碍工作又不浪費人力財力，這編制經組織審查决定後，要堅决执行，並且保証今後不經組織許可不擅增加一個人。審查那些机关要合併就一定把它合併，合併初期在执行任务上可能有某些困難，這主要应從改進業务与改善彼此间关係着手，不能再從組織形式上打算盤例如部隊中兩個不同单位合併後因為不熟識，生活上感到不方便，就要求分开，而不從改善关係上着想，這種每一單位自成其系統各自為政的作風是不好的，其次应審查那些机关应該取消就应堅决取消，不要存在保守主義總是捨不得，过去解放區凡次整編对方針原則大家一致贊成，但在具体執行時就打折扣，為什么不能貫徹决議，就是某些机关或個人不顧整体不能把個人和本单位的利益与整個党的利益结合起来、再次我们要審查那些在目前及在今後相当時期都用不着的机关，這就只需要保留少數人看守管理即可，不必化很多幹部和財政去支持他。

（二）、調整与集中机关駐地，使一個系統中的許多单位，都能以一個机关為重心，集中辦公不要鬧分散独立主義，要完全服從組織調動，如与

——2——

54

单位都分開来住，那么都要有秘書處，交通班，接待室等等，集中住只需一個就够了，這樣可以減少許多人員，在工作上集中辦公效率可以大大提高。

（三）：不以个人部门為单位，而以工作性質来配備勤雜人員，过去按什么級的幹部配備勤務人員，今後勤務人員則按工作性質集体配備（如飯堂、辦公室、会客室、宿舍、配公务員）這樣專司其事可加强他们責任心，警衛員採取以大机関為单位設警衛班，負責幹部要出差时可臨時由警衛班派警衛員，此外可在机関中設洗衣班，解决幹部洗衣问题，依據机関大小决定人數，可吸收一些家屬參加這　工作，可用大水池蓄水，節省水費，汽車以机関為单位配備使用，要多　　脚踏車及共公汽車，這樣可減少汽油及駕駛人員，机関在城市中心的警戒可統一佈置不要每个单位都設警戒人員減少人力物力的浪費。

（四）要妥善的處理机関中的舊員工，有些机関許多舊職員是没有很多工作可做，舊職員中除特别優秀的和工作有特别必需的留用外，其餘可組織起来送革大学習，学習後的處理方法待研究决定後另行公佈，各机関精簡下来的舊員工及公安局的警察由市委、市政府、公安局各自組織机構統一處理（處理办法另訂之）房管處看管房子的问題也要整理，已劃為机関固定駐地的，由該机関自行保護，要看管者須經過審查，固定一個人看管不能養其全家，在整編过程中旧公教人員及員工裁減後，可以謀生活的亦可自行解决，不必一定全集中起来，再去處理。

（五）在整編中要　好分配幹部的工作，使每个幹部在適当的崗位上發揮其特長与智慧，發揮幹部積極性和創造性，大大提高幹部的責任心与進取心，有些部隊工作幹部説地方工作輕鬆舒服，願作地方工作，其實地方工作同樣是很複雜的，存在這種求輕快的思想来做地方工作的同志决難做好工作是完全錯誤的，同時還要清除单純做官思想，为「要個位置便行，做好做坏不管」另外要出出風頭，要佈告上有自己的名字的职务才幹這却是做官思想，对這種只圖高官厚祿，不做實際工作的那就要不客氣的請他從負責的地位上滾下来，他们是追求形式只圖人多机関龐大擺官僚架子的与目前精簡節約的原則完全相反的。

（六）市委市政府，公安局及群众团体，要很好研究如何办托兒所、小学校以便能使女同志参加工作，使他们能站在適当的工作崗位上去，男同志亦可減少顧慮，安心工作，中央指示女同志要好好学会一套生產本事，學会做經濟工作，我们必須認真研究执行這個指示。

（七）家屬问題作一妥善處理，目前無論在部隊在地方上，家屬问題却很嚴重，我们現在拿不出很多錢来，单靠政府或組織想辦法是解决不了问题的，不但現在將来一個時期也不可能，因為這不是個别问題，而是千百萬人的大问題，因此這個问題要大家想办法，过去鄉村分散容易解决，今天城市集中，生活費很高，要公家統一解决是不易的，這些都要很好向家屬解釋，打破他们人做官，全家享福的舊想法，使他们安心回家生產，共同克服困難。

（八）要把南京市的和中央系統的机構分開，并調查報告請示上級指示

—3—

處理，目前各按系統，先整理南京市屬系統的，中央系統的，可以了解情况然後到中央与華東局批示後再行處理。

（九）整編期中要把在职人員与学習人員，休息人員分开，整編期间不搞生，不調動幹部（少数調整例外）等整編完結後再說，否則就会混淆不清，而周整不好。

（十）准備去西南的幹部与勤雜人員在整編時要單独列开，使去留人数有正確的統計，不致影响編制本身。

第三、整編中应注意的幾個问題、

（一）要進行深入的動員解釋工作、這次整編与抗日時期的精兵簡政有基本上的不同，須知今天不是敌強我弱的困難而是胜利前進中的困難，因此今天提出整編不应視為消極的東西，应發揚其積極的因素。

動員解釋时要分别对象，有重点有步驟的進行，強調幹部党員团員積極份子，起模範帶頭作用，特别是有决定權的举足輕重的幹部尤应很好的打通思想，应先响应組织号召。

（二）要很好的掌握政策，不要犯急性病，不应馬馬虎虎，那些該保留或該取消的該擴大的都应很好的研究，对精減人員除進行統一的說服外還要特别耐心解釋，以達到嚴肅而順暢的處理，不能一推了事，造成不满与恐懼。

（三）在整編中及建設我们的机関，整編不是削弱領導，相反正是加強領導，提高工作効率，所以应發動党員團員積極份子大家来研究，克服工作中的困難，發揮領導作用，使整編進行更合理。

（四）要事先估計到可能發生的問題，可能遭遇到的困難，并研究如何處理解决，以免臨時手忙脚乱，尤其在人事處理上更要慎重考慮与周密佈置有充份準備。

（五）在实行整編中，要与反個人主義相結合，如在整編中与個人利益相抵觸，或者未達到個人目的，由而産生消極等待等等現象，這都是妨碍与抵抗整編的表現，应堅决反对的，否則我们会遭受很大損失，乱了步驟，給人家鑽空子，同志们应從大体着眼，很好的来認識這工作。

（六）在這次整編中要很好的与反官僚主義反游击主義相結合，前者在組織之上具体表現只重形式愛鋪張，不講工作效率内容，後者馬虎從事不了了之，這些对工作都有大妨碍。

第四、如何進行整編工作步驟：

⑴今天八月三日總動員。（2）四五两天三天各部門分开会議，深入動員解釋，市委市政府公安局分組負責，草擬机関編制。（3）七八两天整編小組（三個）進行整個的審查。（4）九十两天整編小組提交市委審查。（5）十二号正式公佈通知各單位。（6）廿五号前各机関整編完成。（7）三十号整編總結，作總結報告。

各部门机関整編工作在具体執行中可能提早或退遲一二天，但基本上是要按以上步驟進行的。

（完）

校對：王　林　　　膳寫：黄祥鯤

—— 4 ——

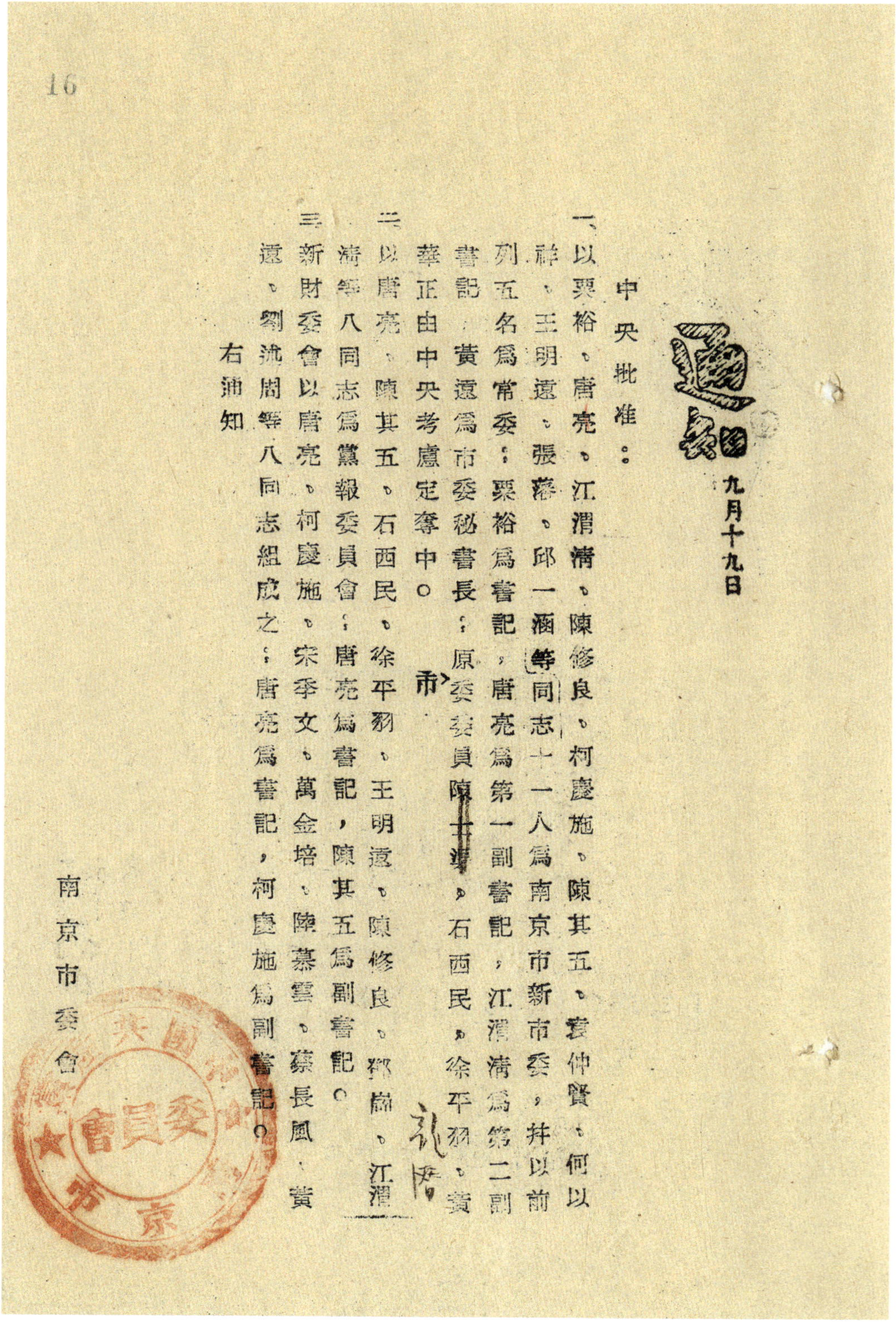

16

通知

九月十九日

中央批准：

一、以粟裕、唐亮、江渭清、陳修良、柯慶施、陳其五、袁仲賢、何以祥、王明遠、張藩、邱一涵等同志十一人爲南京市新市委，并以前列五名爲常委；粟裕爲書記，唐亮爲第一副書記，江渭清爲第二副書記，黃遠爲市委秘書長；原[市]委委員陳士渠，石西民，徐平羽，黃華正由中央考慮定奪中。

二、以唐亮、陳其五、石西民、徐平羽、王明遠、陳修良、鄒樹、江渭清等八同志爲黨報委員會；唐亮爲書記，陳其五爲副書記。

三、新財委會以唐亮、柯慶施、宋季文、萬金培、陳慕雲、蔡長風、黃遠、劉沭周等八同志組成之；唐亮爲書記，柯慶施爲副書記。

右通知

南京市委會

中共南京市委关于中央批准南京市新市委成员名单、党报委员会成员名单、新财委会成员名单的通知（一九四九年九月十九日）

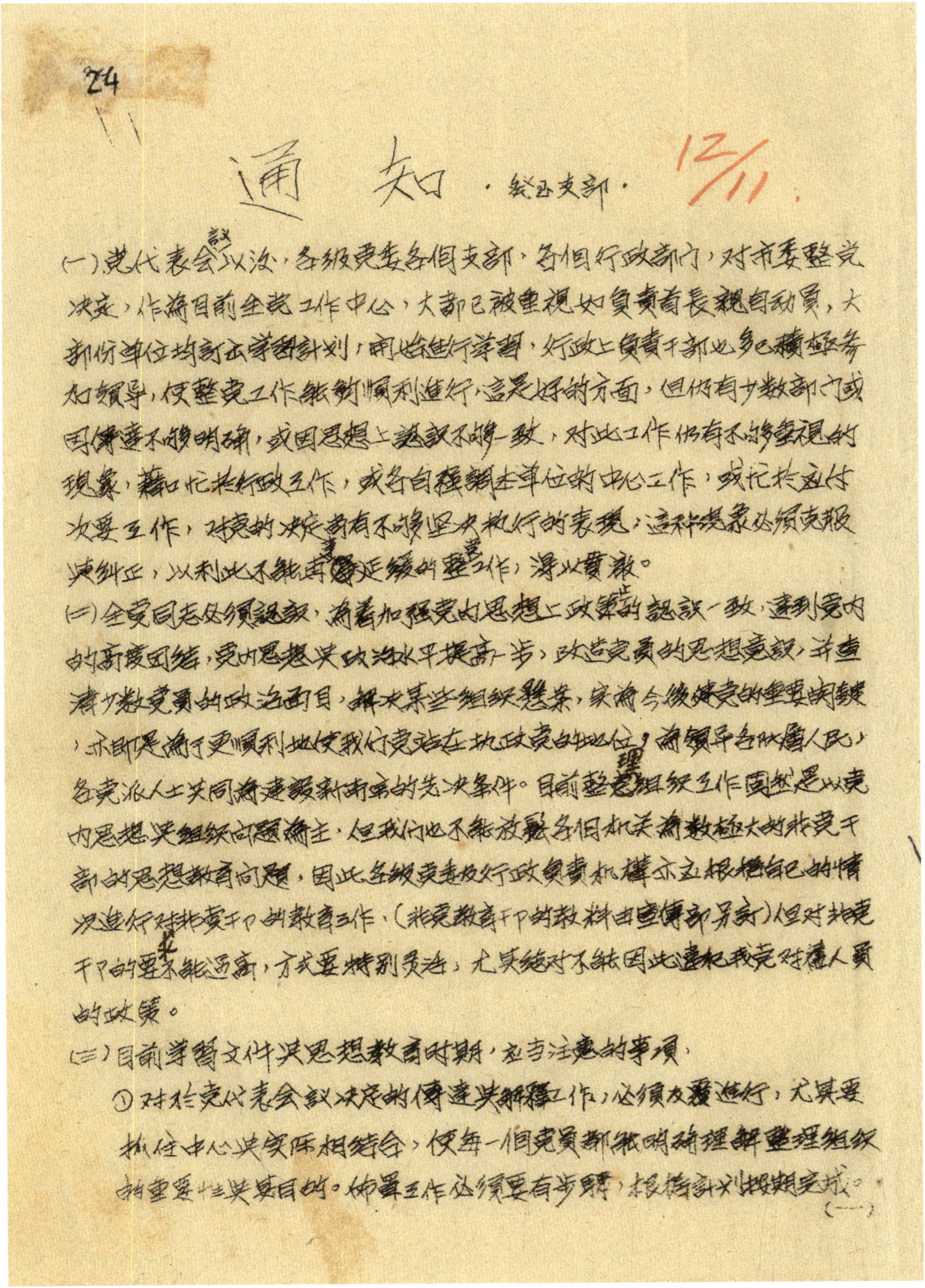
24

通知　·総五支部·　12/11

(一)党代表会議以後，各级党委各個支部，各個行政部门，对市委整党决定，作為目前全党工作中心，大部已被重視如負責首長親自动員，大部份单位均訂出学習計划，開始進行学習，行政上負責干部也多已積極参加領导，使整党工作能夠順利進行，這是好的方面，但仍有少数部门或因傳達不够明确，或因思想上認識不够一致，对此工作仍有不够重視的現象，藉口忙於行政工作，或各自強調本单位的中心工作，或忙於应付次要工作，对党的决定尚有不够坚决执行的表現，這种現象必須克服與糾正，以利此不能再延緩的整党工作，得以貫徹。

(二)全党同志必須認識，為着加强党内思想上政策上的認識一致，達到党内的高度团结，党内思想與政治水平提高一步，改造党員的思想意識，并查清少数党員的政治面目，解决某些组织悬案，实為今後建党的重要関鍵，亦即是為了更順利地使我们党站在执政党的地位，為領导各阶層人民、各党派人士共同為建設新南京的先决条件。目前整理组织工作固然是以党内思想與组织问题為主，但我们也不能放鬆各個机关為数极大的非党干部的思想教育问題，因此各级党委及行政負責机構亦应根據自己的情况進行对非党干部的教育工作。（非党教育干部的教材由宣傳部另訂）但对非党干部的要求不能過高，方式要特别灵活，尤其絶对不能因此違犯我党对旧人員的政策。

(三)目前学習文件與思想教育时期，应当注意的事項，

①对於党代表会議决定的傳達與解釋工作，必須反覆進行，尤其要抓住中心與实际相結合，使每一個党員都能明確理解整理组织的重要性與其目的。佈置工作必須要有步驟，根據計划按期完成。

（一）

中共南京市委关于贯彻学习党代表会议的文件、公开党的组织等问题的通知
（一九四九年十一月十二日）

25

。学习文件必须连系自己思想问题，做到实际地解决思想问题。学习过程中如发现有偏差与重大问题时，必须不断的纠正与解释，绝不能采取简单拖延态度，使其走上邪路，更不能主观强调某一点而助长偏向发展。

② 深刻理解思想情况，注意每个人的历史与思想特点，有特殊情况者，应注意具体帮助，采取个别解决问题的方法。

③ 对党员思想问题的解决办法，主要以"治病救人""与人为善"循循善诱启发方法为主，各级负责同志以身作则展开自我批评，以资启发。问题不清楚时不随便做结论，不随便乱加大帽子，造成不必要的困难，与相互忌视的态度。

④ 照顾每个党员的政治水平，斗争历史，批评同志必须根据正确的事实，辨清是非，不妄加猜测与夸大别人的错误，以实事求是的精神，来教育同志。总之，一切以教育为主，教育以启发自觉为目的，对此精神，必须贯彻，且在各方面连系起来。

（紧接下页）

（二）

26

（四）加強組織的領导、

（1）以各級党委為主，根据不同的情况與佈置各部门的工作。支部尚未改选的应即進行改选，各部負責同志务必親自动手参加学習，盡可能的参加支委或兼支部書記。支部委員必須分工負責，分頭進行掌握全面，事情不能由支書或個別少數委員去单独進行。各級党委負責人亦应分工合作，分頭進行領导。

（2）行政上各級負責同志必須極積参加，有重要问题發生時更要親自領导掌握思想情况，分頭做報告或幫助解决思想问题等。目前党已决定以整党為中心工作，因此行政工作目前即使受到某些影响也不要紧（重要者例外）。

（3）領导上随時注意検查与督促，及時糾正偏向。嚴格進行会報制度，支部应即時報告各級党委，各級党委应即時向学委会報，找出典型經驗加以發揚，並随時注意經驗的總結。

（4）市委成立学習委員会，名单如下：

唐亮、陳其五、石西民、徐平羽、邱一涵、王明達、邵雪嶺、陳修良、壽松濤、黄逵、劉述周、高黎光、陳克天、吳石秋、彭卓之、陳慎言、何為。以唐亮為書記，陳其五、陳修良為副書記，内部分工待召集会議决定後再行公佈之。

（五）關於公開党的組織：

除個別特殊需要者仍保守秘密外，全党向群众公開已經中央一再指示和党代表会議上决定，自应堅决貫彻執行，雖应有所準備，但不是拖拉延誤，而是要從積極方面去迅速造就成熟条件。至於某些領导者过分顧慮，是不了解今天我党政治影响及偉大力量以及党員絕大多數是優秀的所致，也是不相信群众覺悟所致，应該多從積極因素上去發展，不要单從消極因素上去着想。至於少數党員經过一再教育說明之後仍不願与群众見面，這不是没有自我批評精神就是根本

（三）

27

只不了人，领导上要很好掌握，但不能过分迁就，应照顾大多数為原则。同时在党的周围的环境变坏情况下，可多留一二個适合秘密工作的党员继续秘密工作了解情况外，并不要过份发动群众提意见，以免不良份子乘机興風作浪，在党员本身来说则不应如此，应有勇气来迎接任何批評，来改正自己错误，要使群众諒解我们，不是害怕而是从各方面作有事实的改变，主动的坦白的自我批評，万一别人意見有偏差，作為了解群众情况也是需要的。

南京市委會

十一月十二日

中国共产党南京市委员会

（四）

28

關於建立城郊工作委員會及郊區目前農運方針的決定

南京城郊五個區，二十三萬餘人口，農民約佔十萬，其他爲工人、商人及雜色人口。地區遼濶，環境複雜，和南京市區聯系密切，爲全市工作的重要部份之一。爲了便於領導城郊各區的工作，發動和組織廣大羣衆，故吸取上海的經驗，於今年八月成立郊區部，負責領導城郊工作，獲得了如下成績：即對城郊各區有了初步的瞭解，在農民羣衆中廣泛進行了黨的政策的和時事的宣傳教育工作，各區都先後召開農民代表會議，并成立了區農民協會籌備委員會；農民正在開始組織起來，協助政府進行了如建政、肅匪、反特、徵收公糧等工作。但同時工作中還存在着缺點，主要是組織領導關係不明確，農民運動方針未明確確定，特別對幹部的培養、訓練、提高、改造注意不夠。爲了加强城郊工作的統一領導，使城郊區羣衆運動及各項建設工作能迅速展開，市委特作如下決定：

一、撤消郊區部，建立城郊工作委員會，并決定以劉玉林、許海濤、何進、賈士珍、壽松濤、李[illegible]、廖卓之、朱啓鑾、王振宇等同志爲委員，以劉玉林同志爲副書記；城郊工作委員會係市委的一個工作部門，代表市委領導城郊各區區委進行黨與羣衆工作，并根據工作需要，設立組織科、宣傳科。

二、原郊區各區的區政府仍由市政府領導，市政府領導郊區工作的主要負責人，參加城郊工作委員會爲委員，以使黨政民三方面工作密切結合。

三、公安局在城郊之分局，行政與業務上由市公安局領導，政治上及黨務工作受區委領導。

四、成立南京市農民協會籌備委員會，準備召開全市農民代表大會，選舉市農民協會，以建立全市農民的最高領導機構。

五、農協之正副主任（非黨員例外）參加城郊工作委員會爲委員，城郊工作委員會正副書記則須保證被選爲市農民協會的委員。

六、各區均成立黨的區委會，由各區黨政軍民公安等部門之主要負責人組成之，根據上級指示，統一部署全區工作，實現一元化的領導。

七、目前郊區應以發動與組織廣大農民羣衆爲中心任務，首先抓緊秋徵工作，擠出地主、富農黑地，減輕中貧農負擔，提高羣衆政治覺悟。在這個基礎上進行生產救災和減租、反特反霸的鬬爭。務期團結廣大人民，集中力量打垮地主階級的當權派。在運動中有計劃有步驟的改造鄉村政權，建立青年團的組織，打下建黨基礎；在執行這一方針時，各區必須根據具體情況定出周密計劃。八卦洲、江心洲、沿江

中共南京市委关于建立城郊工作委员会及郊区目前农运方针的决定

（一九四九年十一月十二日）

等災區，應以生產救災爲中心，領導農民進行秋積冬耕，修圩築壩，捕魚打柴，開荒積肥，組織合作社等工作，并結合民主反霸，組織羣衆。

關於反惡霸鬭爭，必須依據羣衆的覺悟程度與組織狀況，慎重進行，切忌強迫命令包辦代替，必須充分瞭解南京近郊農村的複雜情況，地主惡霸的統治方式更巧妙，陰謀花樣更多，且又多與城內工商業及其他階層有聯系；因此，要求我們慎重進行，主要打擊農村中破壞政府法令，侵犯農民利益，而歷史上會有重大罪惡的惡霸份子，麻痺分化一般地主、富農，打擊面要小，有計劃的突破重點，影響一般；逐漸樹立農民的優勢。每次鬭爭以前，要詳細掌握材料，在羣衆醞釀成熟，并經過批准後再組織進行，在羣衆基礎和羣衆覺悟條件不夠時，不要勉強發動鬭爭。

八、在羣衆運動中，各區領導上應多開會研究辦法，細心耐心的指導各個工作組的工作，要講清政策，具體幫助，放手使用幹部。同時又要教育改造現有幹部，使他們深入羣衆，克服一切脫離羣衆的生活作風和工作作風。在使用力量上也不要平均分配，在城郊做好一、二個區的工作，在區的工作中，亦選擇重點，創造典型，兼顧全面，既不要分散力量處處薄弱，也不可孤立地爲典型而典型；在羣衆運動開展後，注意發現與培養積極份子。冬季可舉辦短期訓練班，訓練一批郊區農民幹部，對於現在區鄉協籌備委員會的委員，要進行審查，對其中優秀份子逐漸加以培養，使成爲骨幹。

以上決定，希城郊工作委員會及各區區委予以切實討論，并立即佈置執行。

中共南京市委會

十一月十二日

（二）南京市人民政府

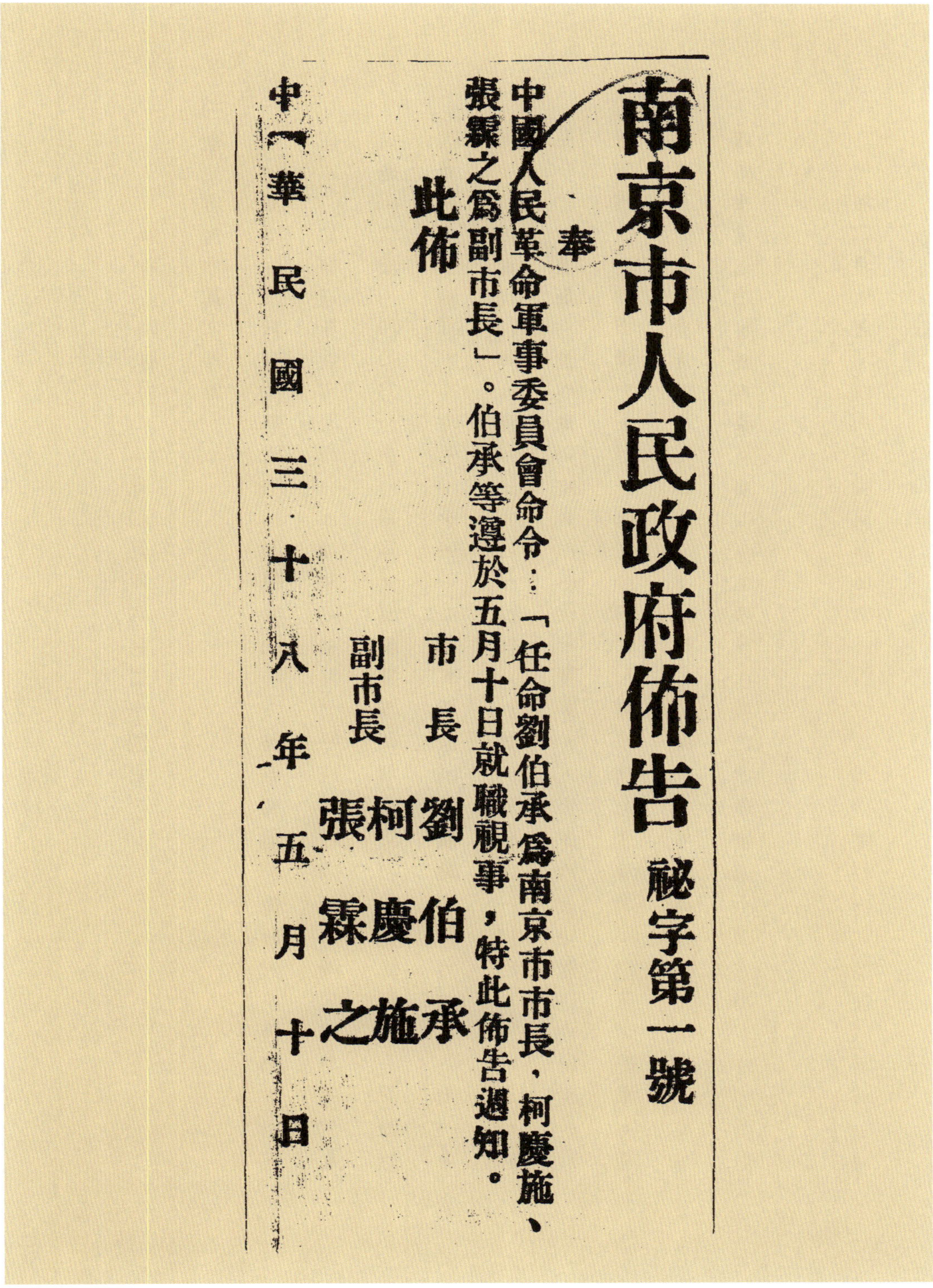

南京市人民政府佈告　祕字第一號

奉

中國人民革命軍事委員會命令：「任命劉伯承爲南京市市長，柯慶施、張霖之爲副市長」。伯承等遵於五月十日就職視事，特此佈告週知。

此佈

市　長　劉伯承

副市長　柯慶施

張霖之

中華民國三十八年五月十日

南京市人民政府市长、副市长的任命布告（一九四九年五月十日）

25

財政工作報告　　一九四九年六月二十四日

㈠南京市財政基本特點

南京市財政狀況的特點在國民黨時期收支相差即甚懸殊收入不過佔支出五分之一其餘五分之四悉賴中央補助按照卅七年八月所謂貨幣穩定時期的收入只是一二三、〇〇〇元金元券其支出則爲八二六、〇〇〇元其原因一面固然因爲南京係消費城市收入不多另一面因其官僚機構龐雜貪污舞弊的嚴重（各種稅收按其征額商人繳納三分之一稅收人員貪污三分之一國民黨政府只收到三分之一這是一般現象）及貨幣不穩定實際收入更少解放後雖然部份稅收即時照舊征收並予竭力整理已征稅日的收入均較國民黨時加多但因國民黨時期對於工商業調查資料及征收辦法無確實之記載與可靠之基礎一切均須從頭作起而接管之始對於各項事業之推進與舊人員之處理無處不須支出以致相差仍鉅。

但經二月來之了解與研究南京市之財政收入在相當時期之整理以及對工商

南京市财政工作报告（一九四九年六月二十四日）

業的支持與發展的條件下與我們能在精簡節約的精神下來開支並非不能達到自給自足之目的不過此項時期至少須在幾個月以後。

㈠財政工作檢查

（A）收支情況

(甲)現金方面

(1)收入方面（自四月廿四日至六月廿二日爲止）

一、華東補助款二八〇、〇〇〇萬（另十四億在上海）

二、接收敵產　六六萬

三八四萬

三、稅收　九五〇〇萬

共　收　二八九九五〇萬

(2)支出方面（自四月廿四日至六月廿二日爲止）

26

一、政務費　一四一五五萬
二、軍務費　二六八五萬
三、民運費　八六七萬
四、購某　一七四〇萬
五、暫付　一一五三九三萬
六、預付　五六二六七萬
共付　一八五〇〇七萬

27

(3)收支相抵餘額一〇四九四三萬

(乙)糧食方面

(1)收入方面

一、接管的

米二三二七萬斤　麵粉七四萬斤　雜粉十三萬斤折米七萬斤

共折米數二四〇八萬斤

二、華東撥給的

米一七九萬斤（尚未撥來）

共計　二五八七萬斤

(2)支出的（六月廿二日止）

一、本市機關的　四五九萬斤

二、駐札部隊及過境部隊幹部的　一五七〇萬斤

(3)收支相抵餘額爲　五五八萬斤（內一七九萬斤尚未撥來）

(丙)

(丙)

(丙)煤的支出共支付煤三五六〇噸四二二公斤（六月十六日為止）按十六日以前的煤為一二、〇〇〇元一噸共款為四二、七二二、五三〇元尚未支付我們亦欠由華東財辦轉賬給南京煤調處。

(B)收支檢查　在我們收支情況下如除去華東補助費收支差額將近乎十五倍其原因：一、在我們收入中有些主要稅收如營業稅征收較遲現南京尚未佈置因國民黨採用包稅方法征率很高各商戶的資本額及營業額均無存根可稽尤以國民黨時期的幣值變動太大解放前的實征額無法折算各業營業情況在解放後亦有很大變動國民黨時期的原有商會負責人於解放後又已逃亡在情況未做適當調查前未敢開征。

二、在支出上因為所接管的機關大部係國民黨的中央機關接管的公教人員太多據現在統計有七萬餘人當時按原職原薪發工薪開支要佔全部的一半。

三、我們的幣值變動於五月份米價爲三十餘元一斤到六月十日米價即漲到六六元一斤我們征收稅額的提高趕不上幣値的天天波動。

四、由於接管南京在財政上事前準備不足一切支付制度未確定即到現在預決算制度尙未貫澈到各個部門在接管期間組織變更又大各部門供給關係不明確難免有浪費地方。

（C）工作檢查

(甲)在稅收政策上我們在接管後基本上是遵照中央指示照舊征收的原則但在我們的體會上爲着財政收入方面照舊征收是對的但在稅收政策上應該肯定國民黨的稅收政策是維護官僚資產階級打擊民族工商業的工具所以一面照舊征收一面應該積極改造以國民黨的稅率說如營業稅的稅率爲百分之三如實際征收即佔商人利潤的百分之廿到卅香煙稅爲百分之百廿如我們實際征收香煙廠即無法開辦南京僅有的一個煙廠主要因稅率過高仍未復業以其稅目說名目太多商人厭其煩雜最近在幾次商人座談會上均反映這一事件我們現

在執行上固然是遵照照舊征收但在改變稅率稅目的意見上還不彀具體與積極這固然是對城市工商業的稅收政策執行上不彀熟練但在調查研究上邊還不彀符合於發展生產保障供給的財政工作的基本方針。

(乙)從發展生產保障供給的基本出發點上來檢查我們對企業機關的財政補助表現在計劃性還不彀明確南京的公營生產固然不少同時由於國民黨撤退前的時遷時不遷已經絕大部份停業流動資金缺乏但其工具及人員均在只由銀行貸款所以復業較易復業後的生產機關可以自給或者有盈餘部份的如郵局電訊部門不能自給在可以自給與有盈餘者應該堅決執行在財政上停止補助不能自給者或用銀行貸款或予以一定數量的補助但我們除在五月份的員工薪給全部發給外六月份仍未明確目前所有企業機關仍在向財政局送預算要求發款形成財政開支固然龐大而對舊職員的企業化觀念亦會模糊。

(丙)對發給舊員工薪給上開始因為各機關部門的原來存款很少或者沒有對員工

29

資薪借款是完全正確的但在借款時未按等級一律借幾千元一面形成當時薪資低者錯覺爲平均觀念一面在正式發放扣除借款時增加麻煩而且有的因爲在平均觀念下將所借薪資一時用完無法扣回。

(丁)對舊行政機關人員處理上表現我們不乾脆形成財政開支的數字相當龐大我們接管的舊員工有七萬餘人屬於行政機關者近有五萬人該遣散者除發給路費外又發了五六月份的薪給平均每人於我們接管後將獲得一千斤大米由於我們仍發五六月份的原職原薪動搖其遣散還鄉生產的決心直到現在回鄉人數仍然很少現在雖然宣佈七月份停發但部份發給仍可能存在。

(D)在組織上

(甲)在財政部門接與管的工作未能很好銜接在財政部門的負責人的變動即有三次每次易人後總要了解情況在處理問題上不能迅速。

(乙)在領導上特別在支付批撥上有些紊亂。

(三)今後六個月的預算

(A)收入方面的估計

稅收　一八〇七五〇萬

存款　一〇〇〇〇萬

生產收入　五〇〇〇萬

共計　二八五七五〇萬元（現存廿四億內除去六月份舊人員薪給估計在十億左右經費在四億故存數爲十億）

(B)支付方面的

應付數七月——十二日

經常費　二五九二〇五八九六一元

臨時費本市事業費　五四八三四六三〇九二元

本市代管中央及華東區各機關事業費　二六二四〇九七四九二元

共計　一一〇五九六一九五四五元

30

(C) 收支相抵

(C) 收支相抵差額　八二、〇二一一八五四五元

糧食方面

收入穀子一千二百萬斤折米六、〇〇〇〇〇〇斤（估計下半年度預算）

支出大米糧食五五、四三一、〇〇〇斤（下半年度預算估計）

收支相抵尙差　四九、四三一、〇〇〇斤

燒煤支出方面

煤支出五五、二〇三、九三〇斤（下半年度預算估計）

(D) 這一預算的說明：

一、於時間匆促在支付方面的編制人數及事業費用均未經　市府審核係各部門自己編來者。

二、有些部門如資源委員會水利公路均屬中央或華東系統。

三、在稅收及糧賦上仍根據國民黨的稅收基礎稍予整理後未估計的也許在很

好整理後收入能穀增多因我們經驗比較缺乏不敢提高估計。

㈣今後意見

今後總的方針爲整理稅收恢復生產確立制度克復紊亂現象精簡節約以期逐步作到收支平衡。

(A)稅收方面

國民黨時期原有貨物稅直接稅印花稅關稅鹽稅五種爲國稅土地稅田賦契稅營業稅屠宰稅筵席稅娛樂稅營業牌照稅使用牌照稅房捐市政建設捐十一種爲地方稅其中主要者爲貨物稅印花稅田賦營業稅屠宰稅等以稅源而論營業稅應爲大宗惟因以前征收方法跡近包征調查材料無可利用以致一時不能開征現就已了解的情況及國民黨三月份額定數提出五月份任務數爲八千萬到一萬萬元通過商會并結合中小商人從上到下（從下至上）用民主評議方式分別由商店繳納從五月份的征收中再做了解調查與研究集中各方面意見對稅率做合理修正

31

再行澈底整頓。

貨物稅一項主要係征自工廠南京方面工廠設備幾等於無紗廠祇有一五〇〇錠者一家小型煙廠亦僅一家現均在停工此外有酒廠兩家汽水廠兩家規模亦甚狹小以致此項稅源甚形枯竭收入方面大半征自補稅今後擬先從扶植生產做起一方發展工業一面培養稅源。

關於貨物稅由於皖北蘇南與我們稅率不一致商人極感困難同時亦給商人以漏洞我們意見在華東應該擬定逐步統一稅率。麵粉過去無廠稅現在糧食供應情況改變我們意見可以從低征收但需得到上海之統一。直接稅原包括五種所得稅及遺產稅印花稅特種營業稅其中薪給報酬所得稅綜合所得稅特種營業稅遺產稅四種收入均屬不多擬暫不征收目前主要者爲印花稅一種擬積極予以整頓。除已檢查動員商店在賬簿上貼用印花外并擬以總貼（在一千元以上須貼印花）的動員及加強檢查以增稅收。其他如一時行商所得稅已擬就辦法不日開征（這一稅收的起征點擬在兩萬以上）關於糧食行商稅收過去國民黨時代因爲操縱於官僚機關及糧食來源困難所以免征但該項稅收很大同時現在糧食來源較易擬同樣征收。營利事業所得稅亦擬籌備征收。

地方稅方面名目繁多征率不一擬調查整理逐步合併以期達到稅收單一化的目的初步擬將營業稅與利得稅合併征收。

稅收機構方面原係按照舊國稅地方稅鹽稅系統成立三個分局此種設置機構重複指揮常感不便現已開始合併爲一。由稅局方面掌握調查計劃佈置督促之工作。其征收業務方面則分設稽征所擔任以期精簡同時在征收與整理中確定納稅戶額了解納稅人的資本營業情況便於將來單一化的整理今後稅收工作之中心任務除征收外卽是調查研究進行整理。

(B)此外擬在南京方面舉辦酒專賣一面節制糧食消耗一面增加財政收入接收之工廠中有一醬油廠擬加以改造開始釀製約二月後可以實現。南京酒的售量過去爲每月五十萬斤現當然要減少最少亦可能有廿萬到卅萬斤收入可能很大。

(C)市產田賦

(1)田賦公糧方面南京郊區根據國民黨的册籍爲二二六〇六五畝按照其中包括之上中下三等田地收穫量共計産糧畝有二九五七九三六〇斤按平均百分之十五計征兹擬暫照舊册累進征收最低者爲百分之六最高者爲百分之卅今年下半年可征糧草各四四三〇〇〇〇斤但南京近郊面積爲七五八〇〇〇畝其中估計河溝道路公地山地約爲二五八〇〇〇畝其中有舊無稅者可能佔有半數同時過去所分的土地中下三則已有很大變動亦須重行整理一面求其負擔合理一面求其稅額增加。

(2)市有土地共計洲地七七二七〇畝莊地九三三畝其中舊法分爲勸租包租莊租三種兹暫僞政府與佃農所訂租額百分之卅征收共可收糧一五四五三〇〇斤

此項洲地分佈市郊周圍有在百餘里以外鄰縣境內者最大者爲八卦洲一處計

有土地五萬畝多數土地在二地主手內藉以剝削佃農據了解其剝削率多至百分之卅五（二地主得收穫量百分之卅五公家百分之卅農民只得百分之卅五）據在調查後將二地主取消交由佃農承租改換租約凡二地主亦由公家出租市產土地自耕預算整理後秋季可望增收其他地方照舊征收外但由政府公佈百分之卅地租由二地主繳納不得榨取農民以削弱二地主對農民之剝削。

（D）生產方面現已接收有油廠一處月計可產油三五〇〇〇斤盈利在百分之十左右已經開始恢復可否保證食油供給仍在試驗中碾米廠五處月可碾糙米九百餘萬斤以其沒有這樣大的米量碾造擬採用出租給員工自碾待稻子下後配合貿易公司購稻售米可以營利一部另要求財辦征稻來京可以代碾在經營上均以企業化爲原則此外擬接辦紗廠醬油廠菜園等以便於或補充被服菜金的供給。

生產工作的重點擬放在現有市產整理及農場的開闢現在建設局內有農場卅萬

33

畝若加以整理生產可增加大量收入。

（E）進行節約在南京的經費開支上對事業費用上我們意見除教育及必要衛生建設費用外其他如市政建設上可能不辦者應緩辦或不辦在機關及開支上仍須進行精簡節約。

（F）建立制度 組織未能建立制度未能確定為紊亂現象不能徹底克服之最大原因但目前往過初步整理已比較有頭緒此後擬堅決執行預決算制度確定供給標準以求在短期內趨入正軌。

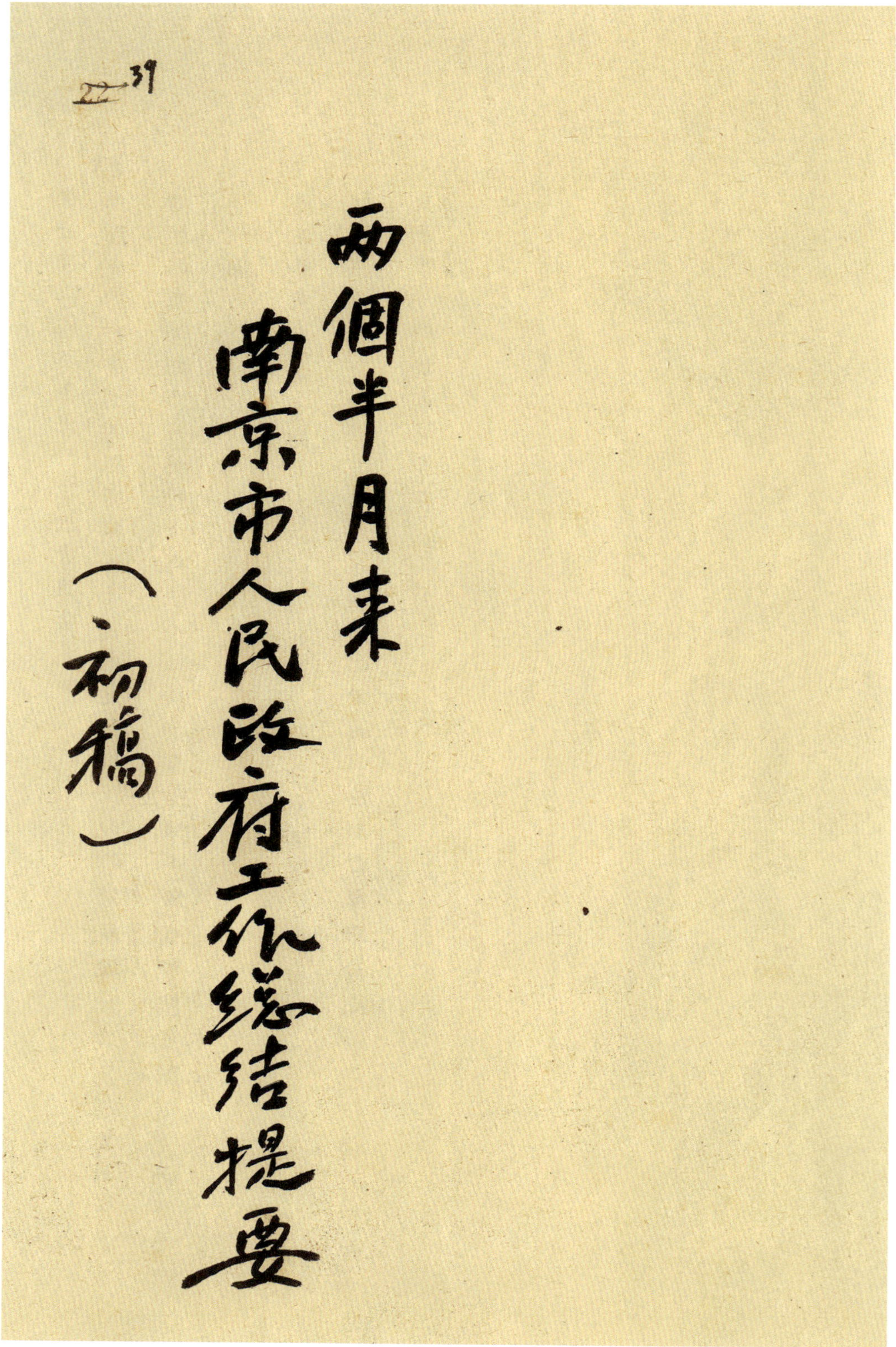
两個半月来
南京市人民政府工作總結提要
（初稿）

两个半月来南京市人民政府工作总结提要（初稿）（节选）（一九四九年七月）

甲、解放前南京的基本情况

1

南京是國民黨反動統治的中心，是一個極其龐大臃腫的官僚消費城市，工商業極典型的殖民地化，買手純粹依賴帝國主義和代理帝國主義傾銷商品，供給官僚資產階級之需需。文化教育極受控制壓迫。

全市房產、官僚機構及其他私人

40

住宅占百分之七十五。全市人口（去年六月为一百廿万，今年解放之前不及为一百二十四万人）中，公务人员十一万（国民党逃跑前减少了一些，但实际离开本市的为数不很大），教会宗教者一万六千，特务三千，占全市人口百分之十二左右（连家属在内总有三十余万人，几占全市人口的百分之廿），此外尚有男女佣役八万余，失业人数二十三万，加上舞女娼妓等，约计非生产人员占百分之七十以上。

财政开支除国民党中央机构摊派的

教科的支出不計外，將市政府每年收支差額當由人民自行補助五分之四。

全市工商業戶約一萬六千至二萬戶，工業戶不足十分之一，其中建築業還佔了一半。商業中經營非人民大眾與農村必需者佔極大比重。工業中稍具規模的僅有公營企業的馬鞍山礦、化鐵礦、六十兵工廠（大部份已被國民黨遷走）及資源委員會所屬的幾個廠、私營企業的僅有永利、有恆、化學公司等，且公私營之工業，除極少數對

帝国主义依赖性较大外，均限於用美国原料或半成品从事简单加工或装配，

进步文化一律受摧残，极大部份的学校为三青团所把持，所谓群众团体绝大多数是御用的或变相的特务组织。

这就是南京解放前的主要特点

乙、两個半月来的各项工作。

四月廿三日南京解放，五月一日開始接管，十日市政府宣佈成立，軍管會與市政府是一機構，只是一個舖子，兩個門面而已。此時接收工作，有的部门已大致完成，有的正在進行，有的則剛開始。市府的成立是實由接管轉到管理的標誌。

為了適應工作和市民的需要，在機構上建立了公安、民政、地政、財政、建設、工商、劳

41

动、教育、卫生等九个局和一个人民法院，市政府机关设秘书、行政、交际三处，六月初成立十三个区政府，各局院的工作是根据各接管会、部，接管的比重、特殊程度和本身工作之重要性来调配干部与使用力量的。

一、治安与[illegible]行政司法工作

(一) 公安工作（另有报告）

1. 解放后建立与维护革命秩序是当前急要任务

5、敌人逃死，损失甚巨，人民为敌留下特务和散兵游勇三万以上，遣送出境前，逃敌出没，匪盗案件二千余件，对治安增加困难

6、我们一本宽大、争取改造，对极少数的首恶和至死不悟者，才办之方针处理

①设游散收容处二处，设十三个收容站，进行教育，并负责发放路资，分遣回籍，至七月份计处理一万五千余人、

②收缴非法武器長短枪三千四百餘枝，小件子弹二十一萬八千餘發。

③破獲匪諜活動四十一案，捕獲案犯一百五十餘人

④办理特务自首登记三百四十五人，給以自新之路，使其立功贖罪。

⑤七月份破獲盜竊案件近數五六月份提高百分之六十以上。

4、设训练班教育改造艺人员（七月份止已有千余人）设公安学校培养警干部。

5、整理交通管理工作并整理违章建筑及摊贩等

6、经以上措施后，社会秩序日益稳定，谣言平息，交通与市容均有改善，惟隐藏潜伏人员与匪特为数尚多

7、旧警人员之改造与新警干部

42

田边业务之提高与很出现其群众之联系等均感存有缺点，尚须在工作中努力改善与提高。

(二)安置旧员工

1、解放之初留在国民党机关的旧员工计六万余人，我们是很慎重的负责安置这六万人，对其目前生活和长久改造同时兼顾。

2、发给三个月生活维持费，每人食米三百余斤。

3、分别帮助他们返乡生产或转业。

学习和留用

①设立灾区回籍人员办事处，沿途设置招待站，首先派员诚恳耐心做教育解释工作，改变他们依赖救济谋生的留恋思想，转变为劳动生产的观念，解除回籍路费无法之顾虑，自六月一日至七月半止，经处理回籍办事处灾区难民助送回籍共一万一千八百三十一人。

②送华大二分校学习共三千一百

余人。

③其接管的五百六十个大小机构中，视其留用共四千一百余人（大部为企业机构及工程技术管理等）。

④经各单位自行转业共五千八百余人。此外自行（逃）转业共四千余（少部份人）及遣籍和投入各文工团、军大、西南服务团者共有一大部份，但无统计数字。

4、目前绝大部份的旧员工大致转入正当途径，亦多系谋其所，但还有

部份舊員工勞動生產觀念不明、
決心不大、仍抱狀疑現象、領了路費
不走、或走了一段路途又返回來、有
甚至陷於苦惱、怨天尤人、不予自
覺、我們在決定工作中、亦存在着缺
缺點、只注重資遣費和工作轉送前夕、向
的發生事聯繫、及回人精神業學
習留用在崗調上、以配合不够
要思、部份工作同志、處理方式以向
單純、並生硬、解釋說服不够深
入具體、現時仍有一些數量明顯舊員

43

工、交通要道亦有效的處理。

（三）防汛救災：

八、在敵偽長期統治下，江河湖淤積、堤岸殘破，加敵匪軍更利用江堤挖築工事，破壞極其嚴重，今年雨多水旺，颱風來襲，水位高達九、一〇公尺，爲近政生越十八年來最大的一次水災，

工、被災地區計七個區，淹沒田地七萬八千

修敵、房屋冲毁三千五百余所、（查两县毁共八千余所）被灾户数萬户左右、灾民四千五百余人。

3、修理防汛工作：解放後即注意積極進行，六月六日又成立了夏防委員會、加強統一領導防汛工作、派出軍隊並動員工人、學生教師、市民進行搶修。

4、先後施工八萬八千多個，調用汽車一百五十二輛、民船十六艘、抽

水机十余架、麻袋七万九千余条、木桩两万八千多根、草九十二万余斤、做出了四百余万土方、新修堤九万余公尺、防止和减轻漫溢、

5、大水来时、工作人员和战士、在风雨中洪水中抢救灾民奋不顾身、使被灾者绝少死亡、并号召组织互助对无房屋可

住、劳苦生活的均由政府予以安置救济，计发救济粮。

6、在防疫救灾工作中，政府的积极加工作人员与军队的实际行动，总达群众亲身体验，军民之间与政民之间得到更加亲切的关系。

(四)清洁卫生：

1、曾清除了解放前所积存的垃圾五百余吨，给市民注射防疫苗四

44

十余人（义）？医疗的业余人、并免费水务七业余户、此外进行了饮水消毒、扑灭蚊蝇、检验食品饮店环境卫生工作，并号召团结大批医务人员积极参加了公营医院联系营生务处接生人员、保健工作还深入开展

2、管理的大部份医院共多数以前业务人员都是好的、只有少数人员对人民服务观念、还不够健

全区多少的群众看着对病人不够负责、轻易劝人吃不必要的补药、和增麻烦与非议。

至政民干部之治病依医负责。若病人之住院治疗，除了[illegible]外[illegible]

~~则须常发给报帐的收据常发票外~~

~~本下才送去国家医院报销~~

此致
敬礼大众

致人民法院

人旧的法院院长及勤政镇全人民大众

的工具，舊的法律只是維護反動統治階級的利益的，必須徹底廢除。人民法院是根據新民主主義的各項政策法令，維護人民大眾的利益，制裁危害人民大眾利益的分子，對人民大眾之間的糾紛，認真排解。事無公家私，有理者必伸，無理者必屈，金錢情面永遠進不了人民法院。

五、機構手續力求簡化，國民黨時全市司法人員將二千，現人民法院包括监狱兼看守所全部干杂人员八十八人。过去铁镣手铐均予免除。办案件速度提高，总的结案数占总的收案数为百分之七十四一，过去国民党法院对一般案件从起诉到判决，平日需时十五天，现在人民法院则平均三至五天。

3.民事与轻微刑事案件俱先以调解解决，在已结的八百十八个案件中，调解或经调解后当事人自动撤回而结案者共计五百九十三件，占总百

45

第七十二、

4、判案采民主合议办法，设审判委员会，并着重深入群众，调查研究，且为便利劳苦群众，设问询代书和免费纸状纸，并口头代行的时间，为不便趋来法院而采取了就审办法，由承办人员到当人家里去用座谈的方式解决纠纷。

令，根据政策法令判案，部份的工作人员还不熟练，其处理案件有關的部門相互聯系還不够，以致個別案件積壓延遲現象，更大的群众性的審判制度要更多的便利勞苦群众的解决糾紛尚待繼續創造和改進

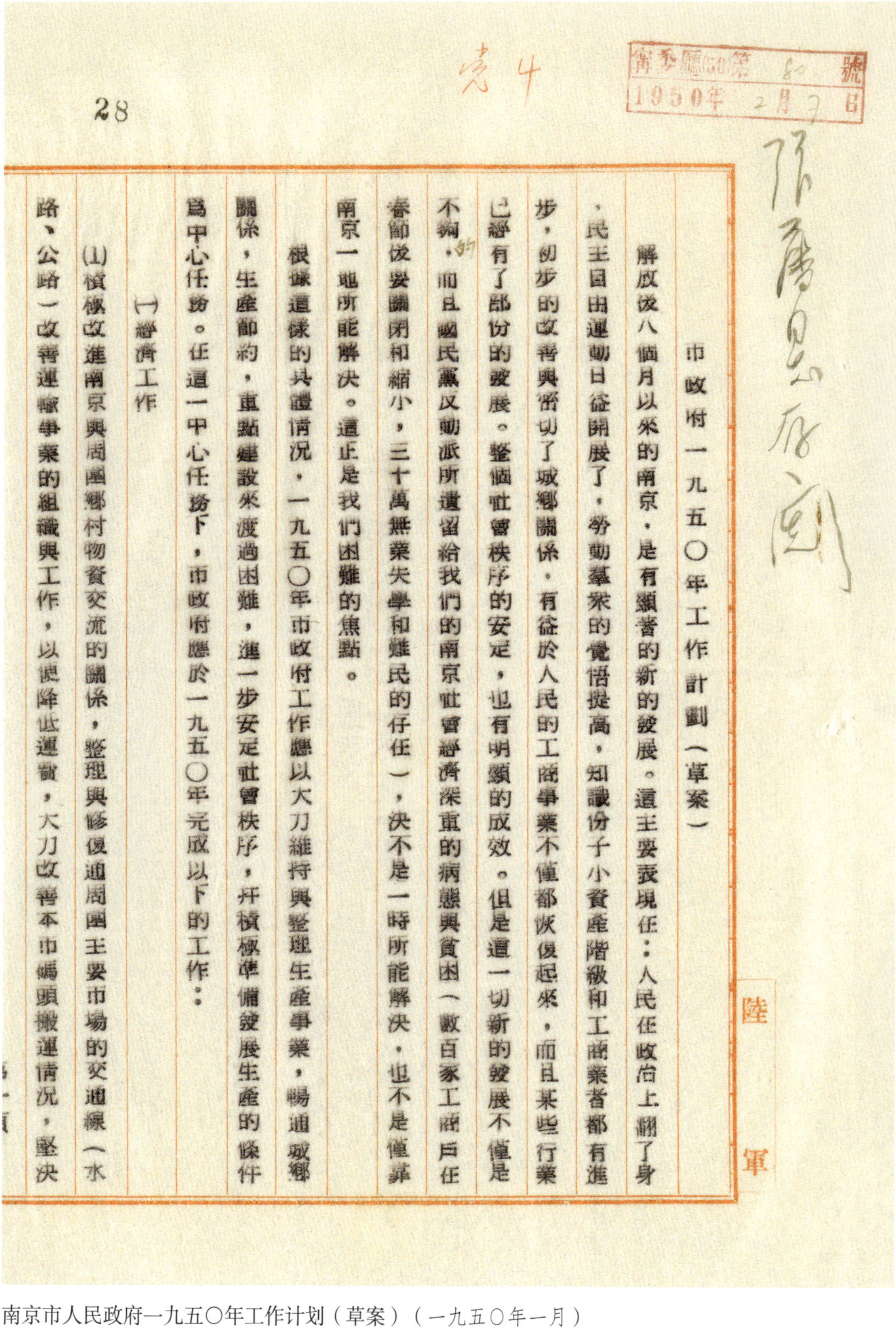

寅委廳收文第 80 號
1950年 2月7日

28

市政府一九五〇年工作計劃（草案）

解放後八個月以來的南京，是有顯著的新的發展。這主要表現在：人民在政治上翻了身，民主自由運動日益開展了，勞動群衆的覺悟提高，知識份子小資產階級和工商業者都有進步，初步的改善與密切了城鄉關係，有益於人民的工商事業不僅都恢復起來，而且某些行業已經有了部份的發展。整個社會秩序的安定，也有明顯的成效。但是這一切新的發展不僅是不夠的，而且國民黨反動派所遺留給我們的南京社會經濟深重的病態與貧困（數百家工商戶在春節後要關閉和縮小，三十萬無業失學和難民的存在），決不是一時所能解決，也不是僅靠南京一地所能解決。這正是我們困難的焦點。

根據這樣的具體情況，一九五〇年市政府工作應以大力維持與整理生產事業，暢通城鄉關係，生產節約，重點建設來渡過困難，進一步安定社會秩序，并積極準備發展生產的條件為中心任務。在這一中心任務下，市政府應於一九五〇年完成以下的工作：

(一)經濟工作

(1)積極改進南京與周圍鄉村物資交流的關係，整理與修復通周圍主要市場的交通線（水路、公路）改善運輸事業的組織與工作，以便降低運費，大力改善本市碼頭搬運情況，堅決

陸軍

南京市人民政府一九五〇年工作计划（草案）（一九五〇年一月）

第一頁

取締各種陋規、不法行莊及各種非法的封建的剝削行爲，以利物資交流，設立土產公司，加强農民招待所的工作，以保證農民的利益。

(2)繼續整理公營工廠，使其合理化，實行經濟核算制，實行管理民主化，以求提高產量與質量，降低成本，擴大銷路，爲發展生產打下基礎。

(3)發展郊區農業生產，穩定農民的生產情緒，貫徹減租反霸政策，幷準備今年秋冬實行土改，積極幫助農民解決生產中的困難（貸種貸牛貸肥料及注意防治病蟲害），江堤河堤必須於春耕前搶修完竣，幷嚴密注視夏汐秋汐，以防水災。扶助與發展農民的副業生產，以增加農民的收益。

(4)大刀支持有益社會幷有發展前途的正當工商事業，積極加强對他們技術上的指導和幫助，刀求降低成本，幷適合於人民的需要，在貫徹勞資兩利政策的基礎上教育勞資雙万，努刀克服困難。積極幫助解決正當工業的原料，對獨立勞動者及小手工業者試辦供銷合作社，以解決他們採購原料推銷成品的困難，鼓勵與便利正當商人以工業品換購人民必需的農業品，保證市場的供應。公營貿易部門與合作社應有計劃的收購或訂購某些農民必需的工業或手工業成品，以便推銷到農村中去。

29

(5)應根據可能的條件，大力爭取在南京建設三個或兩個輕工業或化學工業工廠。

(6)公營貿易公司應負責調劑人民日用必需的糧食及油、鹽等的供應，應多設門市部，（一或採取重點配售制）以保證勞苦市民隨時可以購得糧食等必需品。

合作社應會同總工會將工人合作社整理好，并必須會同有關部門，將機關職員的、學校的合作社組織起來，力求解決日用必需品（糧、油、鹽等）的供給。試辦獨立勞動者與小手工業者的供銷合作社，幫助他們解除困難。

(7)為了加強對於生產事業的領導，工業行政公營企業管理部門從建設局中分出，另成立工業局。

(8)繼續進行經濟的調查研究工作。

(二)財政工作

(1)厲行生產節約，調整編制，整理稅收，以縮小財政赤字，此外，并整理房地產權。

(2)保證中央整個計劃中我們南京所負擔的財政任務，同時要兼顧到貫徹政策。

(3)各種市政衛生等事業費用的開支，堅決採取重點建設的方針，以便集中財力，來為生產服務。

陸軍

第二頁

㈢民政方面

(1)開好各界人民代表會議（三月初召開本年度第一次各界人民代表會），并積極準備召開人民代表大會的條件，會同有關部門召開工人、教職員、學生及工商界的單獨的代表會，以討論有關的政策與工作問題。

(2)堅決繼續大力進行疏散工作，凡有回鄉生產可能者勸令回鄉，强迫游手好閒有礙治安之游民，回鄉生產或從事勞動。商請中央政府及有關方面，確定部份的利民計劃，使本市有勞動力而無工作者得到出路。本年內要求疏散十萬人。

(3)繼續大力組織與扶助貧苦勞動者的各種小規模的生產工作，貫澈生產自救的方針，提倡廣泛的節約運動與互助互濟，以渡過困難。

(4)利用春節的機會，廣泛的開展擁軍優屬運動，更密切軍民的關係與發揚愛護我們自己的軍隊的精神。積極帮助軍工烈屬的生產事業，以謀安定他們的生活。

(5)加强司法工作，總結經驗，并積極吸收羣衆的意見，以擴大教育的影響。

(6)衛生事業，重點應放在動員羣衆搞好環境衛生，開展防疫工作及加强工人勞動者的保健治療工作。

（東京奧谷納）

30

(四)教育工作

(1)繼續揭露反動宣傳的欺騙性、毒害性，提高羣衆覺悟，結合文化學習、技術學習，大力進行羣衆的學習運動，反對歪風，扶持正氣。

(2)提高幹部的文化水平，加強培養工農子弟的教育，試辦速成工農中學，并積極籌備掃除文盲的工作。

(3)整理現有中小學，加強對私立中小學的管理與幫助，繼續提高教職員的思想與業務。

(五)治安工作

(1)安定社會，堅決反對特務的破壞，保衛生產、保衛公共財產、保衛機關、保衛人民生命財產的安全。

(2)嚴懲盜匪，強迫慣竊慣偷參加生產，在較長期勞動中來改造他們。

(3)進行認眞的徹底的戶口登記與淸查工作，并樹立戶口管理制度，對外來無業游民加以必要的管理。

(4)繼續整理交通，維持革命秩序。

(六)組織領導工作

陸軍

第三頁

(1)調整與健全組織機構，統一與整飭工作制度，加強組織領導，密切各部門工作上的聯係與配合，糾正工作中的官僚主義和事務主義的傾向。

(2)建立人民監察委員會和人民檢察署的組織與工作。

(3)辦好輪訓班，健全幹部的學習制度。

(4)改革與健全區公所的組織與工作，將市政府某些純粹事務性的工作分交區負責，豐富區工作內容，減輕市政府的事務工作。

本年上半年困難較更大，爲了更好的達成上述任務，上半年應大力掃除妨礙恢復生產、城鄉物資交流的障礙，貫澈生產自救、互助互濟方針，動員失業市民、難民疏散回鄉生產，嚴懲盜竊、破壞，以保衛生產，安定社會秩序。

(東京奥谷納)

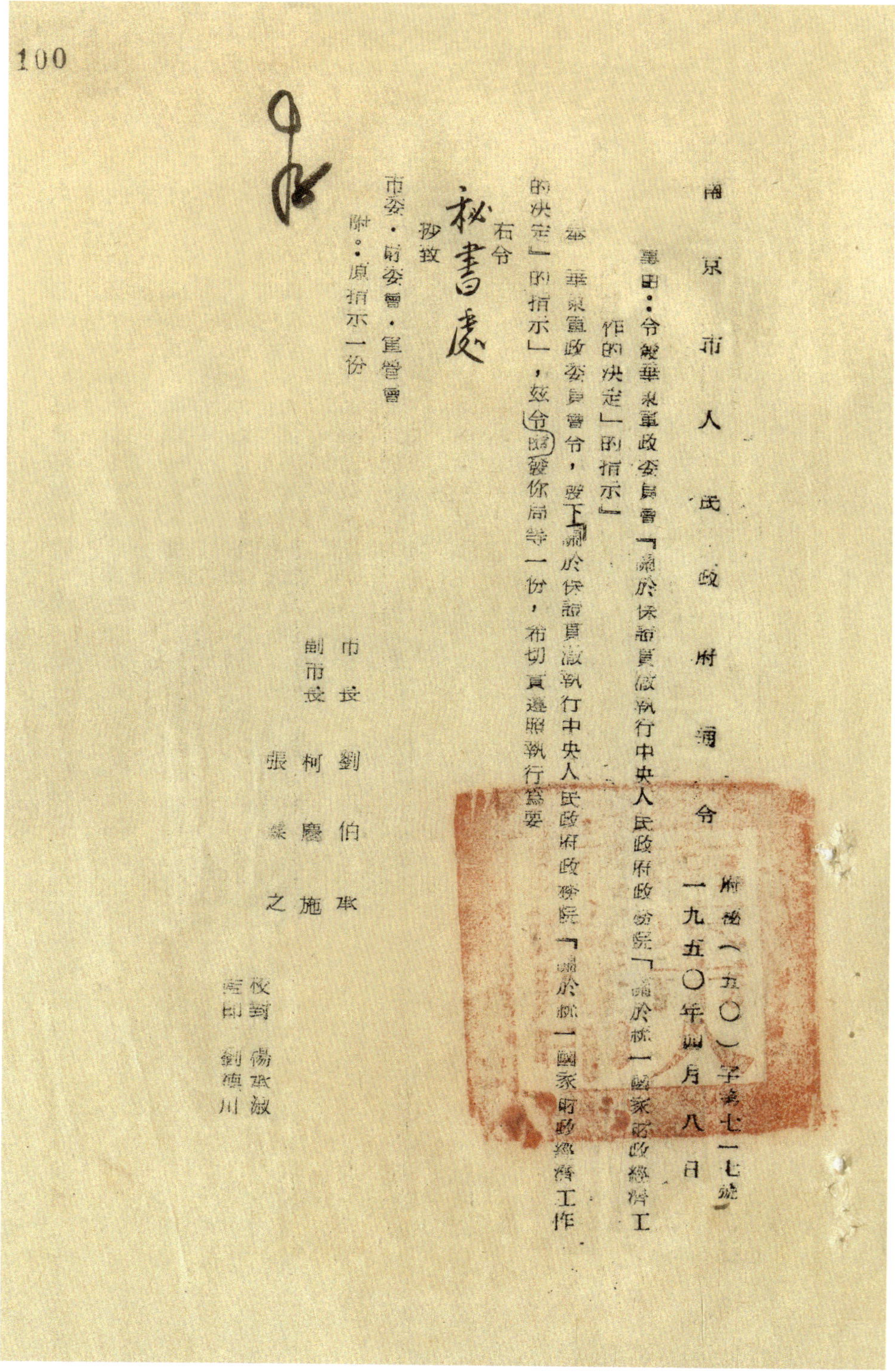

100

南京市人民政府通令

府秘（五〇）字第七一七號

一九五〇年四月八日

事由：令發華東軍政委員會「關於保證貫徹執行中央人民政府政務院「關於統一國家財政經濟工作的決定」的指示」

案奉 華東軍政委員會令，發下「關於保證貫徹執行中央人民政府政務院「關於統一國家財政經濟工作的決定」的指示」，茲令附發你局等一份，希切實遵照執行爲要

右令

秘書處

抄致

市委・府委會・軍管會

附：原指示一份

市長 劉伯承

副市長 柯慶施

張霖之

校對 楊本淑

繕印 劉德川

南京市人民政府为令发华东军政委员会《关于保证贯彻执行中央人民政府政务院〈关于统一国家财政经济工作的决定〉的指示》的通令（一九五〇年四月八日）

附：华东军政委员会原通令

101

府50 514

府（函）政字第1195號　1950年4月5日到

華東軍政委員會（通令）

事由： 本會「關於保證貫澈執行『中央人民政務院關於統一國家財政經濟工作的決定』的指示」希切實遵照執行並將執行情形具報

受文者： 各省、市、行署、各部、會、局全體軍政。

一、本委員會第六次行政會議所通過之「關於保證貫澈執行『中央人民政府政務院關於統一國家財政經濟工作的決定』的指示」一文，已於三月廿九日公佈（上海解放日報第一版）施行。

二、茲隨令附發，該項指示全文50份，希各級政府、財委、各部、局等切實遵照執行，並隨時具報爲要。

發文

附件：（指示全文50份）

日期：一九五〇年三月　日

字號：東辦秘0096號

地址：上海

繕寫　周端芳　校對　汪長青　監印　袁桂芳

裝訂綫

華東軍政委員會

關於保證貫澈執行『中央人民政府政務院關於統一國家財政經濟工作的決定』的指示

東辦祕字第九六號

（一九五〇年三月二十八日華東軍政委員會第六次行政會議通過）

華東軍政委員會在討論中央人民政府政務院「關於統一國家財政經濟工作的決定」及其他有關文件後，一致堅決擁護這一決定，并責令各級人民政府切實遵照執行。為了保證這一決定在華東區的澈底實施，本委員會特作下列指示：

（一）關於統一管理國家財政收支的決定，我們必須無條件地遵照執行。過去處在游擊戰爭和分區作戰的環境下，財政上採取分區自籌自給的辦法是必要的。現在全國大陸（除西藏外）已經統一，全國財政收支就必須澈底統一管理。華東過去半年對各省（市）區所實施的「核定收支概算和糧稅分成管理」的辦法，已經不能適合全國財政統一的要求；現在，必須遵照中央規定，所有公糧稅款收入，除已經中央批准的地方附加公糧及地方稅收外，均須保證全部繳入國庫，非經中央人民政府財政部支付命令，不准擅自動支。財政收支由分散管理改爲統一管理時，各省（市）區在財政、物資的調度支領等等方面，可能會遇到一些困難，這必須在部份服從整體、地方服從中央的原則下來努力克服。我們必須更加積極地來保證完成糧稅的徵收任務和各縣糧庫金庫的普遍建立，不容懷有絲毫的消極情緒和不負責任的態度，這是各級地方人民政府工作人員的天職。

（三）關於整理稅收及稅收工作，爲政府的主要工作之一，各級人民政府必須重視和加强其領導，各級稅務機關必須充實，稅務幹部的質量必須提高，過去財政收入主要依靠農村，現在已掌握了大中小城市，華東爲全國工商業發達的地區，必須大力整理城市稅收，上海尤須注意整理工商業稅，糾正過去農村負担重城市負担輕，和小中城市負担重大城市負担輕的不合理現象。各公營企業亦須依章繳納工商業稅。一九五〇年的稅收任務，各省（市）區必須堅決保證百分之百的完成。各省（市）區人民政府在領導上必須正確執行中央人民政府的稅收政策，防止忽視稅收政策的單純任務觀點。各級人民政府必須通過各界人民代表會議以及各種座談會和幹部會等方式，說明整理稅收的意義。

（三）關於今年夏季公糧的徵收，各省（市）區應根據中央人民政府政務院「關於新解放區土地改革及徵收公糧的指示」中有關的各項規定，以及去年夏秋徵收公糧中所得的材料和經驗，草擬適合於本省區的夏徵條例，於四月底前呈送本委員會審查，並轉呈中央人民政府政務院批准施行。對於華東今年夏徵任務的規定，各省區必須保證完成。

（四）關於清理倉庫物資，應卽依據中央人民政府政務院「關於倉庫物資清理調配的決定」，組織華東及各省（市）區的倉庫物資清理委員會，分地方人民政府（包括財政及企業兩部份）與軍隊兩個系統進行，統限六月底前完成。過去對倉庫物資的清理是不够注意的，今後必須認眞進行。華東倉庫物資清理委員會尤須着重將上海國家倉庫的物資澈底清查。清理倉庫物資要採取自上而下的逐級負責制，並須詳細登記，妥爲保管，按級上報，聽候中央調配，不得有私自轉移、隱瞞、變賣、破壞、私自授受、拒絕調度等行爲，違者依法制裁。

（五）關於整編各級人民政府機關的組織，必須遵照中央人民政府政務院的統一編制的規定及本委員會三月十八日所公佈的有關指示堅決執行。各省（市）區的人

（3）

22

員編制及數額業已規定，非經批准，不能擅自改變，並限五月底前整編完畢。華東各地及各部門如有人員不足者，可先以省（市）區為單位自行調配。對於稅務幹部及金庫糧庫幹部，如有不足，應儘先補充，並應盡量調配較强的幹部，充實稅務工作部門。

（六）關於厲行節約，應切實遵行中央人民政府政務院「關於統一國家財政經濟工作的決定」第三項的規定。在華東地區，一切開支均應嚴格遵守制度，厲行節約，反對貪污浪費。在公營企業中，尤須認眞地實行經濟核算制度，一切原料物資必須合理使用，剷除囤積材料等浪費現象，並隨時隨地加以檢查、糾正和改進。

（七）關於國營貿易的統一管理，必須嚴格遵照中央人民政府政務院「關於全國國營貿易統一實施辦法的決定」。原各省（市）區之貿易總公司，應即根據中央人民政府貿易部及本委員會貿易部的規定，改為糧食、土產、百貨等專業公司。華東區各專業公司及其在各省（市）區的分支公司之資金及物資，應即移交各該專業總公司接受和經營，各公司的業務、財務計劃及物價的調整，均須服從中央人民政府貿易部的統一規定，華東貿易部及各省（市）區的貿易廳或工商廳（局）應加强領導，保證並監督其實施。各級人民政府不得挪用貿易公司的資金和物資；貿易公司本身出售物資所收回的貨幣，必須依照計劃隨時繳入貿易金庫，不得擅自留用。

（八）關於華東貿易糧的調運，是今年秋收前平穩物價、保證城市供應、吸收人民幣回籠的重要關鍵，華東貿易部必須按照計劃如期完成，各省（市）區人民政府應負責保證並嚴加檢查。華東各省區對應從其他地區調入的糧食，應積極組織力量及早運回；對應從本省、區調出（主要調到上海）的糧食，應克服一切困難，保證如期如數運出。對出售糧食平抑城市物價，各地貿易公司必須在中央人民政府貿易部和本委員會貿易部的統一領導下，堅決貫澈執行。在皖北、山東、蘇北等糧食困難的災區，各該地人民政府除迅速發放救濟糧外，在不妨礙城市供應的原則下，得將部份貿易糧送至災區，調劑民食。各級人民政府對於貿易糧及公糧的運輸保管，必須嚴防霉爛損失及匪特的焚燒、搶刼和破壞。

（九）關於執行中央人民政府各工業部所決定的本年華東各工礦企業生產計劃，及折舊和利潤解交國庫的任務，責成華東工業部制定具體方案，並由該部及各省（市）區人民政府保證與督促其完成。

以上各項，各省（市）區人民政府應切實討論，充分動員，分別緩急先後，結

23

合原有工作部署，按照規定時間，有步驟地實施，以保證中央人民政府政務院「關於統一國家財政經濟工作的決定」的全部實現，並將實施情形及時上報。

一九五〇年三月廿八日

（6）

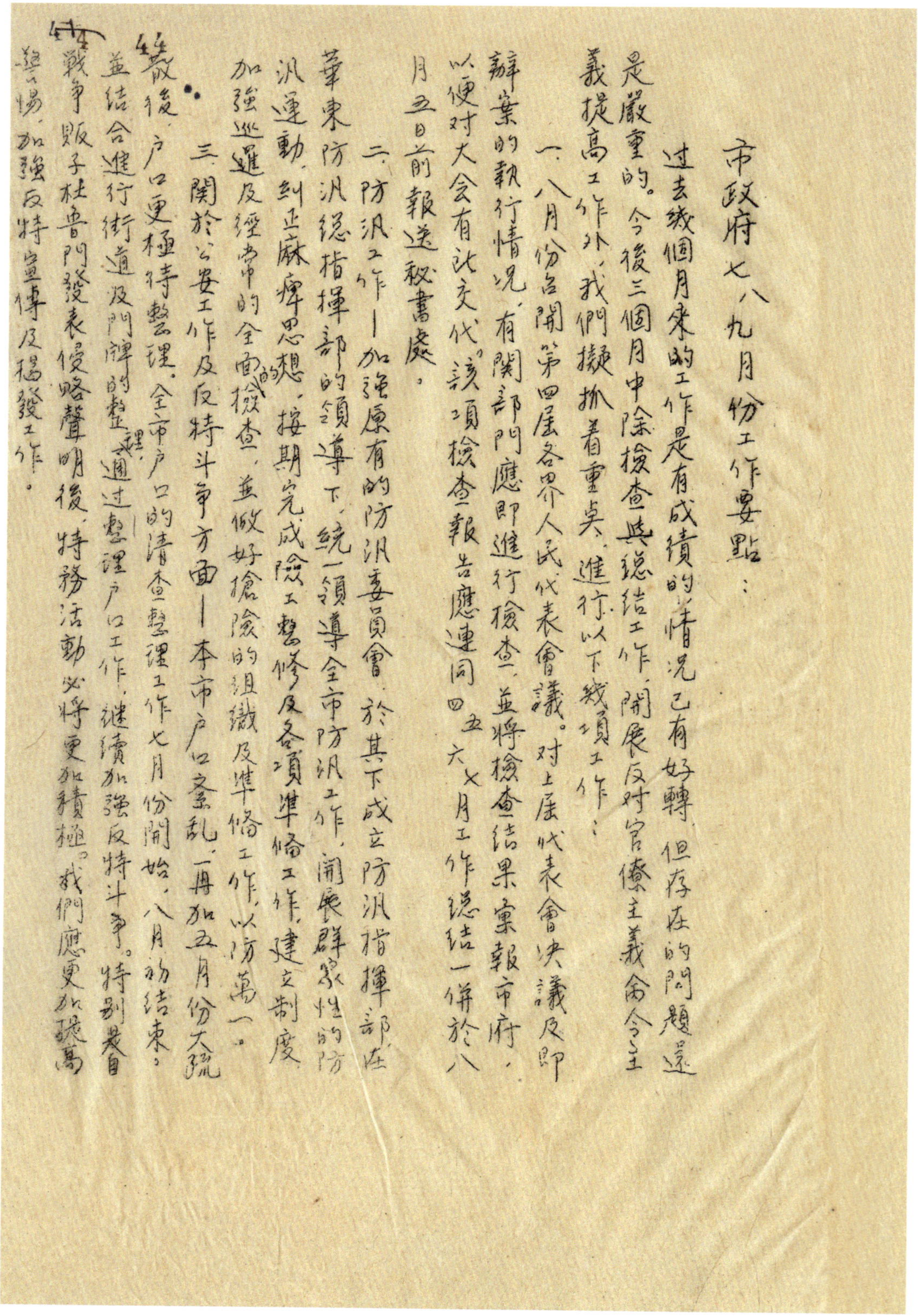

市政府七八九月份工作要點：

过去幾個月來的工作是有成績的，情况已有好轉，但存在的問題還是嚴重的。今後三個月中除檢查與總結工作，開展反对官僚主義命令主義提高工作外，我們擬抓着重点，進行以下幾項工作：

一、八月份召開第四屆各界人民代表會議。对上屆代表會決議及即辦案的執行情况，有關部門應即進行檢查，並將檢查結果彙報市府，以便对大会有所交代，該項檢查報告應連同四、五、六、七月工作總結一併於八月五日前報送秘書處。

二、防汛工作——加強原有的防汛委員會，於其下成立防汛指揮部，在華東防汛總指揮部的領導下，統一領導全市防汛工作，開展群眾性的防汛運動，糾正麻痺思想，按期完成險工整修及各項準備工作，建立制度加強巡邏及經常的全面的檢查，並做好搶險的組織及準備工作，以防萬一。

三、關於公安工作及反特斗爭方面——本市户口紊乱，一再加五月份大疏散後，户口更極待整理，全市户口的清查整理工作七月份開始，八月份結束，並结合進行街道及門牌的整理，通过整理户口工作，繼續加強反特斗爭。特别是自戰爭販子杜魯門發表侵略聲明後，特務活動必將更加積極，我們應更加提高警惕，加強反特宣傳及揭發工作。

南京市人民政府一九五〇年七、八、九月份工作要点（一九五〇年六月）

四、生產自救工作方面——以以工代賑救濟失業工人為主，配合以轉業訓練、發動生產自救、發給救濟金、籌辦國營農場等。同時不放鬆疏散工作。（并為大秋前後的疏散工作，做好充分調查了解等準備工作）。

五、財经工作方面——根據毛主席六大報告中的指示的精神及中財委的指示貫徹執行。

(1)稅收工作，遵照中央指示在服從鞏固三個平衡照顧生產的恢復和發展的兩大原則下，進行適當的必要的調整。農業稅夏征已決定緩征，其他稅收也根據中央的規定，俟各種細則頒佈後逐漸調整。稅務局則利用當前机会整頓幹部思想作風，以便更好的執行中央對稅收的各項新的規定。

(2)工商業工作方面，南京公私關係問題不大，除已做調整者外，仍應適當繼續調整，特別應從思想上來解決問題。今後工商工作主要是幫助工商業從改造中求得維持。加強調查研究，掌握全面情況，具体地切實地從一行一業的改造下手。

(3)經濟保衛工作方面——貫徹全國經濟保衛工作會議的決議，配備骨幹培養幹部，有計劃有重点有步驟的在各財经部門中建立保衛工作机構，首先是工礦及財经要害部門，再逐步推及次要及一般財经机關。此項工作由財委会经濟保衛處負責推動。

(4)整理碼頭搬運工作——整理碼頭委員会立即成立，首先整理碼頭秩序，廢除陋規，調整工資，公佈勞動紀律，联系群眾，通过骨幹進行教育，穩步地逐漸貫徹中央和全總對搬運工作的指示。

（完）

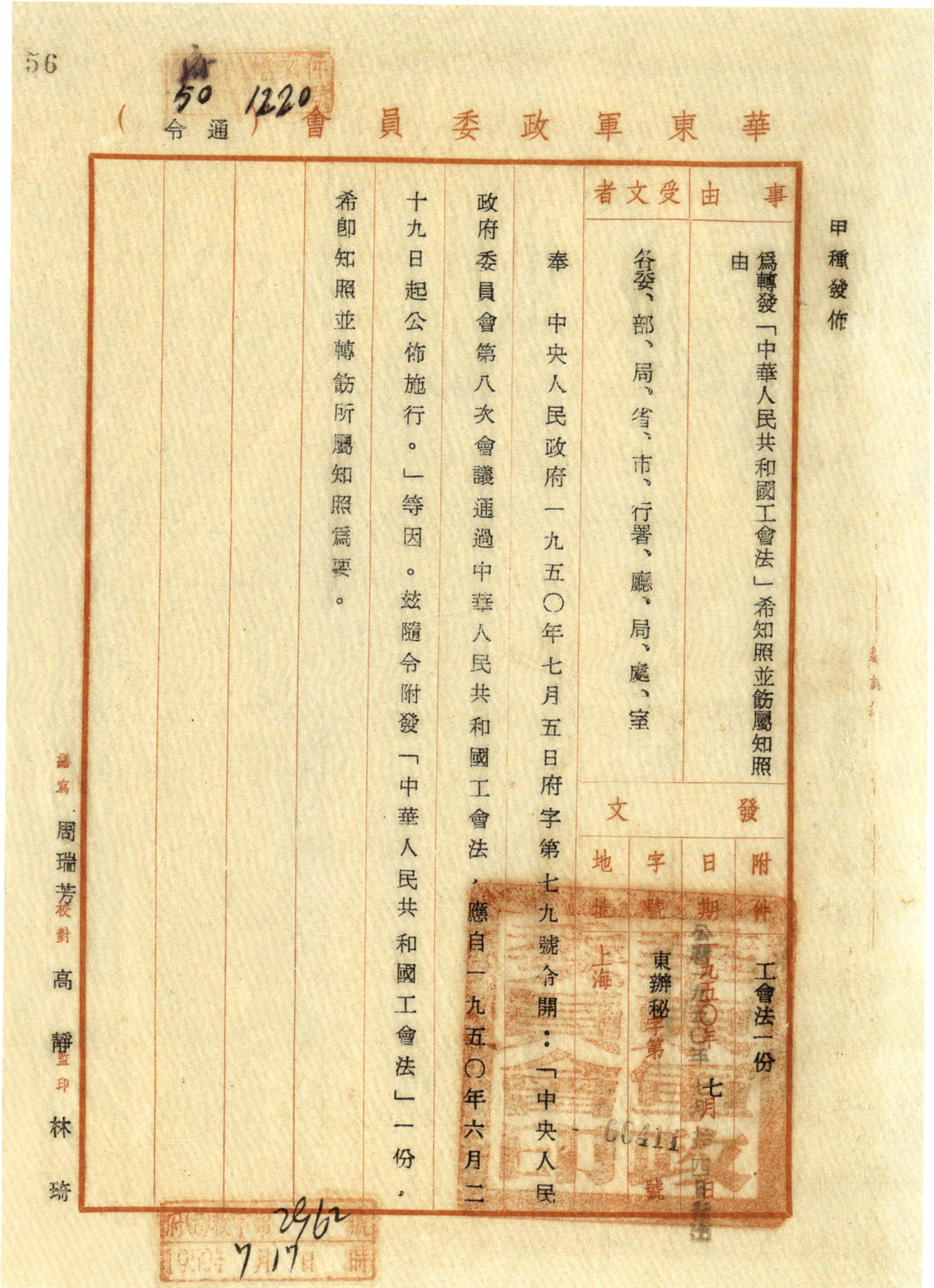
56

50 1220

華東軍政委員會（通令）

甲種發佈

事由：為轉發「中華人民共和國工會法」希知照並飭屬知照由

受文者：各委、部、局、省、市、行署、廳、局、處、室

發文

附件：工會法一份

日期：公曆一九五〇年七月十四日發

字號：東辦秘字第00411號

地址：上海

奉

中央人民政府一九五〇年七月五日府字第七九號令開：「中央人民政府委員會第八次會議通過中華人民共和國工會法，應自一九五〇年六月二十九日起公佈施行。」等因。茲隨令附發「中華人民共和國工會法」一份，希即知照並轉飭所屬知照爲要。

繕寫 周瑞芳 校對 高靜 監印 林琦

收文 第 2962 號 1950年 7月17日

华东军政委员会为转发《中华人民共和国工会法》的通令（一九五〇年七月十四日）

附：《中华人民共和国工会法》

57

中華人民共和國工會法

（一九五零年六月二十八日中央人民政府委員會第八次會議通過）

（一九五零年六月二十九日中央人民政府命令公佈施行）

為了明確規定工會組織在新民主主義國家政權下的法律地位與職責，使全國工人階級更好地組織起來，發揮其在新民主主義建設中應有的作用，特頒佈工會法如下：

第一章 總則

第一條 工會是工人階級自願結合的羣衆組織。凡在中國境內一切企業、機關和學校中以工資收入為其生活資料之全部或主要來源之體力與腦力的僱傭勞動者及無固定僱主的僱傭勞動者，均有組織工會之權。

第二條 工會組織原則，根據全國勞動大會通過之中華全國總工會章程之規定，應為民主集中制。各級工會委員會，均應由會員大會或代表大會選舉產生。工會會員有根據工會章程之規定隨時撤換其所選舉之代表或委員之權利。各級工會委員會，應向所代表之會員羣衆或其代表大會報告工作，並服從上級工會組織之決議或指示。

第三條 工會為根據全國勞動大會及各產業工會（包括文化教育工作者工會、公務人員工會等）之代表大會通過的章程與決議所組成之羣衆團體，有其全國獨立的、統一的組織系統，以中華全國總工會為最高領導機關。凡工會組織成立時，均須報告中華全國總工會或其所屬之產業工會、地方工會，經審查批准後，轉請當地人民政府登記備案。

第四條 凡不是根據本法第三條之規定所組織的任何其他團體，不得稱為工會，不得享受本法所規定之權利。

第二章 工會的權利與責任

第五條 在國營及合作社經營的企業中，工會有代表受僱工人、職員羣衆參加生產管理及與行政方面締結集體合同之權。

第六條 在私營企業中，工會有代表受僱工人、職員羣衆與資方進行交涉、談判、參加勞資協商會議並與資方締結集體合同之權。

第七條 工會有保護工人、職員羣衆利益，監督行政方面或資方切實執行政府法令所規定之勞動保護、勞動保險、工資支付標準、工廠衛生與技術安全規則及其他有關之條例、指令等，並進行改善工人、職員羣衆的物質生活與文化生活的各種設施之責任。

第八條 在國營及合作社經營的企業中，各級的工會組織有要求其同級企業行政當局在工會委員會全體會員大會或代表會議上報告工作之權，並有代表受僱工人、職員羣衆參加同級企業管理委員會或企業行政會議之權。

第九條 工會為保護工人階級的根本利益，根據其章程及決議進行下列工作：

一、教育並組織工人、職員羣衆，維護人民政府法令，推行人民政府政策，以鞏固工人階級領導的人民政權；

·1·

二、教育並組織工人、職員羣衆，樹立新的勞動態度，遵守勞動紀律，組織生產競賽及其他生產運動，以保證生產計劃之完成；

三、在國營及合作社經營的企業中，在機關、學校中，保護公共財產，反對貪污浪費和官僚主義，並與破壞分子作鬥爭；

四、在私營企業中，推行發展生產，勞資兩利政策，反對違背政府法令及妨害生產的行爲。

第十條 各級政府應撥給中華全國總工會、產業工會與地方工會以必要的房屋與設備，作爲工會辦公、會議、教育、娛樂及舉辦集體福利事業等之用；並在利用郵政、電報、電話、鐵路、公路、航運等方面，予以同級政府機關所享受之同等待遇。

第十一條 行政方面或資方，如調動或解僱由羣衆所選出之工會委員會的委員時，須事先取得各該工會委員會之同意，並由該委員會轉請上級工會委員會批准後，方得實行之。

第十二條 各級工會組織的委員或所派遣的代表，持有各該工會組織的證明文件者，得視察各該工會組織所屬範圍內的企業、機關和學校的工作場所、宿舍等，行政方面或資方不得拒絕。但有特殊規定者除外。

第三章 工會基層組織

第十三條 凡工廠、礦場、商店、農場、機關、學校等生產單位或行政單位有工人、職員二十五人以上者，得建立工會基層委員會（如工廠委員會、礦場委員會、機關委員會等）；不足二十五人者，選舉組織員一人，得享受工會基層委員會同等之權利。工會基層委員會的組織辦法，由中華全國總工會或各該產業工會全國委員會制定之。

第十四條 在工廠、礦場、商店、農場、機關、學校等生產單位或行政單位中，除依本法第三條與第十三條之規定，經產業工會或地方工會批准之工會基層組織外，其他任何組織，不得享受工會基層組織應享受之權利。

第十五條 工會基層組織脫離生產、專門進行工會工作的委員人數，應按各該工廠、礦場、商店、農場、機關和學校等生產單位或行政單位僱用之工人、職員人數多寡決定之，其標準如下：

有工人和職員二〇〇——五〇〇人者，一人；

五〇一——一〇〇〇人者，二人；

一〇〇一——一五〇〇人者，三人；

一五〇一——二五〇〇人者，四人；

二五〇一——四〇〇〇人者，五人。

有工人職員四〇〇〇人以上者，每增加二〇〇〇人，得增加脫離生產的委員一人。不足二〇〇人之工會基層委員會，需要有脫離生產的委員時，須經上級工會委員會之批准。

第十六條 工會基層委員會選出後，應將委員之名單通知行政方面或資方。行政方面或資方應根據工會基層委員會之決議，而解除需要脫離生產之委員的工作。

第十七條 脫離生產的委員之工資，由工會支付之，其數額不得低於其原有工資，並繼續享受由行政方面或資方支付的勞動保險及其他福利待遇。任期完畢後，行政方面或資方應保證恢復其原有工作或給以相當於原有工資之工作崗位。

第十八條 工廠、礦場、商店、農場、機關、學校等生產單位或行政單位的行政方面或資方，不得妨礙工會基層委員會及所召集之全體會員大會或代

58

表會議之活動。但工會組織召集的各種會議，應在生產時間以外舉行，如有特殊情況須在生產時間內舉行時，必須取得行政方面或資方之同意。不脫離生產之工會基層委員會委員，因工會的活動需要佔用生產時間時，必須由工會通知行政方面或資方；但每人每月佔用生產時間，總共不得超過兩個工作日，工資由行政方面或資方照發。

第十九條　工會根據市（縣）級以上人民政府之指示，選舉人民代表會議或人民代表大會的代表時，或根據省、市級以上工會委員會的指示，選舉工會代表大會的代表時，如有必要，可於生產時間以內舉行。出席上述會議或其他會議之私營企業中的工人職員代表，在開會期間的工資，由召集會議之機關發給之。

第二十條　凡僱用一百人以上之工廠、礦場、商店、農場、機關、學校等生產單位或行政單位的行政方面或資方，應免費供給工會基層委員會以必要的房屋及設備（如水、電、傢具等），作爲工會基層委員會辦公處所，並供給或臨時借給適當場所，作爲舉行全體會員大會或代表會議之用。僱用一百人以下者，如無法供給工會辦公房屋時，工會組織得在公用房屋中設立工會辦公桌，並舉行各種會議。

第二十一條　工廠、礦場、商店、農場、機關、學校等生產單位或行政單位的行政方面或資方，僱用工人或職員時，應通知工會基層委員會，工會基層委員會如發現此種僱用有違反人民政府法令或集體合同情事時，有權於三日內提出抗議。如行政方面或資方不同意工會基層委員會之抗議而形成爭議時，應按照勞動爭議解決程序處理之。

第二十二條　工廠、礦場、商店、農場、機關、學校等生產單位或行政單位的行政方面或資方，解僱工人或職員時，應將擬解僱人員之名單與理由，於十日前通知工會基層委員會。如工會基層委員會發現此種解僱有違反人民政府法令或集體合同情事時，有權於七日內提出抗議。如行政方面或資方不同意工會基層委員會之抗議而形成爭議時，應按照勞動爭議解決程序處理之。前條及本條之規定，不適用於各級人民政府任命之人員。

第四章　工會經費

第二十三條　工會應根據經費獨立原則，建立自己的預算、決算、會計、審核等制度。

第二十四條　工會經費之來源如下：

一、工會會員按中華全國總工會章程之規定所繳之會費；

二、工廠、礦場、商店、農場、機關、學校等生產單位或行政單位的行政方面或資方，應按所僱全部職工（私營企業中資方代理人不在內）實際工資（包括貨幣部分、實物部分與伙食）總額的百分之二，按月撥交工會組織作爲工會經費（其中實際工資總額的百分之一點五爲職工文化教育費）；

三、工會舉辦文化、體育等事業的收入；

四、各級人民政府的補助。

第二十五條　各級工會委員會經費開支辦法由中華全國總工會制定之。

第五章　附則

第二十六條　本法由中央人民政府委員會通過後公佈施行。

· 3 ·

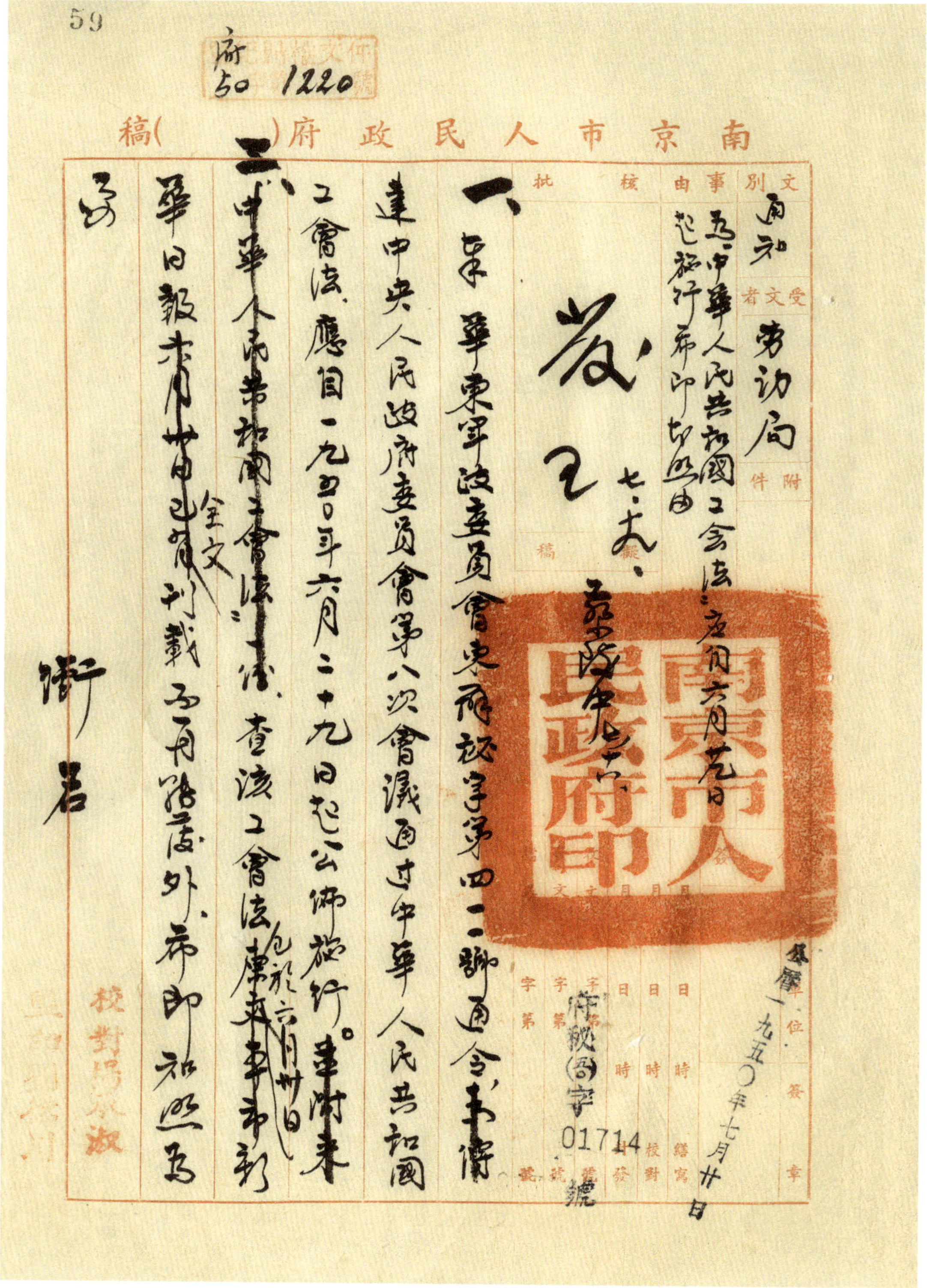
59

府纪 1220

南京市人民政府（　　）稿

文别：通知

事由：为中华人民共和国工会法应自六月廿九日起施行希即知照由

受文者：劳动局

附件

批：发　乙　七．廿

一、案奉华东军政委员会东府秘字第四一一号通令，奉准中央人民政府委员会第八次会议通过中华人民共和国工会法，应自一九五〇年六月二十九日起公布施行。并附来

二、中华人民共和国工会法一份。查该工会法（已于六月廿日）业经本市新华日报本月廿日已有全文刊载，不再附发外，希即知照为要。

衔名

南京市人民政府印

府秘（劳）字 01714 号

一九五〇年七月廿日

南京市人民政府为《中华人民共和国工会法》应自六月二十九日起施行给市劳动局的通知

（一九五〇年七月二十日）

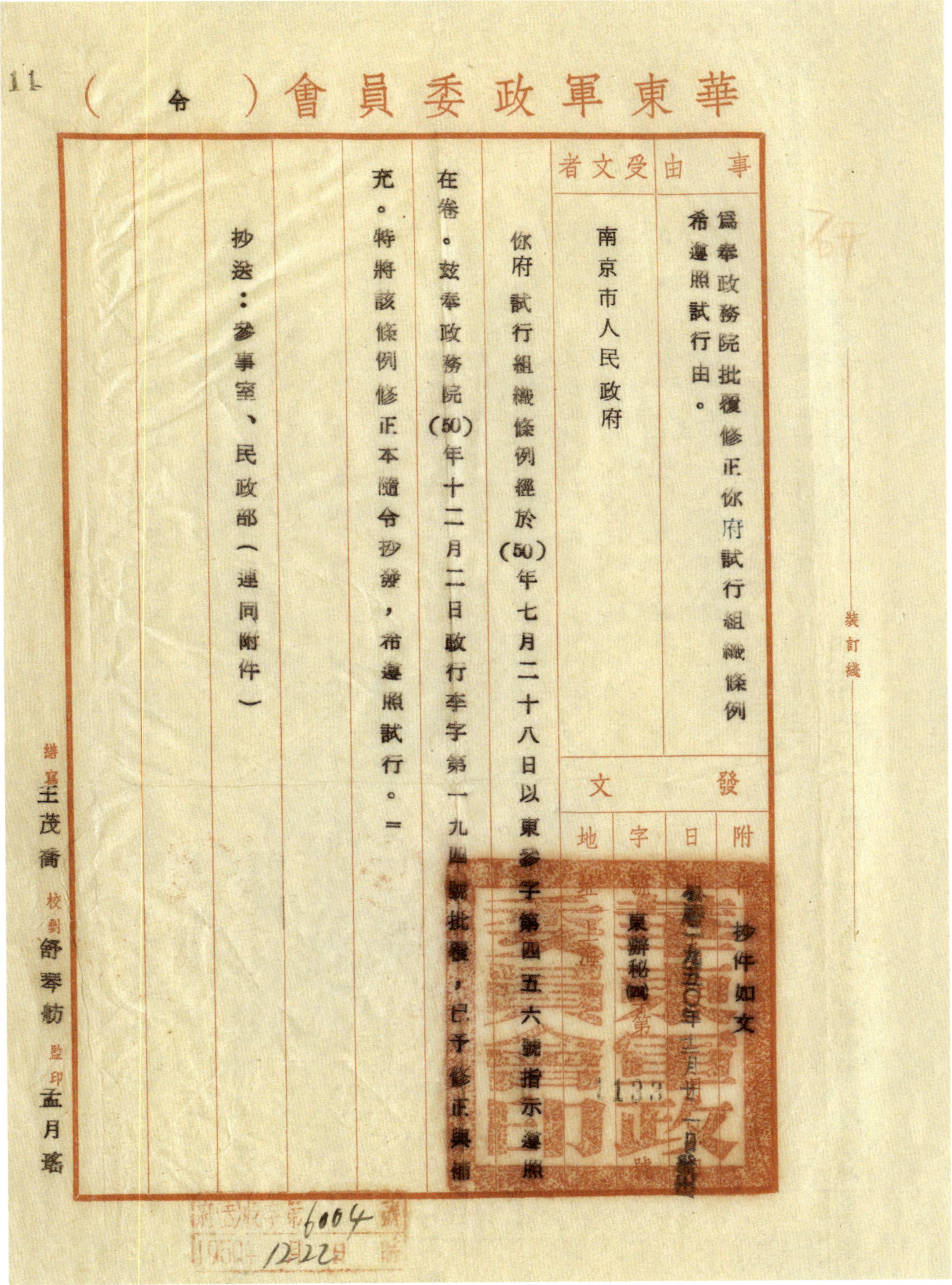

華東軍政委員會（令）

事由：爲奉政務院批覆修正你府試行組織條例希遵照試行由。

受文者：南京市人民政府

你府試行組織條例經於（50）年七月二十八日以東參字第四五六號指示遵照在卷。茲奉政務院（50）年十二月二日政行李字第一九四號批覆，已予修正與補充。特將該條例修正本隨令抄發，希遵照試行。＝

抄送：參事室、民政部（連同附件）

發文　附：抄件如文　日：一九五〇年十二月廿一日發　字：東辦秘(四)第1133號　地：上海

繕寫　王茂喬　校對　舒琴舫　監印　孟月瑤

字第6004號　1950年12月22日

华东军政委员会为奉政务院批复修正南京市人民政府试行组织条例的令

（一九五〇年十二月二十一日）

附：南京市人民政府试行组织条例

12

南京市人民政府試行組織條例

第一條　本條例依據市人民政府組織通則第十三條之規定制定之。

第二條　南京市人民行使政權的機關為南京市人民代表大會（或南京市各界人民代表會議，以下同）和南京市人民政府，在市人民代表大會閉會期間，市人民政府即為南京市行使政權機關。

南京市人民政府委員會受華東軍政委員會的直接領導，並對市人民代表大會負責。

第三條　南京市人民政府委員會，由南京市人民代表大會選舉市長一人，副市長一人至二人及委員十七人至二十一人組成之，並根據中央人民政府政務院關於任免工作人員的暫行辦法，報請華東軍政委員會轉請中央人民政府政務院提請中央人民政府委員會批准任命之。人民代表大會未召開前，可由各界人民代表會議行使前項選舉權，在選舉前，市長、副市長及委員由華東軍政委員會轉請中央人民政府政務院提請中央人民政府委員會任命。

第四條　南京市人民政府委員會的任期為一年，連選得連任。

第五條　南京市人民政府委員會在華東軍政委員會直接領導之下行使下列職權：

一、執行上級人民政府的決議和命令；

二、實施本市人民代表大會通過並經上級人民政府批准的決議案；

三、擬定與市政有關的暫行法令報請華東軍政委員會批准施行；

四、遵照中央人民政府政務院關於任免工作人員的暫行辦法，凡屬各委、局、處之主要行

＝1＝

13

政人員，經本市政府委員會議通過後，提請華東軍政委員會批准或轉請中央批准任命之，凡屬各委、局、處之科長一級或相當科長一級之行政人員，經本市政府委員會議通過後逕行任免，並報華東軍政委員會備案。

五、在國家概算預算規定範圍內，編制本市概算或預算和決算提經市人民代表大會通過後，報請華東軍政委員會核准施行。

六、統一領導和檢查本市人民政府各部門的工作。

七、指導在本市內中央或華東經營的機關。

第六條　市長主持市人民政府委員會會議，並領導市人民政府委員會的工作，副市長協助市長執行職務。

第七條　南京市人民政府委員會設左列各機構：

一、民政局、公安局、財政局、建設局、文教局、衛生局、勞動局、工商局、房地產管理處、郊區行政辦事處。

二、財政經濟委員會；

三、市人民監察委員會；

四、市人民法院；

五、市人民檢察署。

第八條　南京市人民政府委員會設秘書長一人，承市長之命主持日常事務，設副秘書長一人至二

=2=

14

人，協助秘書長工作。在秘書長領導下設秘書廳。

第九條　南京市人民政府委員會所屬委設主任，局設局長，處設處長，秘書廳設主任；以上各職必要時得設副職。

市人民法院設院長，市人民檢察署設檢察長，均得設副職。

第十條　南京市人民政府各工作機構之具體編制，由市人民政府委員會擬定，報請華東軍政委員會核准，其增減合併時亦同。

各工作機構組織規程另定之。

第十一條　南京市人民政府委員會全體委員會議，每月舉行一次，由市長召集之。市長根據需要，或三分之一以上委員之提議亦得提前或延期召集之。全體委員會議，須有委員過半數的出席始得開會，須有出席委員過半數的同意，始得通過決議。

第十二條　南京市人民政府行政會議每週舉行一次，由市長召集之，副市長、秘書長、副秘書長，各委、局、處、廳等機構的首長出席，其他必要人員列席。

市人民法院院長，市人民檢察署檢察長，均得出席市人民政府行政會議。

第十三條　南京市人民政府於軍事管制時期，在鞏固革命秩序、鎮壓反革命活動等方面，須與本市軍事管制委員會採取統一步驟。

第十四條　南京市人民政府辦事通則、各種會議規則及各部門工作細則，由本市人民政府委員會自訂之。

第十五條　本條例經華東軍政委員會核轉中央人民政府政務院核准施行，修正時同。

—3—

41

南京市人民政府各局職掌

民、

一、各級民主建政　二、關於群眾調解

三、關於市區劃分　四、關於選舉

五、關於戶籍及婚姻登記　六、關於勞動及失業救濟

及組織群眾合作社

七、關於市郊區減租減息

八、關於少數民族遊民登記

九、關於禮俗　十、禁烟

禁毒　十一、優軍撫卹歸擴　十二、關於勞動

有關民事　十三、其他民政

財

一、全市財政收支　二、公債金融　三、公庫庫政

四、統收公糧稽征　五、稅收稽征之協助　六、糧食

人

南京市人民政府各局职掌（一九五〇年）

管理 七、会计审计 八、经济制度章程
九、其他财政
教、
一、学校教育 二、社会教育 三、教育及学术团体之指导 四、图书馆博物馆公共体育场之筹划管理 五、音乐戏剧电影播音等教育 六、报纸杂志通讯社之登记注册审核
七、其他教育文化
地、
一、土地测量 二、公私房屋管理 三、土地房登记 四、土地征收 五、土地使用之规划 七、土地改革 八、地价 九、其他土地行政

南京市政府員工福利委員會

42

劳　八、劳工保护　二、劳工福利　三、劳工教育
四、劳资纠纷处理　五、劳资会契约厂规厂法
劳动纪律　抚恤事项　六、其他劳工行政
工商　一、公私营工厂公司商店之申请登记调查领导
与指导　二、工商政策掌握（与人民银行合作
协助）　三、市场管理　四、各同业公会之指导
监督　五、度量衡检定　六、发展工商
业计划与实施　七、商标注册　八、合作社管理
事宜及机关生产管理　九、平抑物价
十、对于摊贩市场之管理事项

八、

南京市政府員工福利委員會

建設 一、公有建築 二、私有建築之指導管理 三、道路橋樑溝渠碼頭堤岸及其公共土木工程 四、關於河道水利 五、關於水電公共汽車事業監督管理 六、車輛船舶之登記與管理 七、電車之建設 八、農林漁牧及蠶桑 九、本市園林建設及管理 十、其他建設及公用事業行政 十一、整個建設計劃

衛生 一、全市衛生建設 二、醫藥管理 三、傳染病之防治 四、工農婦嬰衛生 普及衛生及

南京市政府員工福利委員會

43

工业卫生　五、饮食卫生、公共场所卫生及公共场所、车场、火葬场、公共厕所之管理　六、市立医院、传染病院、卫生试验所及卫生所等之监督指导　七、其他卫生行政　八、医药用品之检查

公安

一、警察行政　二、协助税务局[illegible]
三、治安之[illegible]　四、交通之管制　五、盗匪盗窃案件之查缉　六、反革命份子及特务之肃清
七、警察教育　八、其他行政　九、机关保卫
十、公民、侨民管理　十一、水上公安

人民法院　一、人民民事、刑事案件之调解审讯与判决

又

南京市政府员工福利委员会

六人民刑事案件之審訊判決

南京市政府員工福利委員會

（三）各界人民代表大会

南京市第一屆第二次各界代表會議總結報告

南京市第二屆各界人民代表會議在十二月八日召開，歷時五天，到十二日閉幕。會中先由粟裕同志做政治報告，繼由柯慶施同志做市政工作報告，第四日又請董必武同志蒞會講話。這次會議主要在解決加强治安、處理難民和準備春荒三大問題。一般說來，這次會議較上次有進步，因爲討論起來可以比較具體，使羣衆也感到興趣，而在思想上也容易得到一致。

此次會議較上一次會議有如下不同之處：首先表現在代表名額的增加。因各界的需要，代表人數從上次的二七二人增加到三二五人，較上次增加了五三人。我們因爲準備在這次會議上解決災難問題及如何進行生產救災的問題，所以特別邀請了軍烈屬、難民、失業編餘人員方面的代表十八人，讓他們來發表意見并聽取我們是怎樣在進行解決他們的切身問題。不過他們的作爲代表是臨時性的。同時我們曾邀請南京附近之江寧、江甫、句容、當塗、和縣、六合等六縣，派代表來列席，以便密切城鄉關係。計到代表五九人。總計此次人數爲四百零二人。各界代表的百分比是：

其次在代表成份方面也有了改變，上一次黨員代表和進步份子佔總人數百分比較大，而中間偏右者僅三五人。此次我們爲擴大影響，在這方面增加聘請達七九人。因此，上次中間偏右的僅佔總數的百分之十二點九，這一次增加到百分之廿四點三。

第二、此次會議，我們得到的收穫：

1.這次會議我們主要是爲了解決治安和難民的問題，在開會前一週發出聘請書時，就通知了各位代表，請他們事先準備，蒐集各界的意見；因此，在收到的提案看來，就比較集中。共計收到提案一零

南京市第一届第二次各界人民代表会议总结报告（一九四九年十二月）

14

八件，內四二件是關於處理難民的，廿八案是屬於治安冬防的，此外與此有關的生產建設、財經、稅收方面的計廿六案，和我們所要討論的問題相差較遠的僅十二件。這樣先將注意集中，使會議有了重心，得將我黨的方針和意圖經過羣衆的討論，成爲全市人民的任務來加以完成。

2.這次小組討論的時間一般是一天半，有個別小組到兩天，討論的時間比上一次充分的多，同時提案事先經過整理發給代表每人一份，經小組討論能有具體材料，故大家對粟柯兩同志的報告及提案能深入討論，討論時大家都很認眞，不同的意見經過討論都得出一致的意見，小組討論有若干不適當的提案，得到了大家的批判，不僅便利了整理和歸納，而且有助於主席團的討論和審查。大會的進行很順利。

3.這次會議中對於某些問題會引起了爭論。如稅收問題、逃亡地主回鄉問題、舊民主主義思想問題等。有了爭論可以把思想上的分歧提了出來，經過反覆的討論之後，不僅提問題的人可能解決問題，同時也可使大家認識都提高一步。由此可見，只要有正確領導，依靠羣衆，代表中有思想落後或右派份子的參加是不可怕的而且有好處的。

第三、缺點和教訓

1.每次會議是一個鬥爭，也是對黨員的一個考驗。這次會前有個別單位和個別行政工作黨員把本應先在內部解決的問題提交大會去討論，有的提案未經過一定內部審查的手續，以致錯誤百出。個別黨員在大會上發表與政府要求精神不符的意見，增加了解決問題的困難。這考驗了黨內紀律性還不夠強。

2.黨員在羣衆中的領導作用，個別小組裏表現得很弱，因此使這次有些小組討論雖然一般都很認眞熱情，但不少流於文字、技術和枝節問題上的鑽研。由於不善引導和啓發，在原則精神上的認識特別如何在聯系代表本身的思想是不夠的。因此代表眞正心裏話說得還不夠多，所謂意見一致還是有問題

15

的。這不是說黨員的水平低、能力差，而是對統戰工作不熟悉，不善於接觸或不願認眞進行對社會各階層的教育，而採取「就其自然」所以成的，當然個別操之過急干涉太早的現象，過去也曾有的。

3.大會工作的組織準備與技術準備，同樣是必須重視的。這次在編小組的時候，因拘泥於代表性質的分類，沒有照顧到小組成份和骨幹的配備，個別小組缺乏堅强中心思想的樹立；又由於沒有照顧到大會具體工作領導的重要，把所有負責同志，包括秘書處負責同志，都編入了小組，因此妨礙了對全盤情況和具體工作的掌握。

4.吸收參加大會秘書處的黨外人士，有的感到名實不符，有的認爲多此一舉，這仍是値得重視的反映。

1

24

3

南京市第一屆三次各界人民代表會議總結

南京市第一屆各界人民代表會議，於一九五〇年四月十二日開幕，會議共歷五天，至四月十六日閉幕。

此次會議共有代表三四一人，基本上以上屆會議的代表爲主，上次會議中有六十三人因事離寧或工作調動，這次都經各有關單位及團體重新推補，或經協商另行邀請。爲照顧各界代表的比例額，此次會議比上次會議代表額增加的有公營企業代表五人，私營工商界代表五人，職工界五人，教育界二人，市郊士紳三人，青年團則單獨推出代表三人；減少的主要是部隊、機關代表十人，其餘各界酌減一人至二人。

除代表外，另由南京市軍管會及市政府邀請與此次會議討論問題有關的市政府、公安局、區政府以及鄰近六個縣的列席代表共七十三人。

此次會議討論的問題，事先曾個別徵詢各協商委員的意見，於三月二十三日第三次協商委員會討論決定，四月九日的第四次協商委員會會議又對柯慶施副市長擬向此次會議提出的關於今後工作任務的報告內容交換意見，再由柯副市長擬成草案，於會前印發給全體代表，並請各代表向各界羣衆徵詢意見。

此次會議共收到提案一九六件，開會之日均照原文印發，另由市人民政府就第二次會議以來政府工作實施概況，印成小册發給代表參考，會議自開幕式以後就分成廿一小組，進行討論柯副市長的今後工作任務的報告草案及提案，並對政府四月來的工作加以審查，爲使討論更能充分起見，主席團決定延長會議時間一天，並由柯副市長依據代表意見再整理報告，主席團依照各小組意見整理提案，均先後再付大會報告討論。

— 1 —

南京市第一届第三次各界人民代表会议总结（一九五〇年四月）

此次會議共通過決議二：⑴同意柯副市長對於今後工作任務報告的決議。⑵爲保證實現中央人民政府政務院關於統一國家財政經濟工作的決定的決議。通過通電二，⑴關於擁護中蘇友好互助條約及各項協定的通電。⑵擁護華東軍政委員會成立暨饒主席關於華東今後工作任務的報告和各項決議的通電，主席團將全部提案依各小組意見歸併爲七十一案，通過卽辦的三十一案，送有關部門參考研究的二十四案，緩辦的二案，不辦或不予通過的十四案，根據通過卽辦的提議案，組織了⑴慶祝南京解放一週年紀念籌備委員會，另交協商委員會進行籌組。⑵南京市生產建設研究委員會。⑶南京市生產救災委員會。⑷南京市衞生防疫委員會。⑸中國保衞世界和平大會南京分會。

協商委員會中有五人因事離寧及一人職務已經變動，此次會議推補八人，六人爲補原委員缺額，二人爲增加私營工商業界的協商委員會名額。

此次會議的優缺點如下：

一、會議的優點

㈠在此次會議召開之前，曾開過二次協商委員會，將會議內容及形式進行了協商，並由各協商委員分別去徵求意見。開會之前，又將柯副市長的今後工作任務的報告草案，事先印發，開會時先進行討論，然後綜合，這種開會方式，一方面使各代表有充分的時間準備和發表意見，另方面討論也能集中貫徹，柯副市長的今後工作任務的報告，實際就成爲全體代表自己的意見和方案，開會期中，爲使工商界代表對報告能更充分的發表意見和研討起見，曾召開兩次座談會，這也是幫助會議進行的好辦法。

㈡此次會議基本統一了各界代表對克服困難的認識，代表們從各個不同角度來研究報告和提出提案，特別是工商界在當前存有困難的情形之下，思想上是存在某些混亂的，但經過幾次小組會議

—2—

將個人的或局部的看法全部提出來，在討論中反覆把問題弄清楚，每個代表都發言，而且有的發了很多次，使原有不同看法的人，最後溝通了思想，基本上取得了一致的認識。

㈢全部提案都印發給各代表以後，雖然有使各代表在短時間內不能全部研究閱讀的困難，由於此次會議討論的中心問題早經公佈，主要的提案是集中在⑴關於維持與改造生產事業。⑵關於城鄉關係。⑶關於財政稅收。⑷關於生產自救與節約及其他等五項。所以提案的討論能和柯副市長的今後工作任務的報告聯貫起來，互相對照，然後根據各組討論的結果，加以整理，再行印發給小組討論，最後方經大會討論通過，使代表們對每一提案都有慎重的反覆研究的餘地。

㈣這次會議的主席團和秘書處工作上較過去有計劃和有進步，執行主席的小組召集人會報和秘書處記錄員會報，提供了主席團及時瞭解會議進度的全部情況。主席團和執行主席用了很長時間及時來研究整理提案和決議等文件，使會議更順利的推進和勝利的結束。

總之，這次會議是更充分的發揚民主的精神，在民主的基礎上對不同的看法最後獲得基本上一致的認識，這是比第一、二次會議開得更好的收獲。

二、會議的缺點

㈠此次會議是討論克服困難貫徹執行中央人民政府政務院關於統一國家財政經濟工作的決定，貫徹生產自救，維持並改造工商業等問題。爲解決這些問題，對於思想混亂的工商業界應多請他們的代表列席，這樣就可能更有助于此次會議的進行，但事先却沒有考慮到。

㈡小組討論中，還有個別小組對於討論的組織和時間沒有很好地掌握，使個別代表不能更充分的發表他的意見或提出更多的意見來討論，或對已發表的意見討論得不夠充分，雖然這種情形是個別的，但應看做是會議的缺點。

(三)會議的準備工作還不夠，主要表現在：(1)柯副市長的報告草案發出距開會時間只有一天，廣徵羣衆意見或舉行座談會的只有一部份代表做到，因此，事先的醞釀面仍不夠廣大。(2)提案到開會之日才全部收齊，事先沒有規定格式，以致只有意見沒有辦法的或有過長過短的提案，有的一件提案上提出許多問題，又秘書處將提案於第一次印發時在技術上不夠注意到代表閱讀的方便，使討論時感到許多不便，歸併時也費時間。(3)代表們小組討論的場所坐椅過於矮小，長時間的討論使許多年老的代表感到疲倦，這是秘書處招待不週的地方。

根據以上的優缺點，以後的會議就要注意如下的改進：

(一)會前的醞釀工作：(1)將報告草案提早發出。(2)會議要討論的有關總結性的資料，事先應在新華日報上多多發表。(3)協商委員會及代表，要多方面的徵求各界羣衆意見。(4)會前多開座談會，座談會的方式可以由各界自己來召開，也可以由政府分別來召開。這樣使各界羣衆及代表有更多的時間來研究和商討問題，使會議開得更好。

(二)會議要討論和要解決的目標明確以後，提案就會集中，爲討論和整理的方便起見，提案要規定爲一案一事制度，並且要規定一定的格式。

(三)開會的方法：(1)小組討論是會議進行最重要部份，過去基本上以各界系統爲主的編組，和依照各界代表專長和性質酌予分散的辦法是對的，但還可以依照討論問題的性質再作適當的調整。如民主黨派、部隊、機關、專家等都可分散編入各小組裏，又各小組裏如有熟悉問題情况的代表參加或列席，也可以增加討論的內容。(2)以後開會仍可採取此次會議的方式，開會時要將基本精神先提，可以使會議的討論更加集中。

此次會議已經閉幕了，會議的決定是否能夠貫徹的主要關鍵在於傳達。各界代表都要負起責任

5

28

— 5 —

3

來進行傳達工作，最近工商界決定召開代表會議，準備在三、四天時間進行傳達和討論，是很好貫徹會議精神的辦法，我們必須作好傳達的工作。

代表會議閉幕期間，各協商委員要將協商委員會會議情形向其本界代表傳達，同時要加強協商委員會秘書處和各協商委員及代表的聯絡工作，惟有這樣才能使政府的工作經常能和各界羣衆取得更密切的聯系。

一九五〇年四月

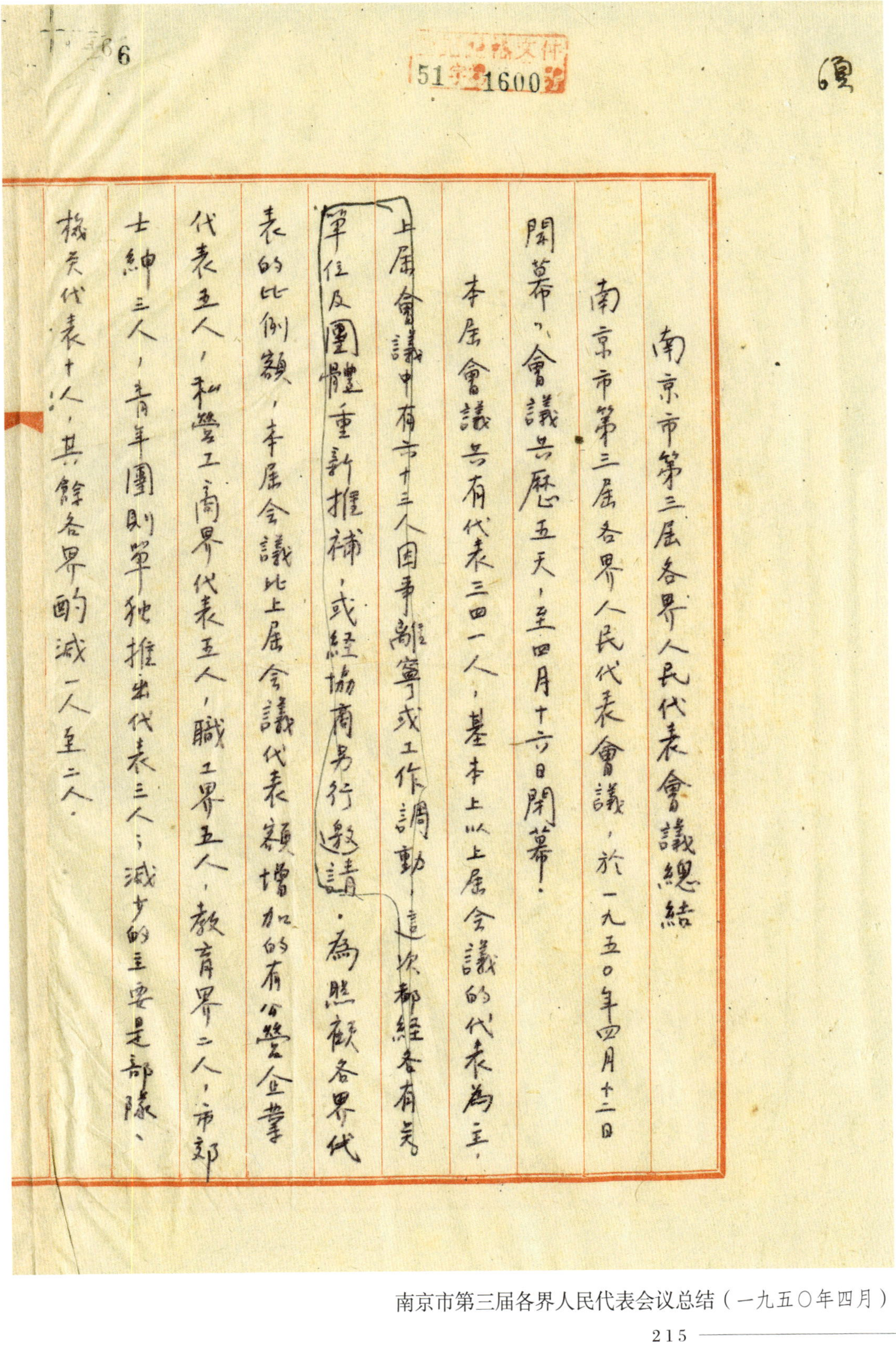

南京市第三屆各界人民代表會議總結

南京市第三屆各界人民代表會議，於一九五〇年四月十二日開幕，會議共歷五天，至四月十六日閉幕。

本屆會議共有代表三四一人，基本上以上屆會議的代表為主，上屆會議中有六十三人因事離寧或工作調動，這次都經各有關單位及團體重新推補，或經協商另行邀請。為照顧各界代表的比例額，本屆會議比上屆會議代表額增加的有公營企業代表五人，私營工商界代表五人，職工界五人，教育界二人，市郊士紳三人，青年團則單独推出代表三人；減少的主要是部隊、機关代表十八人，其餘各界酌減一人至二人。

南京市第三届各界人民代表会议总结（一九五〇年四月）

，除代表外，另由南京市軍管會及市政府邀請與本屆會議討論問題有关的市政府、公安局、區政府以及郊近六個縣的列席代表共七十三人。

本屆會議討論的問題，事先曾個别徵詢各協商委員的意見，於三月廿三日第三次協商委員會討論決定。四月九日的第四次協商委員會會議又對柯慶施副市長擬向本屆會議提出的关於今後工作任务的報告内容交換意見，再由柯副市長擬成草案，於會前印發給全體代表，并請各代表向各界群众徵詢意見。

本屆會議共收到提案一九六件，開會之日均照原文印發

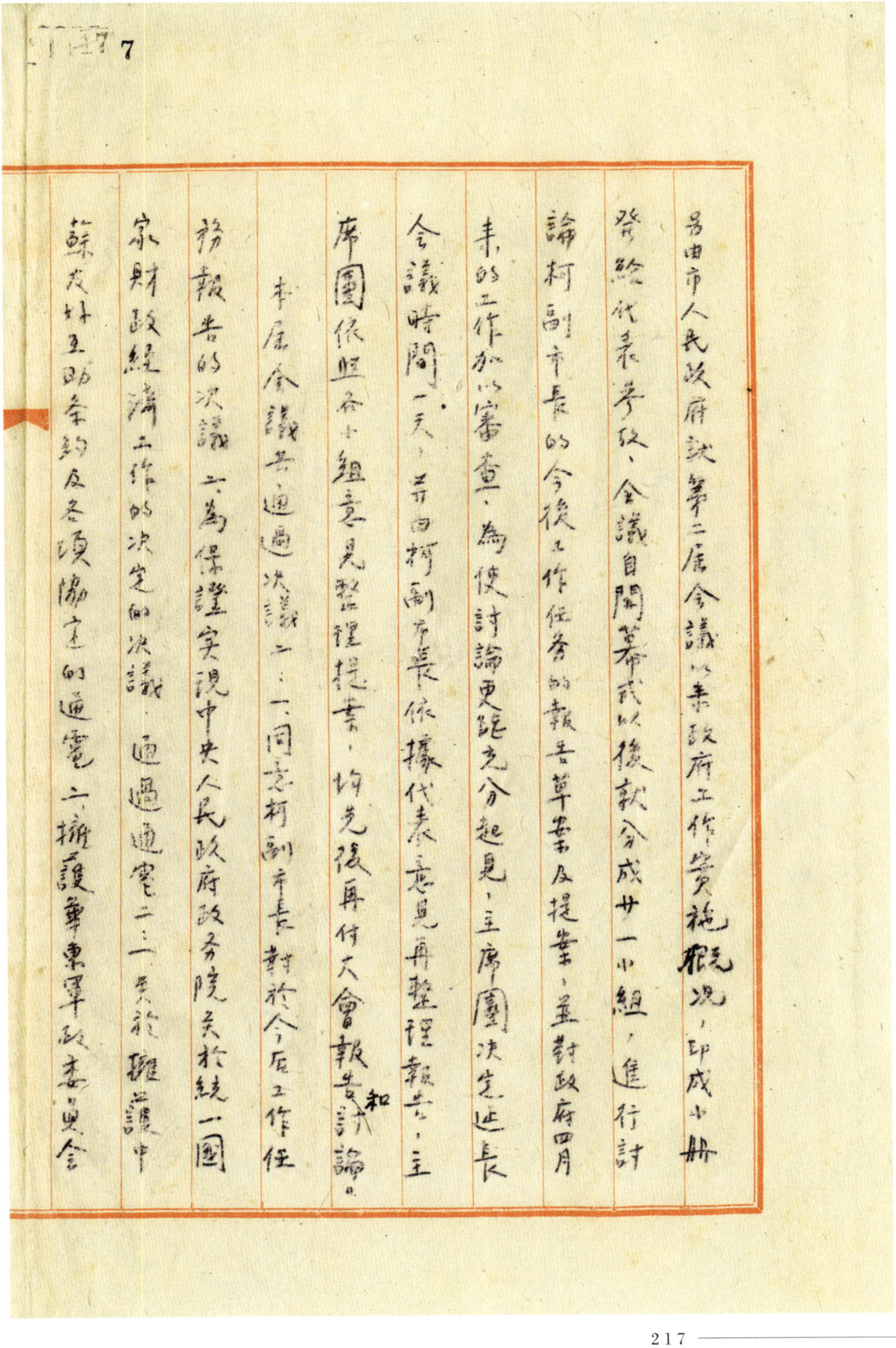

7

並由市人民政府就第二屆會議以來政府工作實施概況，印成小册
發給代表參考。會議自開幕式以後，就分成廿一小組，進行討
論柯副市長的今後工作任務的報告草案及提案，並對政府四月
來的工作加以審查。為使討論更能充分起見，主席團決定延長
會議時間一天，並由柯副市長依據代表意見再整理報告，主
席團依照各小組意見整理提案，均先後再付大會報告和討論。
本屆會議共通過決議二：一、同意柯副市長對於今后工作任
務報告的決議。二、為保證實現中央人民政府政务院关於統一國
家財政經濟工作的決定的決議。通過通電二：一、关於擁護中
蘇友好互助条約及各項協定的通電。二、擁護華東軍政委員會

成立暨一[redacted]閉於華東今後工作任務的報告和各項決議的通電。主席團將全部提案依各小組意見歸併為七十一案，通過即辦的三十一案，送有關部門參考研究的廿四案，緩辦的二案，不辦或不予通過的十四案。根據通過即辦的提議案，組織了一、慶祝南京解放一週年紀念籌備委員會，另交協商委員會進行籌組；二、南京市生產建設研究委員會 三、南京市生產救災委員會 四、南京市衛生防疫委員會 五、中國保衛世界和平大會南京分會。

協商委員會中有五人因事離寧及一人職務已經變動，本屆會議推補八人：六人為補原委員缺額，二人為增加和

8

答工商業界的協商委員各欵。

本屆會議的優缺點如下：

（二）會議的優点

（一）在本屆會議召開之前，曾開過二次協商委員會，將會議內容及形式進行了協商，并由各協商委員分別去徵求意見。開会之前，又將柯副市長的今后工作任务的報告草案，事先印發，開会時先進行討論，然后綜合，這種開会方式，一方面使各代表有充份的時間準備和發表意見，另方面討論也能集中貫澈，柯副市長的今后工作任务的報告，實際就成為全體代表自己的意見和方案。開会期中，為使工商界代表對報告能更充份的發表意見和研討起見，曾召開兩次座談會，這也是幫助會議進行的好辦法。

(二)本屆會議基本統一了各代表對克服困難的認識，代表們從各個不同角度來研究報告和提出提案，特別是工商界在當前存有困難的情形之下，思想上是存有某些混亂的，但經過幾次小組會議，將個人的或局部的看法全部提出來，在討論中反覆把問題弄清楚，每個代表都發言，而且有的發了很多次，使原有不同看法的人，最後溝通了思想，基本上取得了一致的認識。

(三)全部提案都印發給各代表以後，雖然有使各代表在短

9

19

時間內不能全部研究閱讀的困難，由於本屆會議討論的中心問題早經公佈，主要的提案多是集中在：一、關於維持與改造生產事業，二、關於城鄉關係，三、關於財政稅收，四、關於生產自救與節約與其他等五項。所以提案的討論就和副市長的今后工作任務的報告聯貫起來，互相對照，然後根據各組討論的結果，加以整理，再行印發給小組討論，最後方經大會討論通過，使得代表們對每一提案都有慎重的反覆研究的餘地。

（四）這次會議的主席團和秘書處在工作上較過去有計劃和有進步，執行主席的小組召集人會報和秘書處記錄員會報，提供了主席團及時瞭解會議進度的全部情況。主席團和執行主席用了很長時間來研究整理提案和決議等文件，使會議更順利的推進和勝利的結束。

總之，這次會議是更充份的發揚民主的精神，在民主的基礎上對某些不同的看法最後獲得基本上一致的認識，這是比第一、二屆會議開得更好的收穫。

（三）會議的缺點

(1)本屆會議是討論克服困難，貫徹執行中央人民政府有關執行中央人民政府政務院關於統一國家財政經濟工作的決定，貫徹生產自救，維持並改進工商業等問題，為解決這些問題，對於思想混亂的工商業界應多請他們的代表列席，

10

~~30~~

這樣就可能更有助于本屆會議的進行，但事先都沒有考慮到

（二）小組討論中，還有個別小組對於討論的組織和時間沒有很好地掌握，使個別代表不能更充分的發表他的意見或提出更多的意見來討論，或對已發表的意見討論得不够充分，是無這种情形是個別的，但應看做是會議的缺点。

（三）會議的準備工作還不够，主要表現在：一、柯副市長的報告草案發出距開会時期只有一天，廣徵羣众意見或舉行座談的只有一部份代表參加，因此，事先的醖釀面仍不够廣大二、提案到開会之日才全部收齊，事先沒有規定格式，以致有只有意見沒有辦法的或有過長過短的提案，有的一件提

事上提出許多問題，~~并[illegible]類~~，又秘書處將提案於第一次印發時在技術上不能注意到代表閱讀的方便，使討論時感到許多不便，歸併時也費時間。三、代表們小組討論的場所坐椅過於矮小，長時間的討論使許多年老代表感到疲倦，這是秘書處招待不週的地方。

根據以上的優缺點，以後的會議就要注意如下的改進：

一、會前的醞釀工作（一）將報告草案提早發出（二）會議要討論的有關總結性的資料，事先應在新華日報上多多發表（三）協商委員會及代表，要多方面的徵求各界群眾意見（四）會前多開座談會，座談會的方式可以由各界自己來召開，也可以由政府分別來召開。這樣使各界群眾及代表有更多的時間來研究和商討問題，使會議開得更好。

二、會議要討論和要解決的目標明確以后，提案就會集中。為討論和整理的方便起見，提案要規定為一案一事制度，并且要規定一定的格式。

三、開會的方法(一)小組討論是會議進行最重要部份，過去基本上以各界系統為主的編組，和依照各界代表專長和性質的分散的辦法是對的，但還可以依照各界代表討論問題的性質再作適當的調整。如民主黨派、部隊機關、專家等都可分散編入各小組裡，又各小組裡如有熟悉問題情況的代表參加或列席，也可以增加討論的內容（二）以后開會仍可择取本屆會議的方式，開會時要將基本精神先提，可以使會議的討論更加集中。

本屆會議已經開幕了，會議的決定是否能夠貫澈的主要关鍵在於傳達。各界代表都要負起責任来進行傳達工作。最近工商界決定召開代表會議，準備在三四天時間進行傳達和討論，是很好貫澈會議精神的辦法，我們必需作好傳達的工作。代表會議閉幕期間，各協商委員要將協商委員会會議情形向其本界代表傳達，同時要加強協商委員會秘書處和各協商委員及代表的联絡工作，惟有這樣才能使政府的工作經常能和各界群衆取得更密切的联繫。（完）

南京市區各界人民代表會議組織通則（草案）

第一條 區各界人民代表會議，由區人民政府召開之。

第二條 區各界人民代表會議的代表名額，依各區人口多寡而定，十萬人口以下者以不超過一百名，十萬人口以上者以不超過一百五十名為原則。

第三條 凡反對帝國主義、封建主義、官僚資本主義贊成中國人民政治協商會議共同綱領，年滿十八歲之人民，除患精神病及被褫奪公權者外，不分民族、階級、性別、信仰，均得當選為其所在區各界人民代表會議的代表。

第四條 區各界人民代表會議代表的產生及名額的分配，由區人民政府邀集各該區內的各機關部隊和人民團體等代表組成區各界人民代表會議籌備委員會或由區協商委員會商定，經市人民政府批准之。

區人民政府的代表，由正副區長、公安分局局長、稅務分局局長及區人民政府各科科長等充任之。

區內各人民團體、各機關、各學校、駐軍的代表，由各該團體、機關、學校、駐軍自行選派之。不屬於上列組織的居民代表以每一公安派出所轄境為單位，由居民協商或推選之。

其他方面的代表由區人民政府邀請之。

市各界人民代表會議的代表，得分別列席其所在區的區各界人民代表會議。

第五條 區各界人民代表會議的代表暫定為一年改選一次，連選得連任，但原產生單位與區協商委員會商定，得更換其代表。

第六條 區各界人民代表會議是區人民政府傳達政策聯系羣衆的協議機關，其職權如左：

㈠聽取區人民政府的工作報告並進行討論提出批評與建議；

㈡向區人民政府反映人民的意見和要求；

㈢向人民傳達並解釋區各界人民代表會議的決議案，并協助區人民政府動員人民推行之。

南京市区各界人民代表会议组织通则（草案）（一九五〇年十月二十六日）

第七條　區各界人民代表會議，經市人民政府批准，得代行區人民代表大會的如下職權：
㈠聽取與審查區人民政府的工作報告；
㈡建議與決議有關各該區的市政興革事宜；
㈢選舉區人民政府區長、副區長、委員、組成區人民政府委員會；
㈣向人民傳達解釋區各界人民代表會議的決議案，并協助區人民政府動員人民推行各項工作。

第八條　區各界人民代表會議的決議，有與上級人民政府的政策法令抵觸時，上級人民政府得廢除、修改或停止其執行。

第九條　區各界人民代表會議，設主席團由大會選舉主席十一人至十五人組成之，負責主持會議的進行，必要時得酌設工作人員，協助主席處理會議日常事務。
區各界人民代表會議休會期間，主席團即成爲區各界人民代表會議協商委員會，除互選主席一人副主席二人外，其餘均爲委員。
區各界人民代表會議協商委員會的職權如左：
㈠協助區人民政府實行區各界人民代表會議的決議；
㈡協助並提出對區人民政府的建議；
㈢協助區人民政府動員人民鞏固革命秩序，鎮壓反革命並參加各項建設工作；
㈣負責進行下屆各界人民代表會議的準備工作；
㈤負責進行本區民主統一戰線工作。

第十條　區各界人民代表會議每三月召開一次，每次會議均應有一二個中心議題，且必須報告並審查上次會議決議的執行情形，爲便於解決問題，區人民政府與區協商委員會，可根據情況需要，延期或提前舉行之。

第十一條　本通則經南京市各界人民代表會議通過後，由南京市人民政府公佈實行。

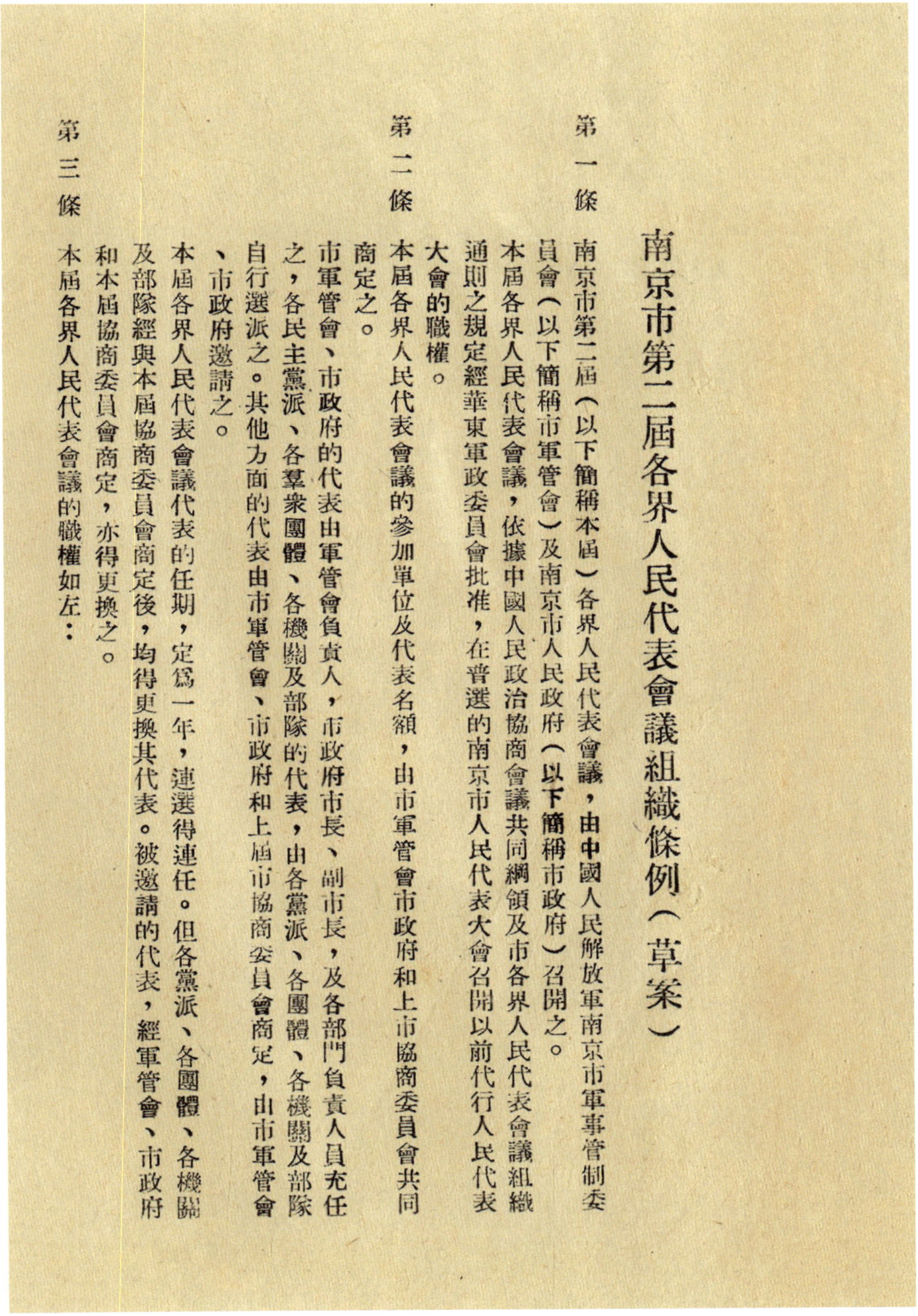
南京市第二屆各界人民代表會議組織條例（草案）

第一條 南京市第二屆（以下簡稱本屆）各界人民代表會議，由中國人民解放軍南京市軍事管制委員會（以下簡稱市軍管會）及南京市人民政府（以下簡稱市政府）召開之。本屆各界人民代表會議，依據中國人民政治協商會議共同綱領及市各界人民代表會議組織通則之規定經華東軍政委員會批准，在普選的南京市人民代表大會召開以前代行人民代表大會的職權。

第二條 本屆各界人民代表會議的參加單位及代表名額，由市軍管會市政府和上市協商委員會共同商定之。市軍管會、市政府的代表由軍管會負責人，市政府市長、副市長，及各部門負責人員充任之，各民主黨派、各羣衆團體、各機關及部隊的代表，由各黨派、各團體、各機關及部隊自行選派之。其他方面的代表由市軍管會、市政府和上屆市協商委員會商定，由市軍管會、市政府邀請之。本屆各界人民代表會議代表的任期，定爲一年，連選得連任。但各黨派、各團體、各機關及部隊經與本屆協商委員會商定後，均得更換其代表。被邀請的代表，經軍管會、市政府和本屆協商委員會商定，亦得更換之。

第三條 本屆各界人民代表會議的職權如左：

南京市第二届各界人民代表会议组织条例（草案）（一九五〇年十月二十六日）

①決定本市的施政方針和政策；
②審查與通過市政府的預決算；
③聽取與審査市政府的工作報告；
④建議與決議有關市政設施事宜；
⑤選舉市長、副市長、市人民政府委員，組成南京市人民政府委員會。

第四條　本屆各界人民代表會議設主席團，由大會推選主席若干人組成之。主席團互推執行主席若干人，負責主持主席團會議及大會工作。

本屆各界人民代表會議設秘書長一人，副秘書長若干人，由主席團提請大會通過之。在秘書長及副秘書長之下，設秘書處，處理日常事務。

第五條　本屆各界人民代表會議得設提案審査委員會及其他委員會。

本屆各界人民代表會議休會期間，設各界人民代表會議協商委員會（以下簡稱市協商委員會）由本屆各界人民代表會議選舉主席一人，副主席若干人及委員若干人組成，其組織條例另訂之。

第六條　本屆各界人民代表會議，每三月召開一次，其召集日期由市協商委員會決定之。但經市政府委員會或各界人民代表會議三分之一代表之提議，或市協商委員會認爲需要時得提前或延期召集之。

第七條　本組織條例經南京市本屆第一次各界人民代表會議通過後實施之。

組織單位	代表会
年　　代	1950
類　　別	二届一次
歸檔號	11
檔案編號	

南京市第二屆各界人民代表會議議事規則（草案）

第一條　本規則依據南京市第二屆各界人民代表會議組織條例第三條及第四條之規定制定之。

第二條　本屆各界人民代表會議主席團互推執行主席五人，主持會議事務之進行。

第三條　本屆各界人民代表會議須有全體代表總額二分之一以上出席始可宣佈開會，須出席代表二分之一以上的贊成，始得成立決議。贊成與反對同數時取決於執行主席。

第四條　凡出席本屆各界人民代表會議之代表均有表決權。表決方式由主席團決定之。

第五條　本屆各界人民代表會議議事日程，由主席團提請大會通過之。主席團認爲必要時，得斟酌情形變更議事日程，並向大會報告。

第六條　本屆各界人民代表會議設提案審查委員會，由大會推選代表若干人組織之。

第七條　本屆各界人民代表會議提案，除由中國人民解放軍南京市軍事管制委員會，南京市人民政府及上次市協商委員會提出者外，凡經代表署名者均可提出。同時歡迎各界人民提出建議或批評，提供會議參攷。

第八條　本屆各界人民代表會議，代表提交會議之提案，於會議第一日截止。

第九條　代表發言應先報明其席次號數，經執行主席同意後起立發言。如有二人以上同時要求發言時，由執行主席指定其發言次序。

第十條　大會發言，以小組爲單位推定代表發言人一人發言，一次不得超過十分鐘，補充發言以五分鐘爲限，以不超過兩次爲原則。到時按鈴爲號，應即停止發言。其有需要延長發言時間者，經執行主席之許可得延長之。

第十一條　臨時動議事項，須有代表二十人以上之附議，始得提交大會討論。

第十二條　本屆各界人民代表會議之一切文件與新聞，由大會祕書處統一發佈。

第十三條　本規則經本屆各界人民代表會議主席團提請大會通過後施行。

南京市第二届各界人民代表会议议事规则（草案）（一九五〇年十月二十六日）

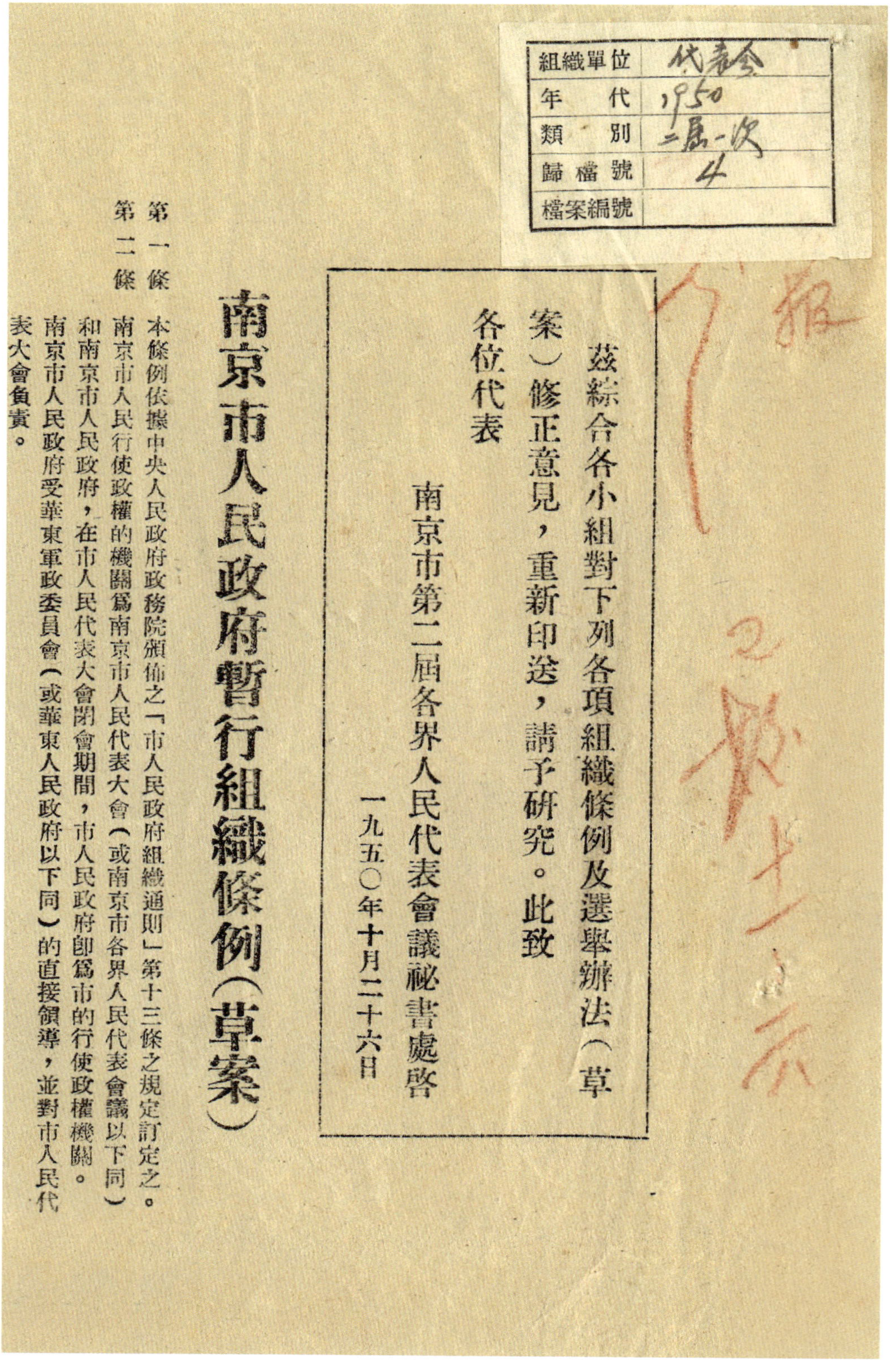

組織單位	代表会
年代	1950
類別	二届一次
歸檔號	4
檔案編號	

茲綜合各小組對下列各項組織條例及選舉辦法（草案）修正意見，重新印送，請予研究。此致

各位代表

南京市第二屆各界人民代表會議祕書處啓

一九五〇年十月二十六日

南京市人民政府暫行組織條例（草案）

第一條　本條例依據中央人民政府政務院頒佈之「市人民政府組織通則」第十三條之規定訂定之。

第二條　南京市人民行使政權的機關爲南京市人民代表大會（或南京市各界人民代表會議以下同）和南京市人民政府，在市人民代表大會閉會期間，市人民政府卽爲市的行使政權機關。

南京市人民政府受華東軍政委員會（或華東人民政府以下同）的直接領導，並對市人民代表大會負責。

南京市人民政府暂行组织条例（草案）（一九五〇年十月二十六日）

第三條 南京市人民政府委員會，由南京市人民代表大會選舉市長一人，副市長一至二人，及委員十七人至二十一人組成之，並根據中央人民政府政務院關於任免工作人員的暫行辦法，層報政務院批准任命。

人民代表大會未召開前可由各界人民代表會議行使前項選舉權。在選舉舉行以前，市長、副市長、及委員由華東軍政委員會提請中央任命。

第四條 南京市人民政府委員會委員的任期爲一年，連選得連任。

第五條 南京市人民政府委員會在華東軍政委員會直接領導之下行使左列職權：

①執行上級人民政府的決議和命令；

②實施本市人民代表大會通過並經上級人民政府批准的決議案；

③擬定與市政有關的暫行法令條例，報請上級人民政府批准施行；

④遵照中央人民政府政務院關於任免工作人員的暫行辦法，凡屬各局、處、會之主要行政人員，經市人民政府委員會議通過後，提請華東軍政委員會批准或轉請中央批准任免之、凡屬各局、處、會之科長一級或相當科長一級之行政人員，經政府委員會議通過後逕行任命之，並報華東軍政委員會備案；

⑤在國家概算或預算規定範圍內，編製本市概算或預算和決算，提經市人民代表大會審查通過後，報請華東軍政委員會核准施行；

⑥統一領導和檢查本市人民政府各部門的工作。

第六條 市長主持市人民政府委員會會議，並領導市人民政府委員會的工作。副市長協助市長執行職務。

第七條 南京市人民政府委員會設左列各機構：

①南京市人民監察委員會；

②財政經濟委員會；

③文化教育委員會；

④民政、公安、財政、建設、文教、衛生、勞動、工業、商業、房地產管理、稅務、合作管理等局，及郊區行政辦事處、新聞出版處；

⑤南京市人民法院；

⑥南京市人民檢察署。

第八條　南京市人民政府委員會設祕書長一人，承市長之命主持日常事務，設副祕書長一人至二人，協助祕書長工作。在祕書長領導下設辦公廳、人事處。辦公廳下設祕書處、行政處、調查研究室、機要室、交際處。

第九條　南京市人民政府委員會所屬會設主任，局設局長，處設處長，辦公廳設主任，以上各職必要時得設副職。

南京市人民法院設院長，南京市人民檢察署設檢察長，均得設副職。

第十條　南京市人民政府各工作部門之具體編制，由市人民政府委員會擬定，報請華東軍政委員會核准，其增減合併時亦同。

第十一條　南京市人民政府委員會全體委員會議，每月舉行一次由市長召集之。市長根據需要，或三分之一以上委員之提議，亦得提前或延期召集之。全體委員會議，需有委員過半數的出席始得開會，須有出席委員過半數的同意，始得通過決議。

第十二條　南京市人民政府行政會議每週舉行一次，由市長召集之，副市長、祕書長、副祕書長及各會、局、處、院、署、廳等機構的首長出席，其他必要人員列席。

第十三條　南京市人民政府於軍事管制時期，在鞏固革命秩序，鎮壓反革命活動等方面，須與本市軍事管制委員會採取統一步驟。

第十四條　南京市人民政府辦事通則，各種會議規則，及各部門工作細則由南京市人民政府委員會自訂之。

第十五條　本條例經華東軍政委員會核轉中央人民政府政務院核准施行，修正時同。

南京市人民政府正副市長及委員會委員選舉辦法（草案）

、

（一）南京市人民政府委員會之選舉，依南京市人民政府組織條例第三條之規定辦理之。

（二）凡出席南京市第二屆各界人民代表會議全體會議之正式代表，均有選舉權和被選舉權。

（三）市長副市長及委員候選名單，依下列程序提出：

①各小組進行醞釀提出市長副市長委員候選名單，交由主席團整理，主席團彙綜整理後，再發各小組。

②各小組根據主席團彙綜整理之初步名單，充分醞釀，交換意見之後，將商定之名單，向主席團彙報。

③最後由主席團商定，按法定名額向大會統一提出候選名單。

（四）市長副市長及委員之選舉，採用無記名聯記投票方式。

（五）選舉事務，由主席團就代表中提出五十人，提經大會同意後，在執行主席領導下負責辦理監票、發票、檢票、唱票、記票等選舉事宜。

（六）選舉開始之前，所有列席、旁聽、來賓及警衛勤雜人員，即應一律退出會場。

（七）發票：

①由發票員檢查出席之正式代表人數，報由執行主席向大會報告。

②由執行主席當衆檢查票箱，并加封。

③發票員將選票發給各代表每人一票。

（八）寫票：

①執行主席宣佈開始選舉後，代表各在原位寫票。

南京市人民政府正副市长及委员会委员选举办法（草案）（一九五〇年十月二十六日）

②代表只准使用大會所發編號蓋印之選票，否則無效。

③寫票一律用毛筆或鋼筆。

④如同意選票上之候選人，即在被選人姓名之正上方劃個圓圈（○）。

⑤如不同意某候選人，可不劃圈；同時如欲在候選名單之外另選他人，可在不同意候選人姓名之下空白處，另塡姓名，并在其姓名正上方劃圓圈。

⑥所選人數超過法定名額者，全票作廢；不足者仍屬有效。

⑦選票不符第一至第六各項之規定者作廢。

（九）投票：代表將選票寫妥後，應親自投入票箱，投票後，仍回原位。

（十）開票：

①執行主席於投票完畢後，會同監票員將票箱啓封，核計選票張數。

②監票員會同唱票員、記票員，依次辦理唱票、記票及統計事宜。

③在市長副市長及委員法定名額之內，將過半數之票數各按得票多寡依次計算，以得票較多者爲當選人；最後一名如有二人以上得票相同，超過應當選數者，則只就票數相同者，再經大會以無記名單記式投票法重選之。

（十一）宣佈結果：

①監票員將開票後之應投、實投、棄權票數、廢票數，候選人各得票數，及確定當選人之名次；分別彙報執行主席。

②執行主席向大會宣佈選舉結果。

（十二）本辦法經大會通過後施行之。

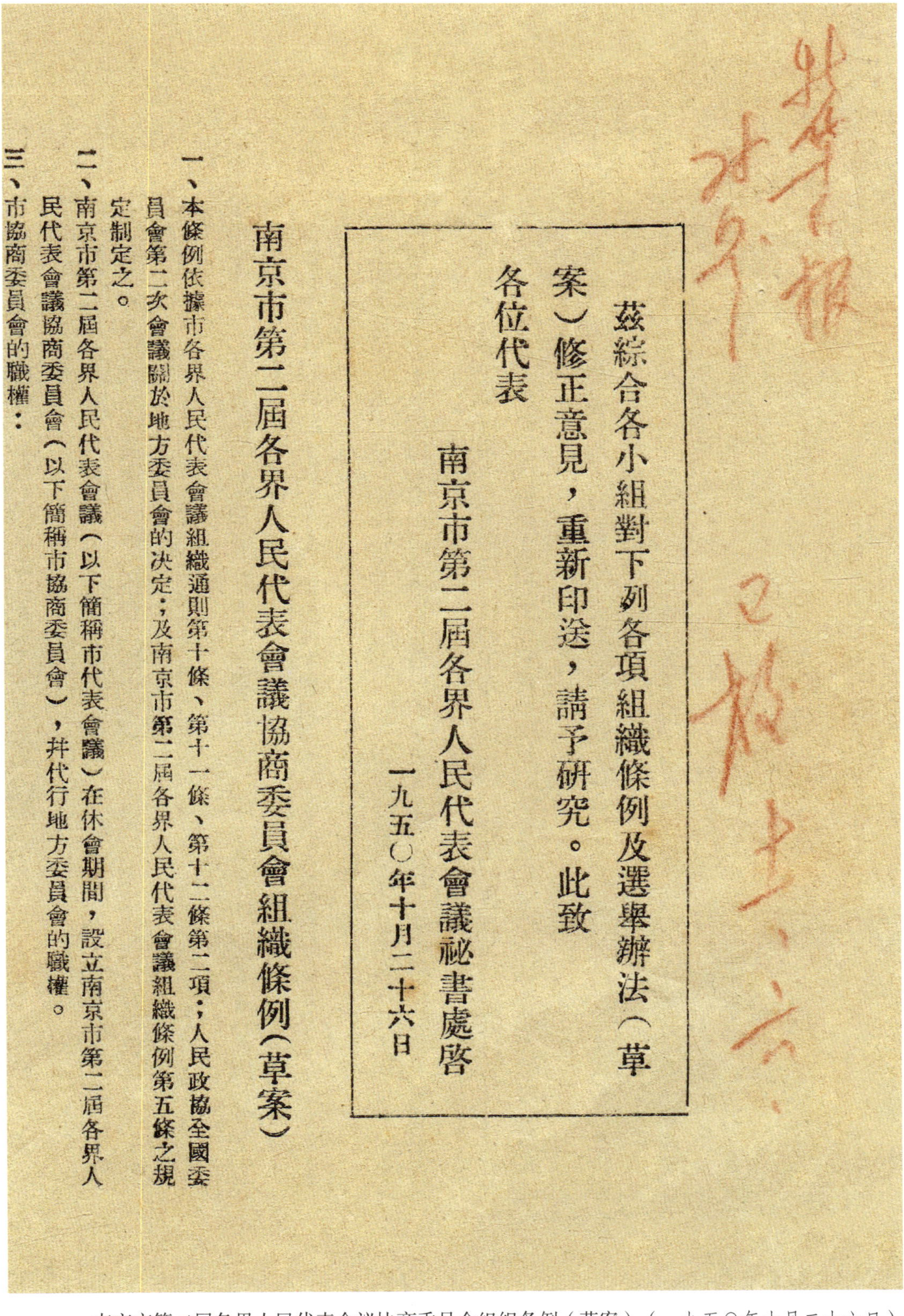
茲綜合各小組對下列各項組織條例及選舉辦法（草案）修正意見，重新印送，請予研究。此致

各位代表

南京市第二屆各界人民代表會議祕書處啓

一九五〇年十月二十六日

南京市第二屆各界人民代表會議協商委員會組織條例（草案）

一、本條例依據市各界人民代表會議組織通則第十條、第十一條、第十二條第二項；人民政協全國委員會第二次會議關於地方委員會的決定；及南京市第二屆各界人民代表會議組織條例第五條之規定制定之。

二、南京市第二屆各界人民代表會議（以下簡稱市代表會議）在休會期間，設立南京市第二屆各界人民代表會議協商委員會（以下簡稱市協商委員會），并代行地方委員會的職權。

三、市協商委員會的職權：

南京市第二届各界人民代表会议协商委员会组织条例（草案）（一九五〇年十月二十六日）

①協助南京市人民政府實行南京市各界人民代表會議的決議；
②協商並提出對南京市人民政府的建議；
③協助南京市人民政府動員人民支援前綫，鞏固革命秩序，鎮壓反革命，並參加市政建設工作；
④負責進行本市代表會議各次會議的準備工作，並進行下屆各界人民代表會議的準備工作；
⑤負責進行本市民主統一戰線工作。

四、市協商委員會的組織：
①市協商委員會，由南京市本屆各界人民代表會議選舉主席一人，副主席若干人及委員共五十五人組織之，任期一年，連選得連任。主席負責召集并主持會議，副主席協助主席執行職務。
②市協商委員會設常務委員十一人，除主席、副主席、祕書長外，其餘由全體委員會互選產生之。
③市協商委員會之下，依照需要得設立各種委員會，市協商委員會委員及各界代表均可參加各委員會工作，各委員會由協商委員會推定主任一人，負責主持工作，必要時得設副主任若干人協助之。
④市協商委員會設祕書長一人，副祕書長若干人，由主席就委員中提名並請市協商委員會通過担任之。祕書長下設祕書、聯絡、調查研究三科，科長副科長及其工作人員，其人選由祕書長提請主席聘任之。

五、市協商委員會全體會議每月召開一次，必要時由常務委員會決定或由三分之一以上委員之提議得提前或延期召開之。常務委員會得由主席認為需要時召開之。

六、本條例經南京市第二屆第一次各界人民代表會議通過後實施、並呈報人民政協全國委員會及華東軍政委員會備案，修改時同。

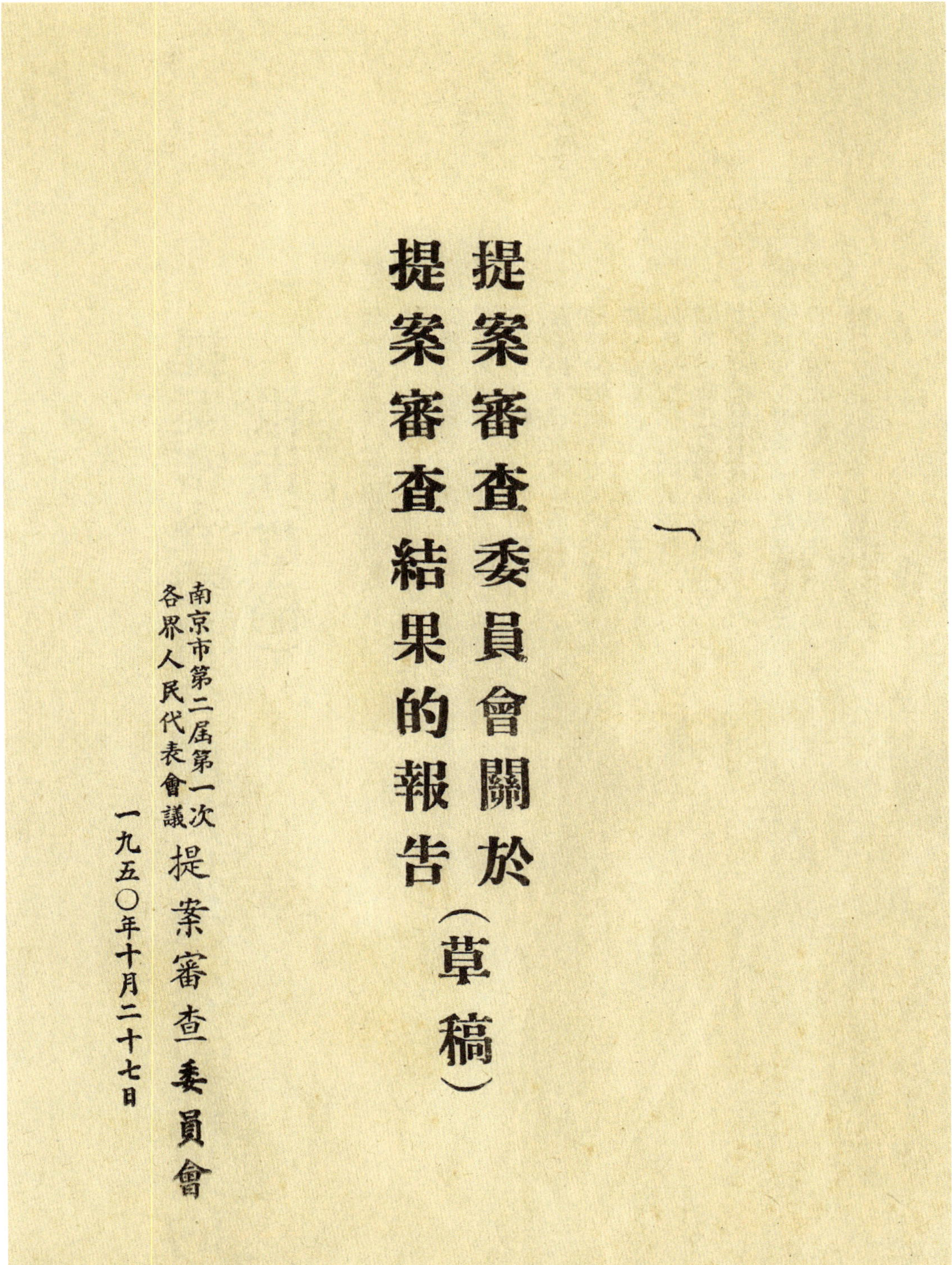
一

提案審查委員會關於
提案審查結果的報告
（草稿）

南京市第二屆第一次
各界人民代表會議提案審查委員會
一九五〇年十月二十七日

南京市第二届第一次各界人民代表会议提案审查委员会关于提案审查结果的报告（草稿）
（一九五〇年十月二十七日）

提案審查委員會關於提案審查結果的報告（草稿）

1

此次代表會議共收到提案共347件
關於維持改造工商業方面的共43件
關於生產自救，疏散人口，救濟失業方面的共42件
關於鞏固社會治安方面的共42件
關於文化教育方面的共70件
關於民主建政方面的5件
關於財政稅收方面的共43件
關於農業生產方面的共5件
關於衛生保健的共53件
關於市政建設的共46件
其他的共23件

此次會議共收到建議和意見共280件
關於市政建設方面39件
關於文化教育方面37件

2

關於財政稅收方面26件
關於工商管理方面44件
關於生產救災方面28件
關於衛生保健方面31件
關於社會治安方面20件
關於交通管理方面14件
關於幹部作風方面16件
其他方面23件

尚有個別提案及建議因提交逾期，未及列入。

提案審查委員會於二十四日上午開第一次會議，商討審查辦法並將上列提案依其性質併成：(一)財經(二)政法(三)文教(四)市政建設、衛生保健及其他等，分成四個審查小組，先行分別整理，提供初步審查意見。爲使整理工作更順利的進行，每一審查小組可商得審查委員會的同意，邀請與各該組有關的代表參加審查工作。當晚召開第二次會議，交換具體整理意見。經過二十五日一天整理，於當晚召開第三次審委會，聽取各審查組工作彙報，決定統一的整理辦法，並決定各組所提供審查意見必先經過各該審查小組共同通過，做出這一小組的部分報告，以便匯總，經全體委員討論通過後提交主席團，審查通過後再向大會報告。

這次提案較過去每次都多，大會無法逐一討論，審委會爲表示充分負責的態度，所以極慎重的將所有提案反覆研討，作爲最後審查意見，特提出如下報告，請予決定。

這次提案的內容經審查後綜合如下：

㈠財經類共計五十六案：

有關維持改造工商業者較多，計43件，主要包括：(一)改善經營，面向農村，促進城鄉物資交流。(二)加强工商業的指導與管理逐漸克服盲目性，健全工商組織，加强政策學習。(三)繼續調整公私關係，加强公營經濟的領導，協助私營進行改造。(四)貫徹執行工會法，繼續改善勞資關係，普遍推行勞資協商會議工作。(五)整理及發展合作事業。

第二，關於財政稅收的共十三件。包括：(一)繼續征收營業稅附加，(二)催繳欠稅及折實公債尾欠，(三)改進稅收工作。

㊁政法類共計九十三案。主要內容包括：(一)進一步鞏固人民民主專政，加强民主建政工作，堅決鎮壓反革命。(二)冬防冬賑工作。(三)繼續貫徹生產救災工作。(四)優軍優屬及復員工作。(五)整理交通，維持秩序等。

㊂文教類共計七十二件，主要包括：(一)繼續開展工農補習教育，擴大社會文化教育及科學普及工作，(二)推進維持改造學校工作並逐步解決失學問題，(三)逐步舉辦託兒所幼稚園等。

㊃市政建設、公共衛生及其他等共一二七案，主要包括：(一)整修街道，裝設路燈，(二)疏濬河流，養護堤岸，(三)加强醫療建設、衛生教育及防疫保健工作，(四)改進環境衛生，(五)注意婦嬰衛生，貧病醫藥救濟，(六)通電及其他等卄案。

我們對於以上提案經過反覆研究後，作如下處理：

(一)各方所提案件凡屬當前急需而切實可行者，將他們整理歸併成若干綜合提案。這些提案主要是根據全體代表所同意了的柯市長的工作報告中所指出的今後工作方針及要點，吸收有關提案中所建議的辦法，使之更加具體，以便於逐步實施。

(二)所有提案我們除已編印成冊，分兩輯印發，供大家研究外，每案我們都曾逐條討論，提出處理的意見，編列成一種表格，詳加說明，發給各位。對於各案及其辦法的處理意見共分六種：1.凡屬當前急需而又切實可行應交由市人民政府委員會計劃辦理者爲即辦類。2.凡客觀上有此需要，但因涉及現有力量與條件，需根據具體情况，作進一步研究決定的交由市人民政府委員會會同協商委員會研究後，斟酌輕重緩急有步驟的予以辦理者爲酌辦類。3.凡問題比較複雜，或因牽涉較廣，非政府可以單獨處理者，需要交協商委員會處理者爲協商處理類。4.凡應向中央或華東軍政委員會建議或請示的交由市人民政府提請中央或華東軍政委員會考慮決定者爲請示類。5.凡政府已在辦理而可提交市人民政府在工作進行中研究參考者爲參考類。7.凡暫時還無法或無力辦理或不宜辦理，暫予保留供將來政府設施的參考者，爲保留類。

（三）這次對於意見和建議的提出，各界都很踴躍，這充分表示各界人民重視這個各界人民自已的代表會議，希望經過會議，將他們的意見轉達政府。建議和意見主要的是關於生產救災，貧病醫療救濟，市政建設及工商界小行小戶及攤販的意見，這些建議的內容一部份都已包括在提案之中，可由提案的解决而隨之解决；一部份政府現正辦理之中，應吸收這些意見繼續貫徹實施；一部份建議用意很好，但限於各種條件，目前不能立即實現的。我們決定將所有意見和建議，不論大小，都加以整理，分付政府有關部門仔細研究，切實負責將處理意見逐項向建議者作具體的答覆。

以上是提案審查委員會對此次提案和建議的處理意見，如得各位代表的同意，我們建議代表會議責成即將產生的市人民政府委員會與本屆協商委員會商並督促各所屬部門，按照上述辦法，切實負責處理。其中重要者應於下次會議時報告辦理經過及結果。

我們對於此次提案審查工作，因經驗不足，限於時間，處理過程中不免有疏漏失當之處，希望大家提供意見，以便以後改進。

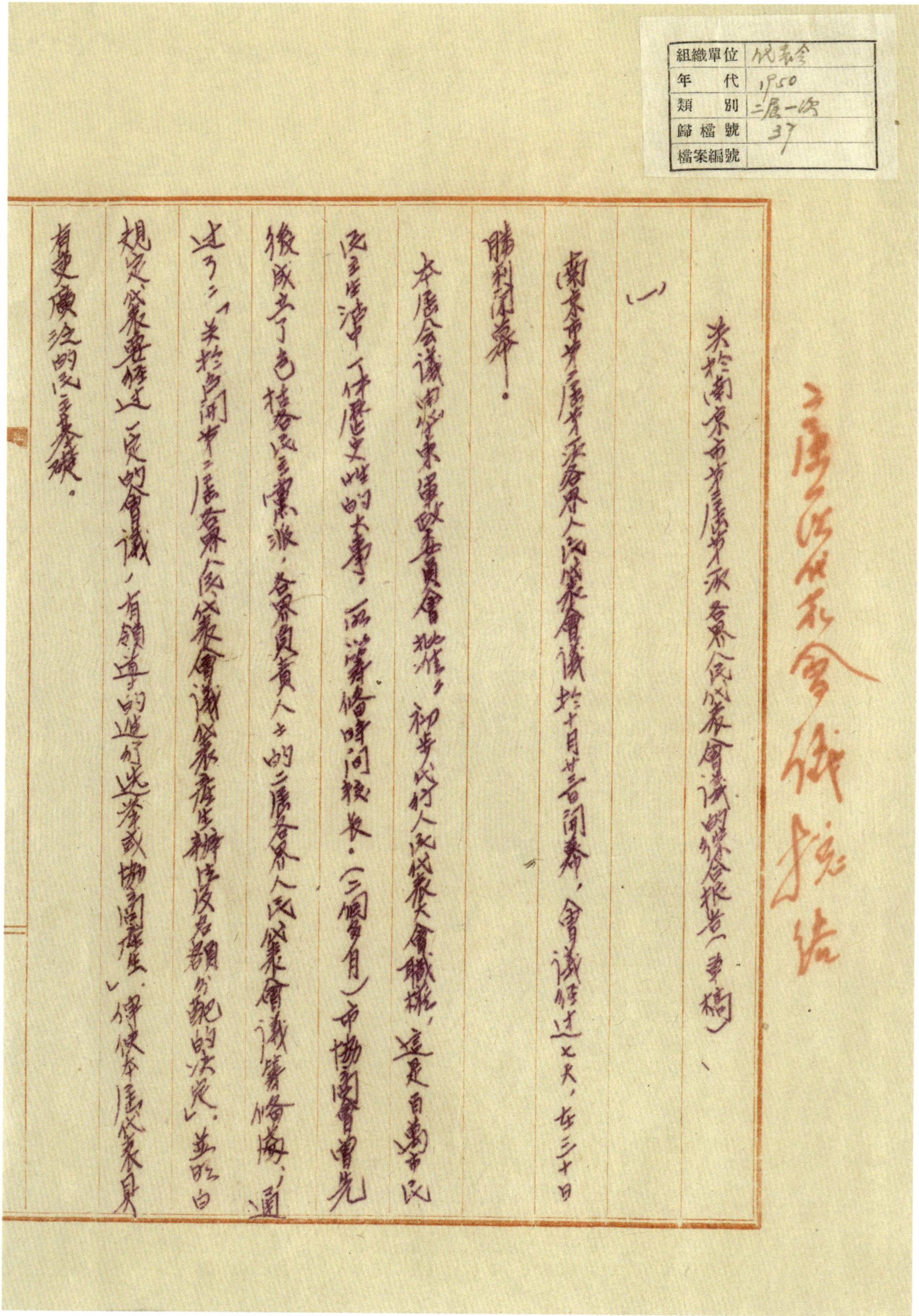

組織單位	代表会
年　代	1950
類　別	二届一次
歸檔號	37
檔案編號	

二届一次代表會議總結

关於南京市第二届第一次各界人民代表會議的综合报告（草稿）

（一）

南京市第二届第一次各界人民代表會議於十月廿三日開幕，會議經过七天，在三十日勝利閉幕。

本届会議由市軍事管制委員會批准，初步代行人民代表大會職權，這是南京市民民主生活中一件歷史性的大事，因籌備時间較長（三個多月）市协商會曾先後成立了包括各民主黨派、各界負責人士的二届各界人民代表會議籌備會，通过了「关於召開第二届各界人民代表會議代表產生辦法及名額分配的决定」，並明白規定代表要經过一定的會議，有領導的進行選举或协商產生，俾使本届代表具有更廣泛的民主基礎。

关于南京市第二届第一次各界人民代表会议的综合报告（草稿）（一九五〇年十月三十日）

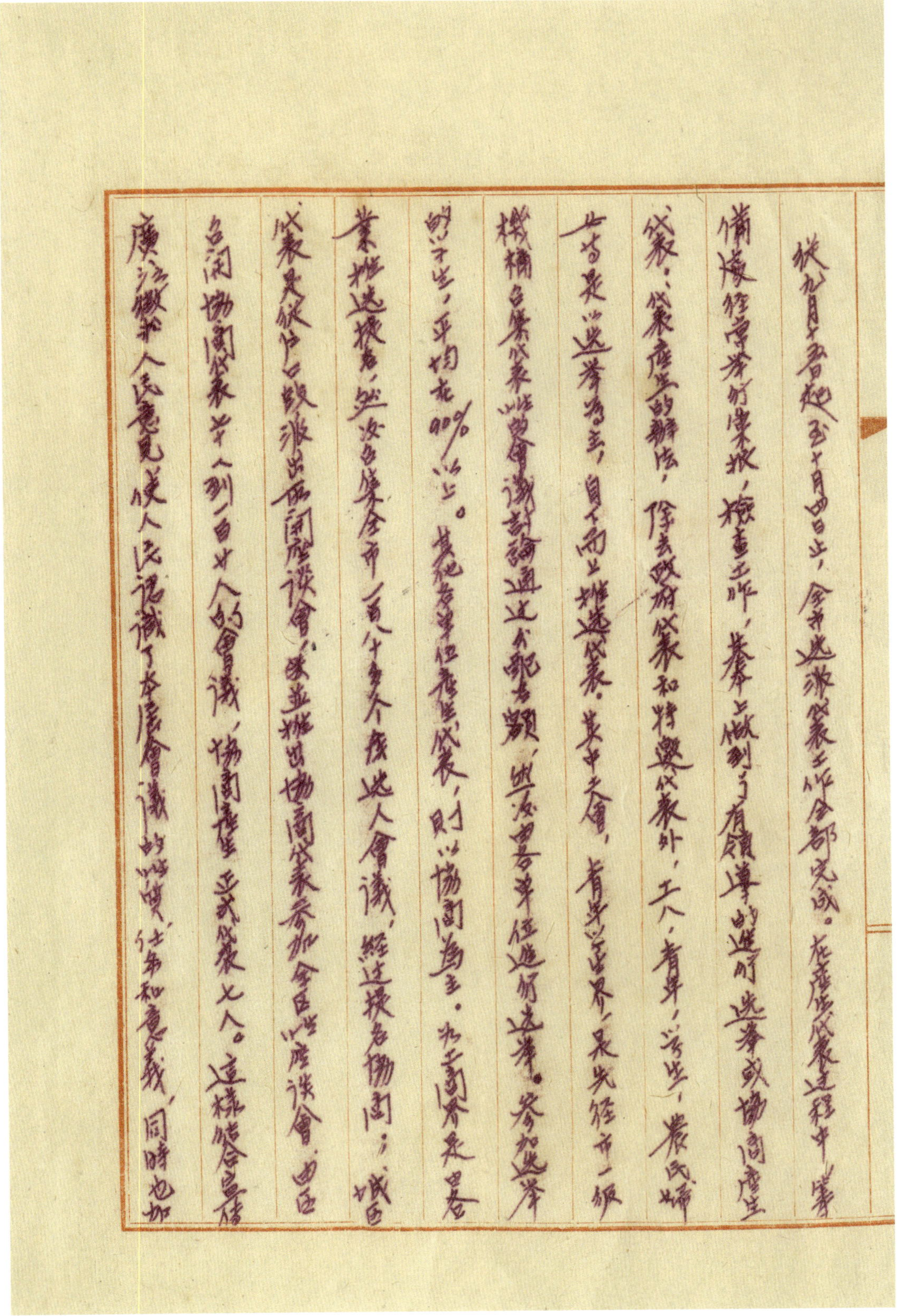
從九月廿五日起至十月四日止，全市選派代表工作全部完成。在產生代表過程中，籌備機構經常舉行彙報，檢查工作，基本上做到了有領導的進行選舉或協商產生代表。代表產生的辦法，除去政府代表和特邀代表外，工人、青年、學生、農民、婦女等是以選舉為主，自下而上地選代表。其中工會，青年學生界，是先經市一級機構召集代表性的會議討論通過分配名額，然後由各單位進行選舉。參加選舉的學生，平均在90%以上。其他各單位產生代表，則以協商為主。如工商界是由各業推選提名，然後召集全市一百八十多個候選人會議，經過提名協商；城區代表是依戶口數派出協商座談會，然後推出協商代表參加全區座談會。由區召開協商代表廿人到一百廿人的會議，協商產生正式代表七人。這樣結合各種廣泛徵求人民意見，使人民認識了本屆會議的性質、任務和意義，同時也加

13

强人民团体的代表的联系，所以一般市民均有较好的反映，认为："在过去国民党时做梦也没有想到这样，现在选代表还是和我们商量。"并说："现在真正民主了，选举市长，我们老百姓都有权利"，有不少人提出意见要代表带到会议上去，对代表的选派一般的都很认真，第六区一位五十多岁老太婆提出："过去当保甲长的不能选做代表。"这些都更表示群众对会议是重视的。

代表产生后，有些代表即与代表们商讨征集提案，座谈访问这次会议的问题，并先将有关报告书等材料，发给各界代表研究讨论，向群众蒐集意见，使在会前有充分的思想准备。

（二）

本届会议代表人数，比以往三次都有增加。第一届第一次代表是六七六人，第二次是三四三人，第三次是三四一人，这一届增至五四九人，（除市人民政府保留二名，这次实有代表五四七人，）比第一届第一次增加了一倍有余。其中区人代会和政协代表二十四人，佔全部代表数百分之四·四，选派代表四八一人，佔百分之八十七·六，特邀代表四四人，佔百分之八，妇女代表佔总数的百分之十四·六。

这里我们可以看出：

（甲）代表选派的佔全部代表数百分之八十七·六，选派的代表性和民主性也大为增加。

（乙）佔全市人民绝大多数的职工界，工商界，青年学生界，妇女界等代表数比第一届第一次都相应的增加一倍或一倍以上。

（丙）在代表的分界上，这次比上届多出城区代表四九人（即每区代表七人）和合作代表多人，城区代表主要是照顾不属于各职业系统的分散居民，而本市五万多合作社社员应占一个代表也很必要。

（丁）本届特邀代表比以往各次都多（上届只有十九人）有四十四人，使有代表性的人物，都尽可能出席参加，这就表明作为初步代行人民代表大会职权的一届人民代表会议，其代表的广泛性，有显著的加强。

（戊）此外本届会议又添了列席代表一〇〇人，这是照顾有关各机关团体工作上的需要，俾便今后向群众进行传达，更好的执行决议。

（三）

大会是成功的、胜利的，完成了各界人民所托付的使命，主要解决了下面的几个问题，得到很大的收获：

甲、这次会成功的代行了人民代表大会的职权，成功地在民主基础上选举了正副市长和二十三位政府委员。

选举的程序：是先经各小组分别提名，主席团汇集整理，提出初步候选人名单，经各小组讨论，酝酿中协商，提出正式候选人名单，最后由大会用无记名联记名式投票选举，选举时如对候选人还有意见，仍可不按选票上的名字另行提名，大家对此非常满意，在研究候选人名单时，代表们都一个个认真讨论，展开协商，不少人表示：“经过这几次的讨论，看到大家这样慎重考虑候选人的条件，这真是充分民主的选举。”一些城区代表还说：“国民党反动时期，用黄金、美钞来贿选，现在人民的选举，还摆出理由挑选。”对候选人要照顾各方面，不但部分而且全面考虑问题，都有着很大的教育意義。如婦女界有人想提一位女副市長，工商界部分代表不贊成工人勞模為政務委員，經過冷靜考慮和進步群众說服後，都能愉快的取得一致意見。

（乙）會議認真討論審查和批准了柯市長的市政工作报告，並一致通过了这个报告中对今後工作的意見作为今後本市施政方針的決議；聽取了四個专題的補充报告；通过了市人民政府組織條例，及有关市政的重要決議；組織了監察、財経、文教、救濟等四個委員會；并完成了市協商委員會的期滿改选，在已有的初步勝利和民主團結的基礎上，進一步鞏固了人民民主的專政。

对柯市長的报告，代表們同意並熱烈的表示了擁护，他們从不同的親身体驗中，生動地敘述和補充了一年多來特別是上屆代表會以來半年來，市人民政府的工作成績。許多代表都反映説：「柯市長未講到市府領導的功勞，工人們非常滿意了政府救济失业人的工作，对淤塞数十年的秦淮河疏水打捞，过去国民党从来没有搞好的马路下水道修通，对修江堤渡春荒等均表示了感激，农民代表说："政府就像我们的聚宝盆，又粮给农户，贷给我们办大事情。"并举了许多具体的事例，如："八卦洲去年征粮只三万多，而政府用在八卦洲就有一百多万石。"

代表们对政府提出要加强镇压那些继续造谣活动，怙恶不悛的特务，认为过去对反革命分子太宽大，许多人说："根据报上登过报到的特务一百多，没有看到枪毙几个。"并号召人人都是公安员，人人都是警卫员和人人都是宣传员，一致认识只有这样才会更好的加强人民民主专政的制度。

（四）这次代表们的提案有三四七件，建议书意见有六八件，比过去每次都多，故大会组织了提案审查委员会，将提案书意见极为慎重的处理研究，并且是根据全体代表所同意的柯市长报告中指出的今后工作方针而要求略有关提案中所建议的办法，综合整理，分成八类，共得综合提案二十三件。处理的办法有三种：第一、经过整理的综合提案，一般都为当前需要又切实可行的交政府迅予实施。第二、原有原始提案，经过审查讨论后，提出处理意见，详细说明，发给各位。第三对各界人民所提的意见、建议书，不论大小，均加整理，交付政府有关部门仔细研究，不论其已办、未办或能办、不能办，概由政府切实负责，将处理意见向建议者作具体答复和解释。

当审查提案时，对综合提案的整理办法，部分委员因未曾经验，初起表示不大赞同的，后经将新民主主义的精神实质加以说明，仍有将信将疑的态度，及至综合提案整理出来后，对原提案处理意见作了报告，全体代表一致同意，大家認為這樣的整理是成功的，收獲很好。一位大學教授會後對人說："這次提書整理工作最成功，我更進一步的體會到新民主的精神。"
"大會開展了批評與自我批評，這是此次會議的重要因素之一。各界人民之間，人民與政府之間都抱着虛心誠懇的態度，都能彼此團結，幫助進步這一點出發。一位八十五歲代表，吳老先生在大會發言，一開始就說："我是抱着小學生上講堂聽課的態度而來的。"青年學生說："參加六天大會比在校上一週課的收獲大的多。"不少工商界代表在小組討論時都自動反映："部份商店舖等，有欺詐的行為，違犯本業，即有大秤進小秤出者，也有逃稅情形。"私下都互相表示："真要加緊學習，再不改進不行了。"
（戊）這次會議進行之時，正是美帝蓄意擴大侵朝戰爭，狂惡的將戰火烧向我国边境，迭次侵犯我领空领海，造成对我国安全和世界和平的严重威胁。代表们纷纷抗议认为对此不能置之不理。为了响应抗美援朝保家卫国的号召，大家都热烈的表示要加强与群众联系，将这次会议的传达工作和这一运动结合起来，并号召人民在各自岗位上争取及早改造旧南京，建设新南京。经过代表们在思想上这样的初步酝酿，对抗美援朝保家卫国运动的开展，就思想上打下了初步的基础。

四

不过除了以上所说的收获外，本会议本身还有不少的弱点。这次筹备工作，我们虽极慎重从事，但在执行工作中，对思想、组织、各方面的准备还是做的不够充分。例如会议的工作人员大部份都是诚心诚意为代表们服务的，但个别或小部分对代表的出厂关心做得差，领导上花了些，没来很好思想动员，而又未抓紧时间使其对工作有足够的认识，是一大原因。秘书处和大会秘书处的组织和分工，也有未尽妥善之处，会场在临开会前改变，显得慌乱，不能使代表完全舒服满意。会议过程中，下面和主席团往往不能很快的通声气，议事日程修改次数太多，有几次代表上午开完了会，不知下午将怎样？秘书组担任大会或小组记录的工作人员，未抓紧时间会后即誊清，以致影响本来的记录整理工作。特别是大会对出厂到大部分代表要求书情况，但在做得不够深入细致，对个别代表的问题和思想，未作尽可能的解决努力，这是值得提出有待於今后改进的。

（全文计三五〇〇字）

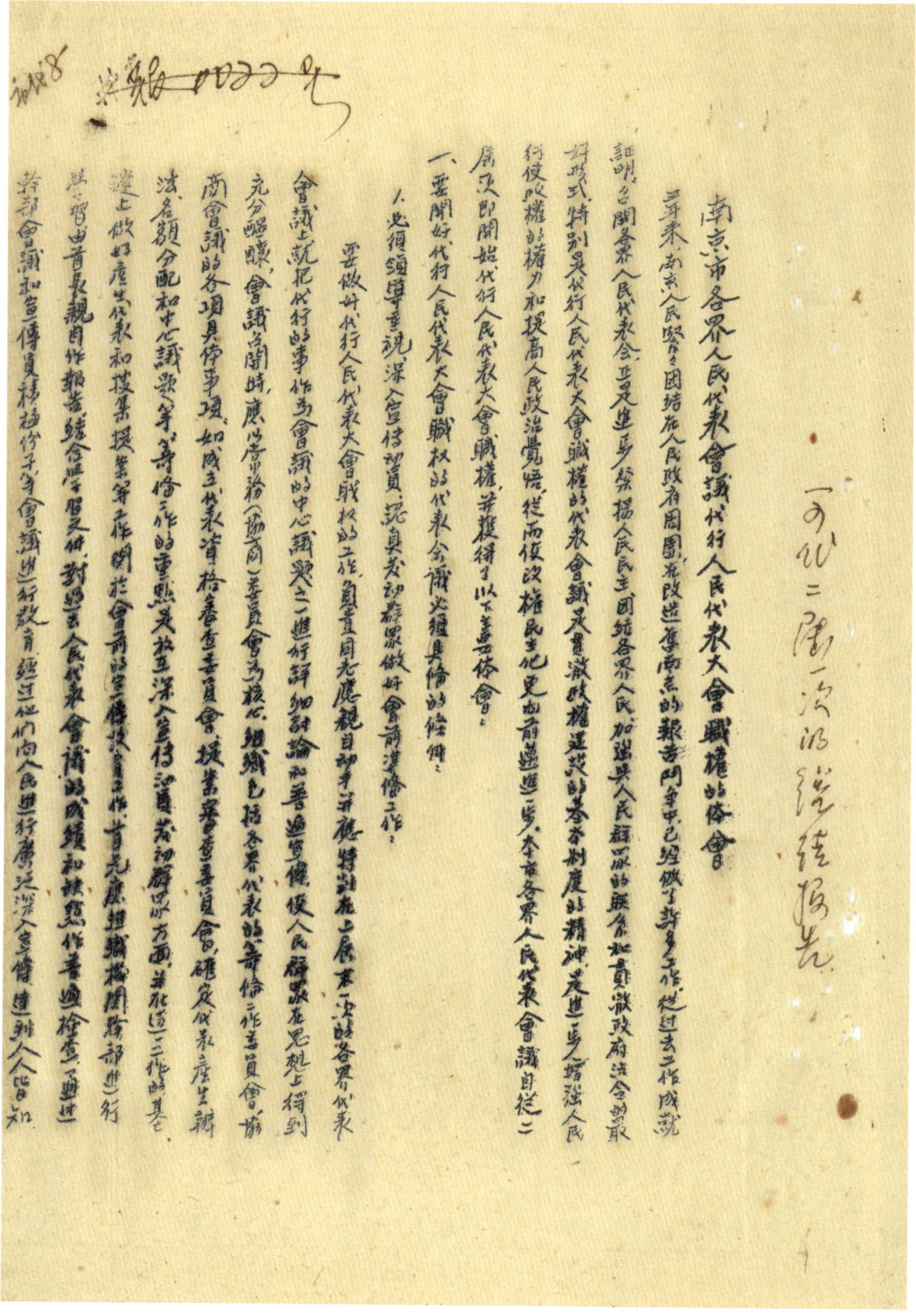

南京市各界人民代表會議代行人民代表大會職權的体會

二年來，南京人民緊緊團結在人民政府周圍，在改造舊南京的艱苦鬥爭中已經做了許多工作，從過去工作成就証明，各屆各界人民代表會，正是進一步發揚人民民主，團結各界人民，加強與人民群眾的聯系和貫徹政府法令的最好形式，特別是代行人民代表大會職權的代表會議，是貫徹政權建設的基本制度的精神，是進一步增強人民行使政權的權力和提高人民政治覺悟，從而使政權民主化更向前邁進一步。本市各界人民代表會議自從二屆一次即開始代行人民代表大會職權，並獲得了以下幾點体會：

一、要開好代行人民代表大會職权的代表会議必須具備的條件：

1.必須領導重視，深入宣傳動員，認真發動群眾做好會前準備工作：

要做好代行人民代表大會職权的工作，首長同志應親自動手抓起，特別在二屆第一次的各界代表會議上就把代行的事作為會議的中心議題之一進行詳細討論和普遍宣傳，使人民群眾在思想上得到充分醞釀，會議召開時，應以常務（協商）委員會為核心，組織包括各界代表的籌備工作委員會，協商會議的各項具体事項，如代表名額審查委員會，提案審查委員會，確定代表產生辦法，名額分配和中心議題等。籌備工作的重點是放在深入宣傳動員發動群眾方面，並在這一工作的基礎上做好產生代表和搜集提案等工作。關於會前的宣傳動員工作，首先應由各機關部門學習由首長親自作報告結合學習文件，對過去人民代表會議的成績和缺點作普遍檢查，通過幹部會議和宣傳員積極份子等會議進行教育，經過他們向人民進行廣泛深入宣傳，達到人人皆知

南京市各界人民代表会议代行人民代表大会职权的体会（一九五〇年十月）

政治覺悟，這就大大提高了幹部和人民對國家基本制度的認識，同時使他們更深刻地了解到代行人民代表大會職權的意義，克服某些幹部認為"代行不好搞，情況掌握不夠，任務重，事情多，忙不過來"等思想上的障碍。這樣，就打下開好會議的思想基礎。

2.必須充分發揚民主，做好代表產生工作。

因為代行人民代表大會職權會議的代表其任務更為重要，所以群眾对選舉代表都以嚴肅態度做到認真負責，有的在選舉前進行民主評比協商，因此，除少數特邀代表外，其餘代表全部都是人民直接或間接以選舉方式產生的。這樣不僅可保證代表政治上純潔可靠，而且群眾對自己選出的代表也特別親切和信任。

3.有領導的進行民主協商，做好選舉正付市長及政府委員會工作。

市人民政府委員會的選舉，體現了全市人民的民主团结，這是大會的一項莊嚴任務，在醞釀選舉之前主席团應在大會上作有關選舉的報告，選舉方法可採取兩种，一种是由主席团與各个代表团首席代表先行醞釀協商，提出初步名單交各代表团進行廣泛的反复的研究，意見取得一致後，確定候選人名單正式公佈，由大會以商選者的方式（如舉手）表決選出。另一种選舉方法是採取自下而上的協商選舉。先在小組內以自由結合方式，三五个代表在一起商討醞釀，然後大家在小組會上提出初步協商名單，每小組所提人數規定不得超出政府委員總名額，會議主席团將小組名單集中起來，再印發交各小組討論反复協商，最後主席团召集各小組代表共同協商後再經小組研究，把意见完全统一起来，确定候选人名单，正式公布，交大会以举手表决方式通过政府委员，并以无记名投票方式选出正付市长来。经验证明，自下而上的协商选举方法较好。

4. 认真的搜集和处理提案。

认真的搜集和处理提案是开好人民代表会议的一个重要环节。事实证明：由于广泛的宣传发动群众的结果，使得民主基础扩大。曾以往人民代表大会（职权会议）的提案数超过以往的几何[illegible]倍。这说明广大人民民主觉悟正在不断提高。这些提案应先由提案审查委员会加以整理，并会同有关部门提出初步处理意见，一般的意见，可有关施政的重要措施或为广大人民迫切要求的问题，应提交大会讨论作出决议；具体问题，目前可以办者送政府办理，分头办理者，请示上级；可以办或正在办或法令有规定[illegible]因不能办的应说明理由，可以保留或送政府参考。提案审查委员会对所有提案[illegible]的研究，并向大会作[illegible]报告，做到件件有着落，案案有交代。

5. 会议进行应与当前的中心工作和群众的活动密切结合：

会议应把当前的政治任务列为中心议题，在进程上应与群众的活动息息相联的。因此在开幕后，每日应将会议内容向外报道，使得群众了解会议进行情况，选举政府委员会那天，应特别组织群众和机关干部参加大会旁听，使得群众看到抵到选举的盛况，亲身体验人民民主的真实性。

十、本市各代會是如何代行人民代表大會職權的：

1. 自解放後至五〇年四月本市共召開過三次市的代表會（截至目前止，本市共召開過二屆各界代表會），已給南京人民民主建政奠定了良好的基礎，并給二屆二次代表會議準備了代行人民代表大會職權的條件。因此會議決定由市人民政府呈請華東軍政委員會批准，初步代行人民代表大會的職權。經過兩個月的籌備，於五〇年十月廿三日開幕，卅日閉幕，會議歷時七日。

2. 此次會議的籌備工作是由柯市長親自領導，特別是宣傳動員工作，在會前就由籌備委員會擬定了宣傳大綱和發出關於進行宣傳工作的通知，以及宣傳講話材料（手冊），同時并運用了廣播、幻灯、影片、黑板報、文娛活動等各種宣傳方式和形式，各種會議并組織了幹部和群眾學習，達到人人皆知，家喻户曉，使群眾更深刻地認識到此次大會的重要意義。

3. 此次各界代表產生都是有領導的發揚民主精神，是會前慎重與民主擘劃的，表現為自始至終上下一致的貫徹了民主協商的精神，根據市協商委員會名額分配的決定，各界在民主的基礎上首先吸收了各界人士參加和組成了產生代表的籌備委員會，在籌備會的領導下，各界舉行了代表性的會議，協商名額的分配與訂出切合各單位情況的選派代表的具體標準，并結合宣傳動員，自下而上的通過步驟各選派，經過反復協商的結果，大多數都在代表性的會議上提名選舉，正式產生代表。一般的看來，由於各界都正確掌握協商通過集中的方式，所以此次所產生的代表，較之過去三次會議是有更大的廣泛性，除城區各區居民代表，合作社代表，文化界中的停

界代表等都为选派会议新增设的外，其他各界中既未能普遍照顾的非常广泛，照顾到公照
顾到和照顾到大中小各行业，照顾到郊区农民以外的其他各方面，特别是妇女界除原定分配名额外，
各界中都产生了不少女代表，充分表现了各界对妇女参政的重视。同时，此次在广泛民主基础上所选
出的代表对人民的信任引起了高度的责任感，如新选出的七十多岁的区域代表阎绍寒说：“人民不嫌
我老，我就尽力替人民办事。”在代表的人数上，我们根据华东军政委员会的指示，增至五四九人，包
括各界选派代表431人，占[illegible]%，特邀代表44人，占8%，军管会和政府代表24人，占4%。（全体代表中
妇女占总数的14%。）代表人数较以往几次均多，且各界选派代表占全部代表的绝对多数，新增
城区代表49人，代表了分散居民，及合作社代表5人，并为使各界有代表性的人物尽可能出席会议，
特邀代表增至44人。这样就使这次会议得以在更广泛的民主基础上胜利完成了初步代行人民
代表大会职权的任务。此外，为了工作需要，增加了政府机关列席代表100人，并分别参加小组讨论，对
大会的进行与会后决议的传达与执行都有很大便利。

4.会上听取了柯市长的“市政工作报告”和“今后工作方针”，代表们并组成了二十个小组进行广泛的
讨论和审查，最后获得了全体代表的一致通过。在讨论中，各界代表们都从不同的亲身体验中，生动
的叙述了对政府过去工作成绩的满意与对市政府报告的拥护。如科学界代表小组发言人严从
振说：“对柯市长的报告，全组经过两天的讨论和审查，都表示十分满意。我们认为有许多很好的
工作成绩，政府还都没有说出来。比如：我们科学界过去从没有工作机会的，工作成绩也没人过问。但
解放以后，我们有了很多的工作机会，像医治血吸虫病、改良种子、地质调查以及导淮工作等等。

都是人民政府替我们创造的条件，而且略有成绩时就能得到各方面的重视，我们认为报告中所指出的施政方针是十分正确的」他们并根据了施政的原则提出了补充意见。又如第二十小组槐西东发言说，我们小组的代表均以对人民对政府负责的精神以知无不言，言无不尽的态度，对柯市长的报告作了详尽的讨论，对提案的重要部份也作了比较详细的研究，全体一致认为柯市长的报告是实事求是的，完全正确的，我们完全拥护该报告的基本精神和内容，为了更证实和充实他的报告，并提出了补充意见」。如广州市改造是获得了重大的成就，这一方面，他们认为报告中有些具体成绩还没提到。此外又如「农民经过了筑堤防汛、捕虫选种等工作，积极生产，获得丰收，而且打破了「靠天吃饭」的旧思想，树立了「人能胜天」的新思想，这对今后的农业生产是一个极大的保障」。这些都应该补充。各组代表也均分别的提出了系列的补充意见。

5.选举正副市长及政府委员，组成新的市人民政府委员会，是此次会议的中心议程之一。先由小组酝酿并提名，由主席团汇集整理后提出初步候选人名单，交各小组反复讨论，认真协商，不少代表体会到「这样慎重的考虑候选人的条件，真是充分民主的选举」。再经主席团会议集中协商提出正式候选人名单，最后由大会用无记名联记方式投票选举，投票人如不同意，并可在票上另行提名，经过以上的民主方式协商，各方对选举方法与结果均甚满意，认为这是「充分民主，照顾周到」。

会议并选出了人民监察、财经、文教等委员会，与中国人民救济总会南京分会，同时改选了第二届市协商委员会。

6.此次会议收到提案与建议达六百二十多件，比历次会议提案为多，由于时间有限，但又须使代表提案得到郑重周密的处理，故除将全部提案一一予以审印成册分发代表外，提案不作小组讨论之主要内容，而由大会组成提案审查委员会专职工作，结合市政工作需要之精神与方针，将提案中当前急需而又切实可行的意见整理成综合提案八类卅三案，其余提案，是议不论已办、未办、能办、不能办，均分类整理，向大会做具体交待，并由人民政府责成有关部门负责向原建议人作具体答复。这次审查处理提案方法的改变，大家咸认为较过去都好，一位大学教授会议对人说：“这次提案整理工作最成功，我更进一步的体会到新民主的精神。”

7.这次会议一般的较为令人满意的，会议能在进一步广泛与深入的民主基础上产生出民主选举新的人民政府委员会，使人民民主专政在全市人民进一步紧密团结的基础上更加巩固起来，全体代表对市长报告中所提出的今后工作方针有了较深刻与明确一致的认识，使本市今后工作的开展将更加顺利。同时会议进行时，正值美帝扩大侵朝战争，狂妄地将战火烧向我国边境，全体代表对美帝的疯狂侵略，一致表示无比愤慨，决定加强自己与群众的联系，将此次会议的传达工作与抗美援朝卫国保家的伟大运动结合进行。

8.此次会议仍存在不少缺点：①对大会工作人员的思想组织等准备工作不够，致部份临时工作人員認識誠意為人民服務的認識不足。②大會組織機構尚不完善，例如沒有成立代表資格審查委員會，對新的代表審查工作做得不夠細緻，又如秘書處內各組之間以及秘書處與主席團與提案審查委員會之間的關係不夠密切，因此在工作上不能很好的配合。③議程安排較多，臨時改變，陷於忙亂。④提案於開會一日後才收齊，數量既繁多，時間又局促，而處理不免陷於被動。

三、如何作好代行人民代表大會職權後的鞏固工作。

1.自從二屆一次會議後，各界均能按照每次大會精神訂出自己單位具體貫徹的計劃，市級政權機構由市府於每週六上午舉行行政會議，委員和各局会處負責人均出席，由副市長或秘書長主持彙報和研究各項工作，有時通知區長列席，以便了解市的意圖。其次每半月並舉行市府委員會，由市長主持，委員全體出席，有時召集有關局、處長作工作報告和討論專門問題。各區為了貫徹會議的決議，召開了區各界人民代表会議。如二屆一次大會的決議內容包括生產自救問題，民政局就召開了市區兩級的人民救濟代表會議，成立中國人民救濟總会南京分會，並發動全市各界人民捐募救濟皖北災民寒衣十萬套，成立皖北災各重要城鎮的疏散站，以便難民返鄉生產，對無家可歸的災難民給予救濟並組織他們從事生產自救。二屆二次大會決議內容包括大張旗鼓鎮壓反革命，因此市協商委員会組織各區主處之涉各人民團體等有關單位召開了各界人民貫徹執行懲治反革命條例的動員大會，並組織兩萬多居民（民眾學習）

市府委員會与市協商委員會常务委員會聯席會議,成立了反革命案件審查委員會,工商界特別召開了第三次代表会并作出決議,全市人民通過学習,都訂立了愛國公約,保証積極响应政府号召,掀起了群众性的檢举和控訴反革命分子罪行的高潮。市人民法院為了貫澈大会的決議,也接受人民的要求,處決了一批怙惡不悛的反革命分子,因而"大快人心",一致反应"政府有法有天"。此外市協商委員會進行組織各民主党派和宗教人士專门会議、座談,訂立"三自革新運動"的办法和一系列的控訴會,最後办驅逐帝國主義分子黎培里等出境。二届三次大会決議内容,開展群众性的文化教育,為貫澈決議本市各人民团体均发出通告,号召参加学習,市群众業餘教育委員會并訂出三十万人学習計劃。二届四次大会的決議開展"三反""五反"運動和婚姻法的宣傳,市府委員会召開会議,成立增産節約委員会和貫澈婚姻法檢查委員會,來具体执行大会的決議,因此使得本市的"三反""五反"取得了偉大的勝利。

(二)市府委員會和市協商委員會不定期召開聯席会議,研究当前中心運動或主要工作,并作出号召等事項,并及時進行檢查和討論每次代表会決議的執行情况。如二届六次大会的決議案必須嚴厲鎮压反革命,運动開始後,在一定時期內由市府委員會和市協商委員會召開聯席會議,并責成公安部门作出這一階段的工作情况報告和具体開展計劃，這樣的檢查方式保証了大會決議的貫徹執行。此外在每一次大会開幕之前，市府委員会必定要召集有关人士举行会議，審查和討論政府工作報告，因而促使政府有关部门的負責人对大會的決議加以重視，這是巩固代行人民代表大会後成績的有效辦法。

(3)市協商委員会应經常召開各界人士座談會、組織各界人士進行学習，使其在思想上取得統一認識，通過他们在各系統中進行廣泛宣傳，使大会決議的執行以及各項運動的開展起了一定的推动作用。

(4)在每次各届人民代表会議後，各机关团体、企業、学校等代表，应即向本单位迅速進行傳達，並組織学習，市、區代表应有組織有計劃的結合各部门的具体情况向廣大人民進行廣泛深入傳達，通過組織討論，爭取做到家喻户曉，除利用会議傳達外，代表亦利用各种机会随時随地進行宣傳，以使各界人民熱烈响应大会決議和各項号召。

僅供參考
請勿遺失

第二屆各界人民代表會議
閉幕以來政府工作實施概況

第二届各界人民代表会议闭幕以来政府工作实施概况（一九五一年四月）

39

3

第二屆各界人民代表會議閉幕以來政府工作實施概況

根據第二屆各界人民代表會議的決議，在[redacted]中央人民政府華東軍政委員會領導下，在全體工作人員的努力與人民的積極支持下，進行了以下幾件主要的工作：

（一）治安工作

一、加強治安工作嚴防匪特破壞方面，自十二月到現在止，共破獲反革命特務案件九起，共捕獲主要人犯二百二十四人，其中有縱隊司令、副司令五名，縱隊參謀長一名，行動總隊司令、副司令各一名，少將潛伏組長一名。其最大的組織有「蘇浙皖人民反共救國軍總指揮部南京行動總隊」二百五十人，「青年反共同盟」五十餘人，其中有專司搶刼擾亂的組織有「蘇浙皖贛反共聯軍」，逮捕了該軍匪首第四縱隊長[illegible]，王爲津浦路西有名的匪首，經解回合肥後，羣衆莫不稱快。又破獲「長江下游挺進軍」桂系大別山匪團等三個武裝特務案共五十三人，共繳獲短槍七枝，證件六二五件。

二、偵緝盜匪　十二月份發生搶案九件，破獲三件；一月份發生二十六件，破獲十八件；二月份發生十四件，破獲七件；三個月共發生四十九件，破獲二十八件，佔55%，共逮捕匪犯九十名。一、二月份共發生匪案四十件計，其中流浪結夥之新生盜匪案即有二十五件，佔62.5%，匪犯一六九名；慣匪案十一件，佔27.5%，匪犯五十八名，散兵游勇搶案共十件，佔8.5%，匪犯二十一名。三個月發生竊盜案件一五四四件，破獲了一一五九件，佔75%；其中慣竊佔10%，失業者佔3.7%，難民佔15%，其餘係游民流氓等佔28%。（捕獲竊犯僅就一、二月份言，即有一千六百六十六名。）

在處理案件中僅就一月份發還失主之贓物，即有黃金三九·七兩，銀元四二枚，人民幣四六二四二元，衣服七九件，米麥四三九斤以及自行車等。

三、消防工作　共組織羣衆義務消防組織四百五十八隊（組），參加人數四千二百九十三名；並搜集集中了散在民間的消防器材，計有水車兩部，磅油機三部，壓水機二部，汽車兩部，水龍帶三十盤，及火鈎、木桶、太平缸等甚多。

四

爲有效的推進消防工作，曾組織了消防大檢查，共檢查了公共場所二六九處，商店七三六處，棚戶二九四七〇戶，存有引火危險物的商店六一處，工廠六九處，及機關學校倉庫一百五十餘處。

經過教育組織檢查等步驟，提起了大家對消防工作的重視，大大的減少了火災的發生和蔓延。從十二月份到現在止，共發生火災十七次，其中被消防隊搶救未成災者三次，義務消防隊搶救未成災者二次，特別是保證了在舊曆年關未發生火災。

四、防空工作　匪幫爲了垂死掙扎，派遣了飛機大肆轟炸我各城市，破壞人民生命財產。就二月份敵機對南京空襲，在下關一處即投彈四四枚，死亡羣衆及我戰士共五一名，重傷四六名，輕傷五二名；炸燬民房一七二間，機車一輛。對防空工作主要是集中力量組織爲敵機轟炸目標地區的防空工作，僅就下關一個區，在十二月份，即組織了一千二百九十七人的防護隊，及添置了防護器材，如擔架四八付，及各種防火器材一〇三件。在幾次遭到空襲時，每次空襲後防護隊均能絕大部分出動救護。衛生局並組織了防空救護委員會設立救護總站、救護站和救護分站，分布全市各處，並特約醫院六處，收容重傷病人。二月份內計救護輕傷一百四十人，重傷送院救治者四十人。

五、集中管制了小偷共五七七名，（其中逃亡二，因吃大烟而身體受損生病不治而死者一人）及流浪偷竊的小孩共二〇五名，在現有的五七四名小偷中，行竊歷史二年至二十年的三二〇名竟佔百分之五十六左右，其中並有國民黨員三三名，三靑團員一六名；在教育程度上，初中以下二九六名，初中以上三九人，大學以上一人。其中除一五五名以前曾有職業（其中最多的是汽車司機共十二人）以外，其餘多爲妓女、游民、和尙、國民黨的散兵、僞政警人員等，這都是國民黨反動統治所造成的。

六、收容了散兵二七三二名，搜繳了非法武器短槍四十五支，步馬槍十七支，各種子彈一〇、二六三發。在收繳非法武器中，由於特務匪徒們的破壞，造謠生事，以及一部分市民受了他們的影響，以致在收繳中發生很多阻礙，一部分市民不敢繳，怕生事端，當然尙有一部分存心不良的私藏非法武器別有企圖，因而尙希望各界進行動員，我們的政策是交出不但不咎並予獎勵，就是檢舉屬實者亦予獎勵。

七、對羣衆進行了廣泛的防匪、防盜、防火反特宣傳教育，組織了三千八百三十九個居民治安小組，以小組爲基礎，在郊區組織了普遍的羣衆巡邏隊，並獲得了成績，如八分局羣衆巡邏查獲了小偷三名，十分局羣衆巡邏截獲了餘糧莊中農民杜漢章失竊的耕牛一頭，及仙鶴門上莊查獲了小偷三名，白菜一五〇斤等。組織羣衆裝製警鈴，據不完全的統計，裝有電鈴與拉鈴共一八三四個。羣衆並積極參加了冬防治安工作。

40

由於進行了以上的工作，從十二月份到現在特別是舊曆年關未發生大的問題，較平穩的渡過了。如有些市民說：「過去每逢舊年搶刼、偷盜事件特別多，今年大家很躭心，以爲比往年更會嚴重，但結果恰恰相反，比往年過年時，要少得多。」又有人說「不搶人，不起火，不能過年。」今年這個情況，已被南京人民連同國民黨反動統治一倂推翻了。盜匪的趨勢下降了，如一月份發生搶案二十六件，二月份降到十四件，盜竊案一月份發生八〇四件，二月份降到六一七件。

（二）生產救災處理難民工作

成立難民處理委員會幷召開過一次難民代表會議，確定了以大力組織生產自救運動，根據「社會互濟，生產自救，政府幫助」的方針，處理難民。

一、生產自救工作上，開展打草袋副業生產，組織了四、八一二戶，一一、二二三人，已有機子三、六四四架，已生產草袋五六、三四〇只，羣衆實得米十萬零五千斤。

郊區農民根據靠山吃山，靠水吃水的原則，採用捕魚、打柴、販菜、運糞、挖野菜、養家畜、編竹器、磨豆腐、製粉絲、榨油、磨麵、運輸等方法解決了部份的生活困難，目前的災情，完全斷炊的是幾乎沒有了，一般是能過得去，但困難很大生活極苦，重災區部份尚缺兩月的口糧。

城市婦女已有八、四八二人參加生產，縫軍服一〇、三一二套，蚊帳三四、〇七〇頂，鞋子兩萬雙，上機底十萬雙，得到工資五千餘萬元。

以工代賑在修堤工程中，農民做了二十二萬九千餘工，得到大米七十六萬七千餘斤，難民及失業者做了十萬九千餘工，得大米五十一萬餘斤。另外浦口碼頭搶修工程中以工代賑共用四千多工，得米兩萬九千多斤。

二、在處理難民疏散工作上，一月初曾召開難民代表會，出席代表一六七人，經共同研究一致認爲：生產自救互助互濟是克服困難唯一可行的辦法，而不能單純依靠政府救濟，對於家鄉房地尚存已經種上麥而缺春荒期的口糧或無糧者，盡量動員回鄉生產，實在回不去的則應自已組織起來生產自救。由於難民與政府的意見取得一致，疏散工作得以順利進行，僅今年一二兩月及三月上中旬中即動員了五萬六千人回鄉生產，其中原居本市的難民佔一半，新由災區來的佔一半。另外介紹資送到東北及察哈爾省等地參加建設工作者三百四十多人，介紹本市工作者四百八十多人。收容難童乞丐兩千三百多人。自去年六月以來迄至三月中旬疏散轉送回鄉生產者共有十五萬九千二百餘人。

發動募捐運動救濟難民，共募得人民幣十億零四千多萬元，糧食八萬八千四百五十斤，衣物五萬九千六百四十一件，（以上均不包括一餐飯運動的數字）。其中機關部隊學校捐助糧食佔全部的百分之七十五以上，衣物佔全部的百分之八十以上，春節前在市人民政府和中共南京市委的號召下，全市機關、部隊、學校展開捐助一餐飯運動，情緒異常熱烈，一次即捐募糧食二萬六千八百多斤，現款五千三百八十七萬多元（各部隊機關自行發放的當不在內），在幾次捐助運動中，充分表現了我們機關、部隊、職工、學校及部分工商界人士的高度的互助友愛精神，這種精神應該受到表揚和值得全市人民學習的。

一二兩月發施賑款三十二萬六千七百五十元，糧食五萬九千斤，衣物一萬六千六百多件，救濟了一萬零七百五十戶，三萬七千四百九十一人。春節一次又發急賑大米十萬零[illegible]千二百四十斤，豆餅九千五百七十斤，救濟了一萬三千二百八十九戶，四萬八千零五十九人。此外並設立了六個巡迴醫防隊前往堤工地點替難民辦理保健防疫工作。至三月二十日止已經診病一萬零八百零九次，替一千六百零一個難民種痘，替四百九十三人滅蝨。

截至二月底，共用去疏散費（包括回鄉轉送及介紹外埠工作的路費等）七億八千七百一十七萬多元，救濟費六億七千一百四十七萬多元，支付或墊付生產工具生產資金兩億九千三百多萬元，共計十七億五千二百三十餘萬了。救濟糧食一項，先後發放十七萬多斤。此外生產教養院的經費，以工代賑的開支，對被蔣美匪機轟炸受害市民醫療救濟等項，都化了很多的錢。除了社會互助互濟捐募外，政府財政上也用了幾倍於已捐募額的力量來做好這件工作。

（三）準備春荒及興修水利工作

一、準備春荒方面，我們首先領導並幫助郊區農民搶種麥子共計二十二萬七千餘畝，貸給災區農民三十四萬斤麥種農貸，組織農業技術人員三十多人下鄉指導改良耕作技術，除九區一部土地因江水退的太遲未種上外，其他麥田已全部種上，而且較往年擴大了多耕的面積，此外尚開荒五四四四畝。

二、對於去年爲大水災所冲毁的江堤河堤，在去冬今春進行了修復工作，計培修浦口上新河等江堤及浦口、燕子磯、上新河、通濟門外等河堤，八卦洲、江心洲等洲堤。全部復估土方一百十八萬餘公方。截至三月底已完成七十四萬餘公方，佔全部土方數的百分之六十三，預計四月底即可全部完成。這些工程足以保證農民今年的收穫，從而也就鼓舞了農民搞好生產的積極性。在修堤工程中，部隊共計做了九萬四千多個工，佔全部已

41

調

完成工數的百分之四十。參加修堤的部隊，在首長親自動手，全體指戰員們一致出動的情況下，湧現了很多修堤工作的人民功臣，組織力量提高效率，使工程以加倍的速度進行。有的怕不能提前完成任務，就不吃飯、不休息的幹、連夜的幹。由於他們的努力，修堤工程就能提早完成，保證了農民的收穫。由於他們的努力，替國家財政上節省了十五萬斤米的開支。他們的功績將永遠照耀在南京人民的記憶裏。

（四）保證市場供應，穩定物價渡過春荒

在食糧及其他生活必需品的供應上，貿易公司花了很大力氣，設法從友鄰地區調濟糧食，也組織了本市糧商到外地採購。不幸的是有一萬八千多石米，採購商迄今拒不交出，還以過去對付敵僞及國民黨反動派投機取巧的辦法，來對付人民，這是極不應該的。這也是我們糧食公司幹部對待這些商人太老實而受欺騙的結果（現該公司負責人已[redacted]職[redacted]全案送法院辦理）。總的說來，保證南京市場供應，三個半月以來是完全做到了。僅一二兩月貿易公司即有大米九百多萬斤。麵粉九十多萬斤、紗七千多包、布八千多疋、油鹽糖三十七萬多斤供應市場，担負了全市食糧供給任務約一半。二月份以來市場米麵則百分之九十以上由貿易公司供給。同時在市場管理方面，繼續執行嚴格取締投機活動，加强檢查米店，并指導工商界成立了麵粉市場，使麵粉交易走上正軌。由於充分的物資供應以及市場管理工作的配合，保證了物價的相對平穩。三個半月以來物價平均上漲一點三倍左右，特別是消滅了春節前後物價暴漲的慣例，與國民黨反動派統治時期的年關相比，則更有天壤之別。春節以後一月來的物價一直保持平穩，在年關與春荒的時節，加上去年災情的嚴重，食粮及其他物資能充分供應，物價能這樣平穩，這是國民黨反動派絕對做不到的，也是南京歷史上空前的。

此外爲了保證工人職員學生的生活，一、二、三月三個月來，繼續組織工廠機關學校的消費社十三個，社員一〇、四九三人以低於市場的價格保證了社員生活必需品的供給。爲了溝通城鄉關係，保證農民利益，結合生產救災工作組織了農村供銷社六個，社員二、三五三人，養魚、民船運輸，及軍屬等合作社三個，社員一一七五人，解決了社員的部份生活問題，且爲以後的發展創造了經驗。合作社工作進一步的加强，將來不僅可保證廣大勞動人民的生活，減少中間剝削，而且在穩定物價上也可以起一定的作用。

（五）購買公債工作

遵照上屆代表會議決議，成立了公債推銷委員會，推動工作，至三月底止，全市認購數字六十五萬一千七

五

百多分，已超過任務，實購數字爲四十二萬餘分，約爲原任務的百分之八十四。

在購買公債上，全市人民特別是工人、機關部隊的幹部和戰士、科學教育界、學生、及部分工商界等，都已認識到這是熱愛國家協助政府克服財經困難的光榮責任，踴躍認購，均已完成並超過了任務。如工人原擬購兩萬五千分，已認購九萬多分，超過擬購數三倍；市屬機關原擬購一萬三千分，已認購四萬三千多分，超過擬購數二點三倍。部隊原擬購兩萬分，已認購三萬九千多分，超過原擬購數百分之九十八。軍大醫大原擬購一萬分，已實購一萬三千多分，超過原擬購數百分之三十六，文教界及學生原擬購四萬分，已認購四萬九千八百多分，超過原擬購數百分之二十四。但部分殷實富戶與工商界中部分行業中的人們尙未認識購買公債的光榮責任，藉口推拖，逃避認購或是認而不購，或以爲購債即等於納稅，這種想法與現象是錯誤的。希望他們能接受並尊重自已的光榮任務，趕快完成並超過才好。

（六）調處勞資爭議簽訂集體合同與集體協議

自第二屆代表會議以後，截至今年三月底止，共受理勞資爭議二三三件，已經協商調解解决的一七四件，仲裁解决的三件。簽訂茶葉業、浴堂業兩個集體合同，和百貨業、估衣業、醬園業三個集體協議。均本著理維持生產的方針，實行勞資兩利政策，向爭議雙方，反覆進行教育，民主協商調處，和簽訂合同，達成協議。春節前後爲年終獎金、休假、解僱等問題，進行了兩次集體調處，通過羣衆路綫的政策教育，民主協商，在工人階級照顧長遠利益自覺地主動的克服目前困難團結資方的影響之下，使爭議迅速解决，且使勞資雙方更深切地體認到政府勞資兩利的政策，從而使本市一些有前途而目前有困難的行業，能在維持現狀下，共渡困難，趨向穩定。

（七）關於工商業指導及管理工作

爲了解决工業生產上原料及銷路的困難，指導工廠組織聯營，如棉織業一六五家組織爲十九個聯營小組，製皂業十家組織聯營等，設置共同加工工具，統一產品規格標準，提高質量，減低成本，以便打開銷路。有的且與貿易公司約定代銷。指導營造業向武進、合肥、揚州等地發展，印刷業向無錫、合肥等地遷移，轉變營業方向，使能繼續維持。爲了消除工商界的顧慮，糾正抽逃資金不安心經營消極悲觀等現象，召集了主要行業舉行二十餘次會議，並召開了一次全市工商界代表座談會，及一次工商界大會，聽取大家的意見幷解答了所提出此外解放後迄三月初，收購私營工廠產品共值人民幣二百四十多億，貸款及定貨貨款九百七十多億元，為工商業解決了不少困難。（此段繫接第（七）項末尾）

的問題。號召工商界認清目前困難是改造舊南京社會經濟過程中所不可避免的，然而有利於國計民生為人民大衆所需要的都是有發展前途的，使能有信心地渡過目前困難，繼續維持并改造南京的工商事業。

（八）教育工作

根據各界代表會決議的精神，成立了全市羣衆教育委員會。在社教工作方面，去年十二月份起郊區舉辦冬學，城區舉辦羣衆夜校，貫澈政治教育，强調與生產救災結合。郊區冬學共設一六〇班，五、五一四人，內男子三、一一四人，婦女一、一二六人，兒童一、二七四人。其中成份貧農佔百分之六十，中農百分之廿五，小販百分之十，工人百分之三，地富百分之二。羣衆夜校最多時有一八七班五、三九三人。另外各機關舉辦的羣衆夜校尚有三二班七二八人。現郊區冬學已結束，並轉變一部分成為經常性的羣衆夜校。

以工人為主的經常性內八處業餘補習學校，四個月來（十二月至三月）已發展至九二班，三九六五人，其中工人佔百分之七十七，店員百分之十三，其他勞動羣衆百分之十。

加强人民教育館工作，設立讀報站播音站，舉辦展覽會座談會及講座，成立認字班等，主要活動情況及參加人數如下：

活動項目	數目	參加人數
黑板報牆報書刊及各種形勢圖	六一三幅	二九、八四一人
座談會及講座	九〇次	一四九、八九八人
讀報站播音站及家庭訪問	九七六次	一〇八、一〇〇人
照片展覽	三六次	二四八、九〇五人
書報借閱		
義診代筆及問訊	二八一次	八六三人

利用寒假開辦中學教員政治教育研究班，參加學習的有二二二人。舉辦第二期小學教員輪訓班，參加者二一〇人，開展寒假中小學教職員學習，參加者三、九八八人。通過這些工作，使全市中小學教職員的學習提高了一步，為教育工作的進步改革打下了一定的基礎。

為了盡量照顧工農子弟，使能有進學校的機會，除了繼續執行減免費的規定外，小學方面專為工農子弟開增辦十六個班。郊區農民子弟入學比例已增高，除在公立中小學校執行照顧工農子弟的方針外，并對以收容工農子弟為主而有困難的私立學校，予以必要的補助。如浦鎮私立河北中學，學生中百分之七十七為工人子弟，私立武訓小學學生全部為工人子弟，對該校等均已予以補助。

七

（九）其他

依照上屆代表會決議，關於雨花台修建人民革命烈士陵的工作，已做初步的勘察和計劃。但因本年度國家財政困難，現在只做了造林工作，其他擬分期逐漸建設。更改反動的路名已經照辦。此外用了二千九百多個工，完成了修建逸仙橋與中門橋的工程。修補各種馬路八千六百多平方公尺，翻修各種馬路一萬八千一百多平方公尺，修建下水道三千六百多公尺，疏通下水道三萬四千九百公尺，疏濬秦淮河六千六百公尺的工程，已經挖了一萬一千公方污泥，完成了工程的百分之十二。以上幾項工程容納失業工人及難民八八四人，共用去經費五十九萬八千斤大米。浦口碼頭搶修工程分疏濬與護岸兩方面，在中央交通直接領導下，積極進行。此項工程預算經費爲兩千九百萬斤大米，折合人民幣約四百餘億元，目前各項工料工資等費已付出約一百四十億元。

關於烈軍工屬組織生產及優撫等工作，已組織生產合作社四個，養魚合作社兩個，與加工機米廠一個，組織了軍屬食米代銷處十九個，參加合作社等組織的有五一七戶，一、〇一五人。一般烈軍工屬都已認識到勞動生產合作是解決困難的基本辦法，生產情緒都很高。

冬季營業稅已完成百分之九十五，冬季房捐除部分尚未交納外基本上已經完成。地價稅爲使與冬季營業稅、房捐及公債不擠在一起，因而緩征了些時，準備四月後開征。

關於整頓碼頭搬運情況取締封建陋規等，已開始初步整理工作，並做了長期的深入的調查研究。遵照政務院廢除搬運事業中封建把持制度的決定，根據調查的材料現正積極地研究全盤整頓辦法中。

此外並初步整理了攤販七六五一戶，照顧到正當攤販的利益，組織發動攤販羣衆劃分小組進行整理。在主要交通幹線有礙交通、衛生及正當工商業者就地整理斬頭去尾，或遷移地點。勸告由店鋪化爲攤販者迅速歸店。取締了莫愁路與秣陵路的黑市，改爲早市。現第一期工作已完成，即將發給營業執照。

綜上所述，第二屆各界人民代表會議的決議，基本上均已執行，而且有了一定的成效。但我們在工作上很多缺點，有些事情還沒有做好。處理難民工作雖已盡了很大的力，做了不少工作，然而工作還有缺點。如下關江心洲等地存在個別生產救災工作沒有做好的情形。下關碼頭上混亂情況，雖已做了許多工作，但還沒有基本改善。我們的個別幹部與工作人員還有態度不好或違犯紀律的事情，特別是少數留用的舊工作人員，在反動派機關中所習染的貪污和打駡羣衆的惡習，一時還沒有改正過來，這是應該嚴格糾正的。我們對保護人民祖國財產上做得還不够，對破壞公物分子還有「仁政」思想而不願去管的。除了我們自己更好的努力外，這件工作是要全市人民共同監督才能做得很好的。

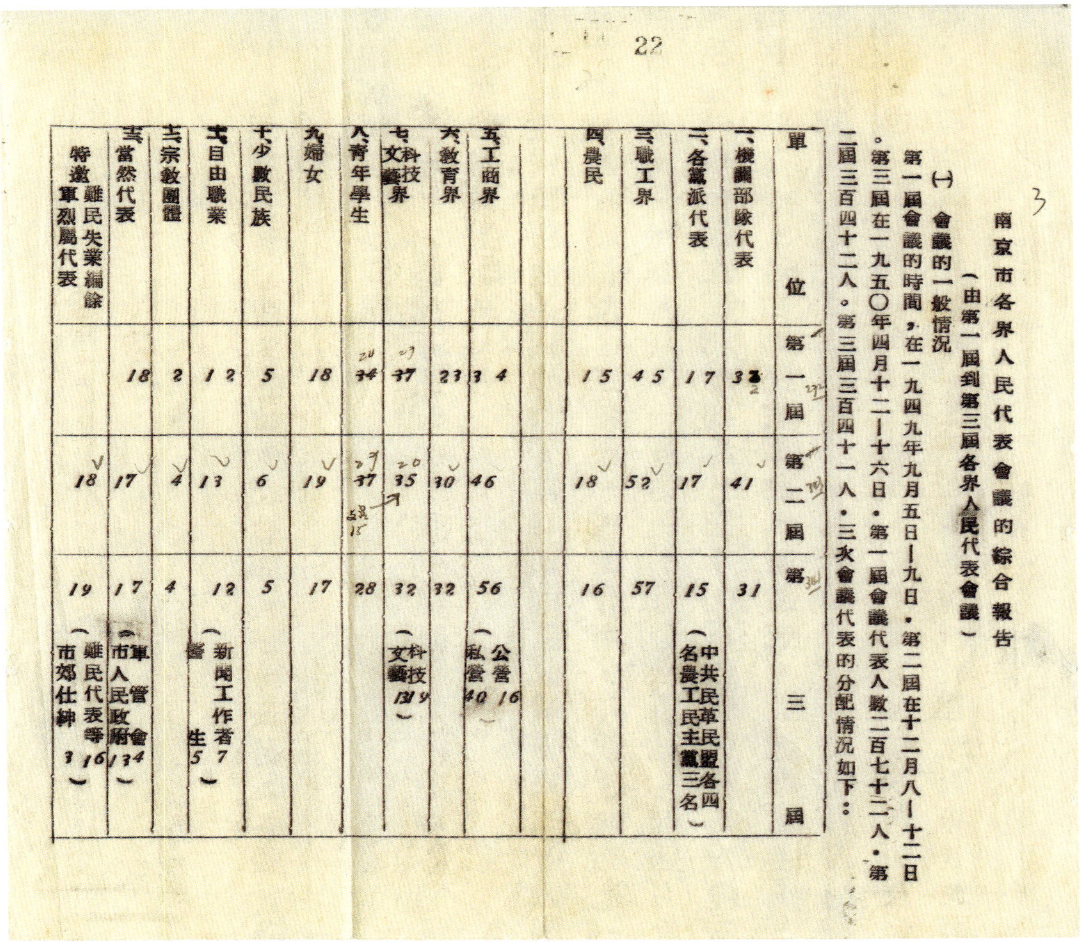

22

南京市各界人民代表會議的綜合報告

（由第一屆到第三屆各界人民代表會議）

㈠ 會議的一般情況

第一屆會議的時間，在一九四九年九月五日—九日。第二屆在十二月八—十二日。第三屆在一九五〇年四月十二—十六日。第一屆會議代表人數二百七十二人。第二屆三百四十二人。第三屆三百四十一人。三次會議代表的分配情況如下：

單位	第一屆	第二屆	第三屆
一、機關部隊代表	33	41	31
二、各黨派代表	17	17	15（中共民革民盟各四名農工民主黨三名）
三、職工界	45	52	57
四、農民	15	18	16
五、工商界	34	46	56（公營16 私營40）
六、教育界	23	30	32
七、科技文藝界	37	35	32（科技13 文藝19）
八、青年學生	34	37	28
九、婦女	18	19	17
十、少數民族	5	6	5
十一、自由職業	12	13	12（新聞工作者7 醫生5）
十二、宗教團體	2	4	4
十三、當然代表	18	17	17（軍管會13 市人民政府4）
特邀 難民失業編餘軍烈屬代表		18	19（難民代表等16 市郊仕紳3）

南京市各界人民代表会议的综合报告节选（由第一届至第三届各界人民代表会议）

從各屆代表的數字看，數字的減少和增加，亦可表明出各屆會議要解決的重要問題。

（二）會議解決了什麽問題

三次的會議是在不同的情况下進行的，我們抓緊了當時的中心問題，通過會議來號召全市人民共同克服困難

第一屆會議時在南京解放後四個月，當時國民黨遺留下來的這個爛攤子，有待收拾。許多接收的機關開始精簡，工商業一般的景氣，市面上流行着「解放軍好解放軍好我們台上[redacted]」[redacted]，一般市民的思想很混亂，通過這次會議，首先使羣衆認清南京是一個國民黨反動派統治廿三年的爲官僚服務的特殊的消費城市，使他們認識到當時的蕭條，是由國民黨反動派所造成。並進而通過了華東局的六大任務爲今後努力的方向，這次會議的結果，大大地消滅了民間叫囂抱怨的聲音。許多國民黨解僱了的或在解放後編餘的公務員，開始願意參加學習，及一般的比較願意過刻苦的生活，並有大批市民回鄉。經過這次會議我們在思想斗爭上面由被動轉爲主動。

從第一屆會議以後各地水災嚴重，南京城郊六萬畝以上的土地被淹，物價波動甚劇，災區大批難民源源來寧，又時屆冬令，那時的困難是很大的。所以在第二屆會議提出了處理難民，加强治安和準備春荒三個中心問題來共同研討。經過這次會議基本上使我們的政策和任務爲廣大羣衆所支持擁護，並共同執行。今後目一、二月至三月中旬爲止，即動員五萬六千人回鄉生產，以工代賑在修堤工程中，使農民作了廿二萬九千餘工，難民及失業者作了十萬九千餘工，民政局並進行了救濟發放款糧衣鞋等，使今年春節較國民黨統治時代更能平安的渡過，會中還產生了協商委員會，通過了冬季營業稅額和號召全市人民準備購買人民勝利折實公債等工作。

第三屆會議在南京解放後一週年之月召開。一年以來南京舊有的工商業，尤其是特殊消費性的商業處境更難，加以全國財政情況開始好轉，南京物價也趨向穩定，因而也大大打擊了傳統的投機倒把的工商業者，同時大批留戀城市的失業無業者，一年來典盡賣光，生活艱困，已有個別淪爲[redacted]，影響到治安問題。因此思想上混亂[redacted]和不安定的情況相當普遍，在工商界更甚。這次會議澄清了這種思想，並號召各界人民協同政府渡過難關，代表們一致認爲提出的四大任務是正確的，即㈠提高技術設備，正確執行勞資兩利政策以達維持與改造工商事業。㈡掃除障礙積極加強城鄉交流。㈢堅決執行中央統一財政的決定整頓與加強稅收，並確定春季稅額。㈣貫徹生產自救，節約疏散，經過這次會議的結果，將工商業界代表，在會前紛雜的意見基本上獲得統一，他們自己都覺得「確實」搞通了思想，會後我們接受工商界的建議協助他們召開了工商業界三百餘人的代表會，對於澄清他們的不正確的思想起了很大作用。同時也做好了各行之間的稅收的民主評議工作。其次通過這次會議，堅定了進步份子和中間份子，對於南京目前情況及發展前途的信心。

㈢ 經驗教訓

第一、經過三次會議初步做到了我們和各階級的團結合作，使我們的政策通過會議成爲大家的政策和具體行動的方針。這樣辦法遠勝過於出佈告下命令。要使這方面有更大的收獲，我們一方面可以針對每次會上的決議的問題邀請有關方面更多的代表出席，讓他們來發表意見，並提高認識，譬如第二三屆代表會議，已經有了決議，在廣泛傳達和貫徹執行上，可以召集臨時性的有關方面的代表會議，如二屆會後召集了難民代表會議，出席代表一六七人，規模雖然不大，但對疏散難民工作，起了很大的作用，在進行動員同鄉生產工作時，得到很大的帮助。又如在第三屆會議之後，我們同意工商業界召集他們自己三百八十七人的代表會，對於工商界搞通思想，提高認識，貫澈會議決議有了更大的功效。另方面，又能達到融洽團結。

第二、會前的準備工作是開好會議的關鍵，一般性的不詳細說，每次會議要解決當前必需解決的幾個主要問題。將二三件大事作成決議，使各界代表根據他所代表的階層單位，却提出他認爲重要的問題，而從全局看是次要的或不必要的問題，希望大會來辦，因此一面必須將要解決的問題事先準備好，並由各界廣泛進行醞釀，我們在第三屆會議開會以前將過去工作和今後任務的報告草稿寫好，經協商委員會研究後，分送給各界代表由他們召開座談會或個別徵求意見，這不僅又以集思廣益發揚民主，而且可以使代表有思想準備，集中考慮，會前有了醞釀以後，另一面至會議開始，就能使各界代表的意見全部擺出來，而會照顧到中心問題，我們也易於掌握，比如重大問題作成了主要決議，其他除不辦在外，則可交政府卽辦，參考或緩辦。如此便達到了我們的政治目的，使他們認識到局部利益服從全體利益，次要的服從主要的，而對於他們積極性也不致受到影響。

25

第三第一、二、三屆會議都會通過了一系列的提案，而且每案都「一致通過」，在這裏我們新的經驗是民主的形式和民主的內容問題，在第一屆會議時，各界代表大多希望百廢俱興，提出許多提案，要政府辦這辦那，我們則按輕重緩急，分即辦、逐步辦理、緩辦、已辦仍應續辦、及不辦等五種處理，案件雖然一致通過了，但有些意見仍是不能完全一致的。第二屆會議是先將要討論的問題於開會前提出提案就大致集中在三大問題上，並增加了小組討論的時間，這樣能使許多意見得到反覆討論，代表的思想就比較一致。第三屆會議是將討論的中心問題在會議前二十天提出，並將每個代表的提案都全文印發，待各小組討論得到結論，再蒐集整理，分類歸併重行印發給各小組研討。爲使工商界代表對問題能更充分的認識，曾在會外召開兩次座談會，對於會議的進行也有很大的幫助，最後將全部提案交大會討論通過，在內容上就有了更充分的民主，做到了有民主有集中，使形式和內容都統一在一致的認識上面，這在過去有些議決不辦的提案，就有不夠透澈的解釋清楚的情形，到第三會議，凡是即辦不辦者都有充分的解釋，使原提案人及其他代表都感到滿意和服貼。

26

想教育上獲得更大的勝利，就要依靠我們全體同志學會善於和非黨人士團結的工作。

3

總起來說，經過三次會議我們逐次都多少有了進步，在會前準備和民主內容方面說來，第三次會議更有較前顯著的進步。

38 十

統計材料之二四

(附表一—三)

南京市市區歷屆各次各界人民代表會議統計

附表

中共南京市委辦公廳編研室整理

一九五一年十月

南京市市区历届各次各界人民代表会议统计（一九五一年十月）

89

南京市市、區歷屆各次各界人民代表會議統計（附表一——三）

一、共開六次市各界人民代表會議：

㈠一屆一次：一九四九年九月五日至九日，共五天。

㈡一屆二次：一九四九年十二月八日至十二日，共五天。

㈢一屆三次：一九五〇年四月十二日至十六日，共五天。

㈣二屆一次：一九五〇年十月廿三日至廿九日，共七天。

㈤二屆二次：一九五一年四月八日至十二日，共五天。

㈥二屆三次：一九五一年八月卅日至九月二日，共四天。

二、各次市代表會議黨與非黨代表比例：

㈠一屆一次共二七二人，黨員佔百分之三九、三。非黨人士佔百分之六〇、七。特邀代表佔百分之六、六一。

㈡一屆二次共三四三人，黨員佔百分之三七。非黨人士佔百分之六三。特邀代表佔百分之四、九六。

㈢一屆三次三四一人，黨員佔百分之三三、一。非黨人士佔百分之六六、九。特邀代表佔百分之五、五八。

㈣二屆一次五四九人，黨員佔百分之三六、〇七。非黨人士佔百分之六三、九三。特邀代表

—1—

40

— 2 —

佔百分之八、一。

㈤二屆二次六四九人。黨員佔百分之三〇、五。非黨人士佔百分之六九、五。特邀代表佔百分之六、五。

㈥二屆三次六五〇人，黨員佔百分之三一、五四。非黨人士佔百分之六八、四六。特邀代表佔百分之六、三。

三、二屆一次市各界人民代表會議代行市人民政府代表大會的職權，通過了本市人民政府暫行組織條例，本市各界人民代表會議協商委員會組織條例。選舉了市協商委員會、市人民政府委員會、市長和副市長。成立了市人民政府的四個委員會：

㈠南京市人民政府人民監察委員會。

㈡南京市人民政府財經委員會。

㈢南京市人民政府文化教育委員會。

㈣中國人民救濟總會南京分會籌備委員會。

四、城區各界人民代表會議

㈠開會日期：

⑴一屆一次：四區開會時間是一九五一年一月，其他各區普遍在四月至五月召開。

⑵一屆二次：各區均在一九五一年十月上旬召開。

41

4

—3—

(二)代表人數：

(1)一屆一次：各區代表總數爲九二一人，佔總人口百分之〇、一二。

(2)一屆二次：代表總數爲九二四，佔總人口百分之〇、一三。

1 附表(一)

42

5

南京市歷屆各次各界人民代表會議情况統計表

會議次數		第一屆						第二屆					
		第一次		第二次		第三次		第一次		第二次		第三次	
召開日期		1949年9月5→9日		1949年12月8→12日		1950年4月12→16日		1950年10月23→29日		1951年4月8→12日		1951年8月30→9月2日	
會議日數		5		5		5		7		5		4	
代表總額		272人		343人		341人		549人		649人		650人	
各界代表之人數及其占總代表人數之比例	機関部隊代表	32人	11.8%	41人	11.9%	31人	9.1%						
	中共南京市委會代表	5	1.8%	5	1.5%	4	1.2%	5人	0.9%	5人	0.8%	5人	0.8%
	民革南京分部代表	4	1.5%	4	1.2%	4	1.2%	5	0.9%	5	0.8%	5	0.8%
	民盟南京市支部代表	4	1.5%	4	1.2%	4	1.2%	5	0.9%	5	0.8%	5	0.8%
	農工民主党南京工委會代表	4	1.5%	4	1.2%	3	0.9%	4	0.7%	4	0.6%	4	0.6%
	職工界代表	45	16.5%	52	15.2%	57	16.7%	98	17.8%	118	18.2%	118	18.2%
	教育界代表	~~x~~ 23	8.5%	30	8.7%	32	9.4%						
	科學技術文藝界代表	~~34~~ 27	9.9%	20	5.8%	19	5.6%						
	青年學生代表	24	8.8%	27	7.9%	25	7.3%	50	9.2%	60	9.2%	60	9.2%
	婦女代表	18	6.6%	19	5.5%	17	5.0%	35	6.4%	45	6.9%	45	6.9%
	少數民族代表	5	1.8%	6	1.8%	5	1.5%	6	1.1%	6	0.9%	6	0.9%
	自由職業者代表	12	4.5%	13	3.8%	~~4~~							
	宗教團体代表	2	0.7%	4	1.2%	4	1.2%						
	文藝工作者代表			15	4.4%	13	3.8%						
	軍烈屬失業編餘代表			18	5.2%	16	4.6%						
	市軍管會代表					4	1.2%	2	0.4%	2	0.3%	2	0.3%
	市人民政府代表					13	3.8%	22	4.0%	23	3.5%	23	3.5%
	新民主主義青年团代表					3	0.9%	4	0.7%	4	0.6%	4	0.6%
	公營企業代表					16	4.6%						

南京市歷屆各次各界人民代表會議情况統計表

會議次數		第一屆						第二屆					
		第一次		第二次		第三次		第一次		第二次		第三次	
召開日期		1949年9月5→9日		1949年12月8→12日		1950年4月12→16日		1950年10月23→29日		1951年4月8→12日		1951年8月30日→9月2日	
會議日數		5		5		5		7		5		4	
代表總額		272人		343人		341人		549人		649人		650人	
各界代表之人數及其與總代表人數之比例	農民代表	15人	5.5%	18人	5.2%	16人	4.7%	25人	4.5%	35人	5.4%	35人	5.4%
	工商界代表	34	12.50%	46	13.4%			65	11.8%	77	11.9%	77	11.8%
	私营工商業代表					40	11.7%						
	医護工作者代表					5	1.5%						
	新聞工作者代表					7	2.0%						
	市郊士紳代表					3	0.9%						
	教育科學界代表							50	9.1%	60	9.2%	60	9.2%
	文化界代表							24	4.3%	24	3.7%	24	3.7%
	合作社代表							5	0.9%	9	1.4%	9	1.4%
	公安警備工作者代表							25	4.7%	25	3.9%	25	3.9%
	城區代表							49	8.9%	63	9.7%	63	9.7%
	駐軍部隊代表							16	3.0%	18	2.8%	18	2.8%
	軍烈屬代表							5	0.9%	7	1.1%	7	1.1%
	宗教界民主人士代表							5	0.9%	8	1.2%	8	1.2%
	九三學社代表									4	0.6%	4	0.6%
	民建南京籌委會代表											2	0.3%
	當然代表(特邀)	18	6.6%	17	4.9%			44	8.0%	42	6.5%	41	6.3%

3　　44

南京市歷屆各次各界人民代表會議情況統計表

會議次數				第一屆			第二屆		
				第一次	第二次	第三次	第一次	第二次	第三次
召開日期				1949年9月5→9日	1949年12月8→12日	1950年4月12→16日	1950年10月23→29日	1951年4月8→12日	1951年8月30日→9月2日
會議日數				5	5	5	7	5	4
代表總額				272人	343人	341人	549人	649人	650人
代表産生辦法	選派		人數	254	326	322	505	607	609
			百分數	93.39%	95.04%	94.42%	91.9%	93.5%	93.7%
	特邀（當然）		人數	18	17	19	44	42	41
			百分數	6.61%	4.96%	5.58%	8.1%	6.5%	6.3%
党員代表與非党員代表比例數	党員			39.3%	37.0%	33.1%	36.7%	30.5%	31.54%
	非党人士	進步		12.1%	13.8%	14.95%	19.13%		
		中左		35.7%	24.9%	27.0%	15.12%		
		中間					16.58%		
		中右		12.9%	24.3%	24.95%	13.10%		
		小計		60.7%	63.0%	66.90%	63.93%	69.5%	68.46%
重要決議及中心議題				會議通過為建設真正健全繁榮的新南京而斗爭，今後決定下列六大任務：1、以最大努力支援前線，鞏固後方治安。2、協助政府積極疏散人口。3、恢復與改造南京生產事業。4、開闢財源，克服當前財經困難。5、提倡樸素勤儉。6、努力肅清反動思想毒素，積極參加建設新民主主義教育事業。	1、加強治安工作，保護人民生命財產安全。2、互濟互助處理難民。3、生產節約防備春荒。	1、具體執行統一財經工作。2、進一步開展生產自救運動。	以柯市長報告為準繩，並深入發動群众堅決鎮壓反革命活動，進一步[illegible]團結各民主階層，繼續努力進行工商業維持與改造工作，貫徹生產自救，扩展三[illegible]千户工人、農民及其他勞動者的教育運動，為爭取南京市經濟情況進一步好轉而奮斗。為保衛世界和平反對美帝國主義侵略而斗爭。	1、繼續深入扩大抗美援朝運動。2、嚴厲鎮壓反革命活動。3、搞好生產，暢通城鄉物資交流。	在深入的愛國抗美援朝，土地改革，鎮壓反革命三大運動已有的成績的基礎上，集中力量搞好生產，並進一步開展民主建設，市政建設，文化教育工作。

0

附表(二)

8

45

南京市城區一屆一二次各界人民代表會議情況統計表　（二）

一九五一年十月

區別		第一區 一屆一次	第一區 一屆二次	第二區 一屆一次	第二區 一屆二次	第三區 一屆一次	第三區 一屆二次	第四區 一屆一次	第四區 一屆二次	第五區 一屆一次	第五區 一屆二次	第六區 一屆一次	第六區 一屆二次	第七區 一屆一次	第七區 一屆二次
代表總額 男		125	115	115	121	142	142	119	114	119	117	109	102	109	113
代表總額 女		25	28	35	29	31	33	34	32	40	37	30	35	8	6
代表總額 合計		150	143	150	150	173	175	144	146	150	154	137	137	117	119
區政府	人數	10	9	12	13	12	13	12	12	9	9	12	6	12	12
	比例	6.6%	6.2%	8%	9%	7%	7%	8.3%	8.3%	5.99%	5.99%	8.83%	4.4%	10.2%	10%
區委	人數	2	3	2	2	2	2	2	2	1	2	3	2	2	2
	比例	1.4	.201	1.4	1.4	1	1	1.4	1.4	0.67	1.3	2.26	1.47	2	1.7
團工委	人數	1	1	2	2		1	2	2	1	1	1	1	1	1
	比例	0.7	0.07	1.4	1.4		0.56	1.4	1.4	0.67	0.65	0.35	0.35	1	0.8
婦聯	人數											1	1		
	比例											0.35	0.35		
公安警備	人數	2	2	4	4	4	2	4	4	4	4	6	6	4	4
	比例	1.4	0.4	2.6	2.6	2	1	2.8	2.8	2.9	2.6	4.4	4.4	3.4	3.4
職工	人數	34	34	22	24	19	24	29	30	32	32	30	30	32	32
	比例	23	23.7	14.8	14.8	11	13.6	20	20	21.3	20.8	22.6	22.6	27.2	27.2
農民	人數	3								3	3	1	1	15	15
	比例	2								2	1.9	0.35	0.35	13	12.6
青年學生	人數	10	10	15	15	11	5	20	3	10	8	2	2		3
	比例	6.6	7	10	10	6	2.7	13.2	2.2	6.7	5.2	1.47	1.47		2.5
婦女	人數	10	10	20	20	17	17			8	8	10	10		
	比例	6.6	7	13	13	10.9	10.7			5.34	5.2	7.35	7.35		
教育界	人數	5	5	12	12		5		7	7	7	4	7	6	3
	比例	3.4	3.4	8	8	[illegible]	2.7		4.8	4.6	4.68	2.92	5.1	5	2.5
工商界	人數	15	15	13	13	22	22		6	8	8	10	10	12	12
	比例	10	10	8.8	8.8	13	13		4	5.34	5.2	7.35	7.35	10.2	10.2
合作社	人數	3	3		1		1	4	4	3	3	2	2		
	比例	2	0.2		0.66		0.56	2.8	2.8	2	1.9	1.47	1.47		
街道居民	人數	42	42	30	30	63	59	52	56	49	49	30	32	22	22
	比例	28	29	20	20	36	33.6	36.2	38.4	32.63	32.7	22	23.47	19	18.4
軍烈屬	人數	3	3	2	2		1			2	2	2	2		
	比例	2	0.2	1.3	1.3		0.56			1.33	1.33	1.47	1.47		
船民	人數											3	3		
	比例											2.2	2.2		
特邀	人數	10	6	12	12	13	17	18	20	12	17	20	22	11	13
	比例	6.6	0.4	8	8	7	10	12	13	8	11	14.6	13.6	9	11
人民團體醫藥界	人數					10	6			1	1				
	比例					6	3.4			0.67	0.65				
其他	人數			4											
	比例			2.8											

（參加代表單位人數及比例）

說明：

(1) 召開日期：一屆一次均在十月上旬普遍召開。一屆二次四區典型試驗係在一九五一年一月，普遍召開係在一九五一年四至五月。

(2) 兩次代表會議尚未代行人民代表大會職權。

(3) 城區總人口為六七〇、六二五人（內男三五三、三四六人，女三一三、二七九人），成年人口（十八歲以上）共有四五三、一〇八人（內男有二三四、六五七人，女二一八、五五一人）。

(4) 第一屆第二次代表總額為九三六人，佔總人口（五月份總人口為七三六、九四六人）0.12%，佔成年人口（五月份成年人口為四九七、三三〇人）0.18%。

(5) 第一屆第一次代表總額為九三四人，佔總人口（十月份總人口為六七〇、六二五）0.15%，佔成年人口（十月份成年人口為四三五、二〇八人）0.21%。

(6) 代表產生方法：一屆係採集各區的統計資料，一屆二次係本局民政科同志根據各區材料凡為黨政軍統戰人民團體機構有選舉條件者均列為選舉，據統兩次統計數字中出現顯然有些情況不合理，因此說明此材料不確實，僅供一般參考。

註：表列比例數均係百分比數

(1)

46

區別	第一區		第二區		第三區		第四區		第五區		第六區		第七區	
區會屆次	一屆一次	一屆二次	一屆一次	一屆二次	一屆一次	一屆二次	一屆一次	一屆二次	一屆一次	一屆二次	一屆一次	一屆二次	一屆一次	一屆二次
代表更動情況		共更動十四人其原因：⑴已離開本區⑵有關題的。		共更動廿八人其原因：遷出本區的十六人、調動工作的十二人。		共更動三十人，內撤職八人增加二人為職二十一人。		共更動四十三人其原因有三：⑴已離本區⑵遷出撤換⑶群眾要求撤換。		特邀代表增加手工業者七人		共更換三十人內有二人是特邀的其他為回鄉生產或工作調動或群眾要求撤換。		變換二十一人
中心議題	(1)延續深入擴大抗美援朝運動。(2)大張旗鼓鎮壓反革命。(3)搞好生產暢通城鄉物資交流。	在愛國增產抗美援朝、土地改革、鎮壓反革命三大運動的基礎上集中力量搞好生產，進一步開展民主建政市政建設文化教育工作。	(1)繼續深入擴大抗美援朝愛國主義教育(2)貫徹懲治反革命條例(3)舉辦居民福利事項。	在搞好生產的中心任務下大力開展民主建政及文化教育工作，進一步改造手工業及提倡扶持有銷路的副業，繼續深入抗美援朝運動。	(1)擴大深入抗美援朝愛國主義運動，(2)貫徹鎮壓反革命活動，(3)改進生產暢通城鄉物資交流。(4)加強市政建設。	在搞好生產為主方針原則下清通城鄉物資交流，大力改造手工業，進一步開展民主建政文化教育工作，	(1)加強冬防進一步鞏固社會治安。(2)大力開展疏散與生產自救工作。(3)有重點的整理街道衛生。	貫徹市二屆三次代表會議決議集中力量搞好生產，進一步開展民主建政市政建設和文化教育工作。	(1)開展抗美援朝運動(2)繼續貫徹鎮壓反革命。(3)發展組織生產。	貫徹市二屆三次代表會議決議，在愛國主義深入三大運動的基礎上集中力量搞好生產[illegible]進一步的開展民主建政文化教育市政建設為中心。	(1)貫徹愛國主義教育(2)鎮壓反革命	在繼續愛國主義開展抗美援朝鎮壓反革命土地改革三大運動的基礎上集中力量、搞好生產愛國增產進一步開展民主建政、市政建設文化教育等工作。	貫徹市二屆二次的決議，抗美援朝鎮壓反革命和土地改革。	搞好城鄉物資交流，發展工業和農業生產。
備攷														

(2)

三

发展生产

（一）各行业调查概况

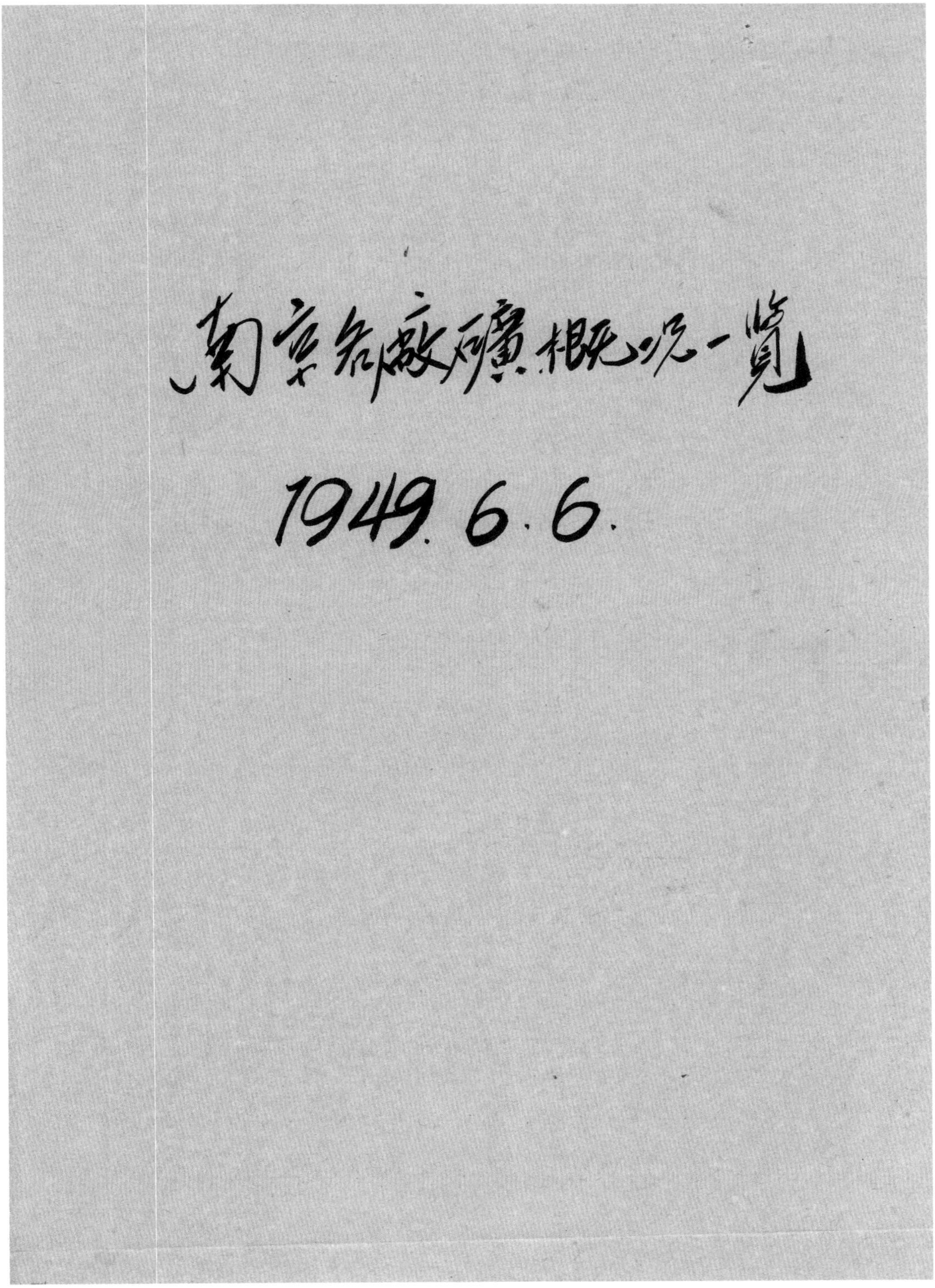
南京各廠礦概況一覽

1949.6.6.

南京各厂矿概况一览（一九四九年六月六日）

一、各廠礦概况一覽

廠礦名称	廠礦所在地	簡單沿革	主要工具与主要產品	最高產量	職工人數			
					職員		工人	
					技	普	技	普
電照廠	邁皋橋	1946年自美國買机器，1947年新建	美國新机器兩套，中國机器一套，出產灯炮与真空管	最高產量達十万只，目前每月產五万只	16	9	23	10
電瓷廠	燕子磯	1945年從衡陽移來	有塵煉製瓷金工，倒焰窯炉等工具，出產各种絕緣件	每月可燒坯件21噸	19	31	31	43
無線電廠	珠江路	1946年自昆明移來	有裝配無线電机器250具，主要是裝備收發报机收音机	每月可製收音机240只，收發报机60只	35	18	50	32
有線電廠	邁皋橋	1946年從昆明移來	裝備電話机、交換机、保安設備等218套，主要產品電話机、交換机、保安机	每年出電話机交換机各500门，保安設備一万门	44	13	39	31
化工廠	燕子磯	係去年新建，尚在修建中	已備二硝基氯化苯机器一套，主要製造二硝基氯化苯（染料）	每月可產50噸	7	12	6	28
農械公司	大光路	救濟總署主办，全為美人控制	各种母机十四部，專制中耕機、軋棉机、碾米机	每月可產中耕机30部，軋棉机、碾米机各十部	20		24	
華中礦务局馬鞍山分礦	馬鞍山	原為日人創办，後被國民党接收	發电机五部，抽水机一部，主要設備齊全，出產硫化鉄	每月12000噸	24	63	102	207
皖南電廠	馬鞍山	1947年7月建立	五仟瓩發電机兩套，鍋炉兩具，本年底可以全部完成	完成後可發電一萬瓩	26	16	68	24
釀造廠	建康路	原為日人創造，後為國民党接收	有醬油製造机、豆油製造機、肥皂製造机，出產醬油、豆油、肥皂	每日可製醬油6000斤	8		25	
麵包廠	中山北路和會街	日人創办，後為國民党接收	麵包製造机全套	每日可製麵包20000斤	15			
偽供应局龍潭煤礦	句容龍潭白華山	原為[illegible]1947年被國民党接收	手工開採無煙煤	月出七百餘噸	3		190	
偽勵志社龍潭煤礦	句容龍潭楊家窯	原為私营，為勵志社接收	抽水机、打風机、起重机各一部，主要出產無煙煤	月出四百餘噸	7		50	
偽供应局煤球廠	湖北路	1947年建立，專[illegible]煤球	手搖机五部，電動机兩部	每日可打煤球十萬斤	2		7	
自來水廠	貢院街上新河上來庵	民國十六年開办，迄今廿二年	各式抽水机30部，各式變压器25座，各式水管24000公尺，水表1000只	每日可出水55000度	43	116	98	211
首都電廠	下關熱河路西華门新街口挹江门	開建於民國十年，由建設委員会主办，廿六年由揚子公司接办，卅八年由資委会接办	鍋炉六座，四座較老，二座較新，祇能供汽發電22000瓩，發電机六部全部發電量可達34000瓩	六月份發電量1800瓩，發電度6175000度，抄見度3,705000度	133	203	650	211
汽車公司	首都汽車公司办事處在中山路，廠在中正路	民國卅六年由南京市政府創办迄今	各式汽車98輛，修車机器30餘部	六月份每日出車25輛，以後可增至40輛	111	218	111	22
備考	職員總數1097人，工人總數2308人。							

二、對各廠礦情況分析、處理方針及生產計劃要點：

甲　對各廠礦情況的分析：

1. 各廠礦有係新建不久，尚未開工，有係自他處遷來不久，自淮海戰役後，即處於停頓或半停頓狀態，但大部設備，均未遭受損失。

2. 各廠礦常因負責人而分成若干派系，明爭暗斗，在工廠管理方法上帶有很大封建性，因之產生員工矛盾、派系矛盾等。

3. 原料多仰給於美國，多者在90%以上，少者亦在30%左右，有的（如農機場）從原料購買到設計推銷都操於美人之手，實際上成為美帝托拉斯的附屬機構。

4. 有些廠礦隨便安插私人，給以名義，因此使非生產人員增多，其薪給支出有的竟佔成本的57%者，因為虧本時可以取得政府的財政補助及受戰爭貨幣貶值的影响，各廠礦均未建立比較嚴格的成本核算制度，企業化的程度很差，有的則根本沒有企業觀念。

從下表看管理人員與工人比例（內中因停工非熟練工人曾疏散一批）

單位名称	職員數目		工人數目	
	技術	普通	技術	普通
皖南電廠	26	16	68	24
華中礦務局	24	63	102	207
電照廠	16	9	23	16
無線電廠	35	18	50	32
有線電廠	44	13	39	31
電瓷廠	19	31	31	43
化工廠	7	12	6	28
總計	171	162	319	381

從下表看成本計算比例（可以看出成本高的原因）

單位名称	成本計算比例				
	原料	人工	间接生產费用	薪给	管理费
電照廠	38.36%	5.02%	8.36%		47.66%
電瓷廠	15.50%	2.13%	8.07%	57.27%	16.95%
有线電廠	47.26%	8.21%	14.25%	17.49%	12.99%
無线電廠	58.10%	20.04%	9.80%	10.97%	1.09%
化工廠	55.96%	6.09%	6.09%	8.13%	23.71%
農械公司	28.03%	20.14%	23.50%	8.53%	19.83%

—第二頁—

乙. 處理方針:

根據以上分析我們是在國民黨官僚的買辦的封建的所謂"企業"基礎上進行復工,要達到企業化,達到繁榮經濟發展生產的目的,還必須經過較長時間的改進過程,目前又處於戰爭情況下,在原料採購、成品推銷、擴大再生產上都必然受到一些限制。因此,目前復工是有困難的。

但從另一方面來看:①從繁榮經濟發展生產上來講,目前意義雖然不大,但這些廠礦其中絕大部份還是有發展前途的 ②目前各廠礦所存原料少可維持三月,多可維持一年或二年,雖然一時不能獲得利潤,甚至虧本,但與其坐吃山空,財政補助,則不如恢復生產,一則可穩定員工情緒,二則可以減少財政開支,三則可以從恢復生產中逐漸改進與整頓,向企業化邁進。因此我們認為確有復工之必要,但因主客觀條件所限,目前祇能局部大部或全部恢復生產,除個別單位外,暫不擴大生產。因此我們對不同廠礦情況,採取不同的處理方針與辦法。

1. "首都"電廠,目前方針是加強管理,減低成本,保証供給工業以低廉的電力,減低工業用電成本,給公私企業以發展便利。根據工業發展狀況逐步修理擴充發電供電設備,因此只有自足自給,不給予財政任務。
2. 自來水廠因與市民生計及工商業發展有關亦不應給以財政任務,但在自足自給的原則下,應設法增加送水量,使市民能得到充分水的供應。
3. 華中礦務局馬鞍山分礦(因永利復工及可換取外匯)第一期三个月開採12,000噸硫化鐵的任務完成後,即可恢復最高生產量月採12,000噸
4. 有線電廠、無線電廠、電瓷廠、電照廠、化工廠、釀造廠、煤球廠、農械廠、"首都"汽車公司,目前還祇能局部恢復生產,待原料(儘量減少外國原料,力求自製)銷路及其他條件具備時再全部復工及擴大再生產。
5. 偽勵志社招待所、龍潭煤礦與偽供應局。龍潭煤礦因產量少成本高,質量壞,銷路少,採取以下三個辦法:①退回原主經營 ②交給工人自己經營 ③停工。

所有各公營企業均必須經營企業化與管理民主化,但進行必是有調查的,有步驟的,有計劃分兩步走:

關於經營企業化步驟:第一步提出初步建立成本核算制度,號召愛護工具節約原料,保証生產計劃完成,建立企業化初步基礎。第二步提出嚴格的經濟核算制度通過職工裁減冗員,減少開支,增加生產,使其進入

—第三頁—

企業化。

関於管理民主化步驟：第一步調查研究，加強教育，由職工座談会、代表會成立職工籌備會，大事均經過大家討論，樹立正確觀念。第二步組織工廠管理委員会及職工會。

丙、計劃綱要：

各廠礦主要產品如前面概况所述，各廠礦詳細計劃另有計劃書，本期計劃完成後

產品總值	135,236,790元	（缺"首都"電廠、汽車公司）
產品售價	124,500,400元	（〃 〃 〃）
虧損數字	10,736,390元	（各事業單位亦不在内）
虧損原因	見上述	
貸款總數	附表：	

建設局所屬各生產單位貸款统计表

貸款单位名称	貸款數字	備註
"首都"電廠	100,000,000元	三个月生產計劃
"首都"汽車公司	12,000,000元	〃 〃
自來水廠	—	無需貸款
南京電照廠	4,411,000元	一个月生產計劃
"中央"電瓷公司	36,130,000元	四 〃 〃
"中央"有線電器材公司	10,328,380元	一 〃 〃
"中央"無線電器材公司	13,080,000元	一 〃 〃
"中央"化工廠	32,887,500元	一 〃 〃
華中礦務局	20,116,500元	三 〃 〃
中國農業機械公司	6,853,000元	一 〃 〃
皖南電廠	234,255,840元	
下關農場	300,000元	七个月生產計劃
富貴山農場	250,000元	〃 〃 〃
黃梅橋農場	2,000,000元	〃 〃 〃
南京乳牛場	1,000,000元	〃 〃 〃
孝陵衛農場	400,000元	〃 〃 〃
總計	474,042,220元	

—第四頁—

建設局各所屬單位經費預算表

單位名稱	經費數目	備註
"中央"農業實驗所	2,282,224元	三个月預算
農林部	12,730元	〃 〃
"中央"林業實驗所	1,010,614元	〃 〃
農業推廣委員會	2,104,280元	〃 〃
蘇皖區推廣繁殖站	205,300元	〃 〃
棉產改進處	1,113,390元	〃 〃
"中央"畜牧實驗所 東南獸疫防治处	23,485,442元	〃 〃
蠶產改進处	284,960元	〃 〃
農業經濟研究所	71,600元	〃 〃
農田水利工程处	58,280元	〃 〃
資源委員会	12,500,000元	〃 〃
南京市工務局	96,729,500元	〃 〃
總計	139,858,320元	

生產貸款	474,042,220元
事業費	139,858,320元
總計	613,900,540元

（接下頁）

三、幾個要解决的問題：

(一)成品推銷与原料採購：各廠均有困難，因其过去的供銷関係均被打乱，各廠均無推銷能力，因此建議由貿易公司統一採購与推銷銀行貸款以收購成品办法為最好。

(二)建議将各厰礦党的領導，職工運動的領導統一起来，党組織公營企業党委，職工会組織分工會。

(三)江南水泥公司(私營，顏惠庆為董事長)供電問題：該廠在棲霞山，廠已建好，机器已裝好，只等電力每日可出水泥750噸，过去曾架过线路，後破壞，彼要求送電開工，電廠同意，加线材料已大部存在，只差1800萬元之數，該廠已允出半數，電廠每月可出300萬元，不用公家貸款3月可完畢，我们意見可以架設。

(四)皖南電廠，準備建設一萬瓩火力發電廠，已投資92%現需再投資234785840元之數即可完工，電的用途：一補南京蕪湖之不足。二是供給馬鞍山礦廠之用。三是灌溉。從今天看均不需要，如馬鞍山鉄礦生產擴大，及江南水泥廠用電後，可即發揮作用。因此我们意見允其継續建設，政府投資如不能支出如此數量款子，可先建5000瓩供電設備，以供南京及馬鞍山之用。~~如此投款可減少一半。~~

(五)我们建議各廠名之"中央""首都"字樣均改為"南京"字樣。

1949.6.6.

南京市私營鋼鐵紅炉廠坊概況調查表

南京市總工會籌委會調查研究室

1949、9、8、

南京市私营钢铁红炉厂坊概况调查表（一九四九年九月八日）

南京市私营钢铁冶炼厂坊概况调查表 1949.9.8. 南京市总工会筹委会调研室

厂坊名称	地址	经理人	资金（人民币）	产品	职工人数 职员	工人	学徒	合计
夏盛兴焕记炉坊	中华门外西街29号	夏明焕	1,313,000元	农具。				
茂记夏盛兴冶坊	仝上	夏毛氏	1,417,000元	已停二三年。				
鑫顺泰冶坊	中华门外西街36号	盛镛贵	4,088,730元	年产：农具18000个，砂锅350担，糟锅50担。		4	3	7
鼎泰炉坊	石鼓路127号	周唐氏	1,160,000元	机器生铁另件。		1	3	4
鉎泰冶坊	石鼓路16号	叶银金	2,063,870元	仝上。		3	3	6
大同铁工厂	青石街18号	孙尚金	1,141,461元	年产：轧米机另件40部，切面机另件80部，轧花机另件46部，印刷机另件35000磅。	无	3	7	10
叶大铁工厂	珠江路莲花桥居安里四号之二	叶汝茂	900,000元			1	1	2
源昌铁工厂	珠江路346号	龚汝源	1,279,000元			3	1	4
永大机器铁工厂	林森路四吉里廿号一12	张万兴	1,362,000元				2	2
东昌机器铁工厂	下关二板桥廿号21.	王万如	3,100,000元	农具，轮船另件。	1	2	7	10

11

陳泰昌鐵工廠	新街口25号	陳廣泰	350,000元				1	1
三泰机器鐵工廠	大豐富5号2	侯仲良	136,600元	年出[illegible]水電工程另件8000磅	1	1	4	6
德厚記鐵工廠	洪武路23号-1	陳德海	2,000,500元	來模[illegible]年產120,000磅		5	9	14
建華机器鐵工廠	大石橋拉53号	章阿民	300,000元	螺絲、船釘另件。	3		2	5
華中企業公司	太平路421号-1	福秋府平	1,000,000元	年產：[illegible]鍬5000把，[illegible]鍬5000把道[illegible]農具等。	2	4		6
宣[illegible]机器鐵工廠	丹鳳街[illegible]40号	盧占庭	51,400元	年產銅窗200噸，鐵门插件18噸螺絲、鉚釘、道釘等。				
~~聚興鍋廠~~	~~中華路內橋灣#80-1~~	~~周清祥~~	~~914,000元~~				1	1
聚興鍋廠	中華路內橋灣#80-1	周清祥	914,000元	年鑄鍋10,000口。	2	4	3	9
榮声鐵工廠	白下路#247-4	裴雄忠	180,000元	建築鐵品、工具修配、三輪車及貨車另件。	1	1	3	5
新泰鐵工廠	白下路125号	信梅根	30,000元	年產螺絲36,000只			1	1
恒利机器鐵工廠	莫愁路248号	曹信貴	800,000元	生鐵另件。			1	1
同興机器鐵工廠	市府路43号	徐墨民	40,400元	木工用具、家用鐵器。		1	2	3
永和合記鐵工廠	白下路267号	姚錫明	55,000元	修配各種另件。			1	1

陸軍

（納谷產·京東）

12

						陸		軍
中國修利汽車鉄工廠	林森路97号	沈阿二	300,000元	修改鋼板，装配另件。	1		4	5
萬兴電焊鉄工廠	湖北路267-1号	唐锡安	90,000元	修理鍋炉，水箱及電焊。			1	1
協兴鍋炉廠	廣州路169/171号	胡玉山	532,800元					
華東泉記電焊鉄工廠	中央路6号	鄧泉根	200,000元				1	1
浙江電焊鉄工廠	湖北路93号	張雲良	100,000元					
大星電焊鉄工廠	明瓦廊74-1号	黄大貴	100,000元					
吴順电焊工廠	延齡巷29号	蘇宾麒	120,000元					
複泰电焊工廠	上海路99号	刘祥根	80,000元				1	1
華明电焊工廠	寧海路65-5号	管成龍	100,000元				1	1
建業电焊工廠	白下路91号		140,000元				2	2
惠餘昌电焊工廠	漢中路98号	惠和卿	523,000元			1	2	3
永錩电焊工廠	漢中路125号	陶彩林	150,000元				1	1
民生馬達電焊工廠	中山東路432	吴克忠	400,000元	電焊工程，兼修自行車。	1		2	3
華兴電焊廠	上乘庵20号	袁其昌	72,000元				1	1

（納谷奧·京東）

13

華新電焊廠	田吉營9号	蔣錫祥	400,000元				2	2
滬江電焊廠	林森路30号	張榮標	1,000,000元		1		2	3
企華鉄工廠	華僑路33号	吳榮華	300,000元		1		1	2
復興鉄工廠	華僑路35号	秦桂榮	50,000元			2	1	3
陸源興鉄工廠	寧海路65-5号	陸鳳岐	80,000元				2	2
中華鉄工廠	仝上	周金祥	80,000元					
頂泰祥鉄工廠	珠江路772号	丁俊卿	2,480,000元	螺絲,鋼窗,拉門,電信器材等。			2	2
錢聚興鉄鋪	珠江路718号	錢阿根	107,500元	螺絲,鉄門,鉄窗。			1	1
周聚興鉄工廠	珠江路466号	周全福	299,500元	仝上			2	2
周宏昌鉄工廠	珠江路394号	周項福	201,500元	仝上			1	1
項森泰鉄號	珠江路401号	朱峻庆	74,500元	仝上			1	1
罗荣兴鉄鋪	武学园61号	罗荣兴	120,000元	修配各种鉄器。			1	1
聚兴銅鉄电焊号	武学园60号	周伯群	168,000元	修理各种車輪电焊等			1	1
鑫泰鉄鋪	豐富路255号	陳思喜	246,000元	修理汽車另件,鋼版。		1	1	2

陸軍

(納谷農·京東)

南京市私營工廠機器業統計表

南京市私营工厂机器业统计表（一九四九年九月十五日）

南京市私營工厂統計表

1949.9.15

廠名	廠長	经理	地址	職員	工人	有否工会组织	
						職工会負責人	会員人數
永利錏廠	李承幹 趙頸齋	侯德榜	卸甲甸	185	2042		有
中国水泥公司		姚乃炽	龙潭	57	290		有
有恒面粉厂	李胡林			48	187		有
新穀染織廠	蒋華生			21	367		
中国光明煙草公司	許雨亭		大板巷57號	14	84		
普丰麵粉廠		孟冠英	漢中門二道埂子街116號	5	87		
首都火柴廠	余永植	睢家源		10	49		
励志社龙潭煤矿			句容縣龙潭楊家窑	161			
供应局龙潭煤矿			龙潭白華山	34	250		
青龙山煤矿							
江南汽車公司		吴琢之	中央路599號	140	380	代表会 蔡彭之	有
合計 11	6	5		514	3756	1	

說明：励志社龙潭煤矿的一百五十一人因未分职员与工人所以合計数内没算在内

南京市私营機器業統計表

1949.9.15.

廠名	廠長	經理	地址	職員	工人	有否工會組織	
						職工會負責人	會員人數
林昌機器廠	裴光林	(兼經理)	林森路79號	1	32		
永泰昌銅鐵廠		阮杏清	〃〃〃164〃	2	6		
新泰昌機器廠		寧 波	糖坊橋26〃	1	6		
同昌機器五金廠		宋西宏	中山東路42〃		4		
洪興機器五金廠		洪兆昊	估衣廊25〃		2		
有志機械廠		王富根	漢中路管家橋29號		2		
萬泰〃〃〃		李兆華	新街口糖坊橋76號		2		
華成機器廠		沈中根	林森路37號		3		
大業〃〃〃		楊金	淮清路79〃	2	5		
協記茂業銅鐵廠		裴家倫	真豐路100號		24		
三友炊事機器鐵工廠		王子毅	中山路228〃	1	17		
趙榮豐機器廠		趙鳳儀	姚家巷1號		5		
震興機器鐵工廠		張志洪	新姚家巷35號	1	7		
文明機器廠		盛志英	建康路260號		3		
公平機器電焊廠		徐仲明	中山北路75—2號				
慎昌汽車材料製造廠	趙財根	夏云峽	中山路202號	4	53		
大豐機器廠		時豐榮	中山東路353號		2		
順興機器廠		嚴光才	碑亭巷167號				
新華五金銅鐵廠		呂鏡臣	珠江路403號		4		
永記昌五金銅鐵廠		朱長海	碑亭巷58號		2		
合計 20	2	19		12	179		

南京市私營機器業統計表

1949.9.15.

廠名	廠長	經理	地址	職員	工人	有否工會組織	
						職工會負責人	會員人數
長興泰印刷機器製造廠		顧長來	林森路143號	1	10		
姚炎泰銅鐵機器廠		姚秋發	珠江路271號		2		
順昌五金廠		朱伯順	〃〃〃505〃				
京昌機器鐵工廠		王錫昌	林森路75〃	1	5		
泰昌協記機器廠		童根云	牌坊橋44—46	1	7		
大興汽車材料廠		朱劍石	中山路44號	2	16		
鼎豐機器鐵工廠		徐	林森路13號	4	17		
發興〃〃〃〃〃		張正元	漢中路96號	1	8		
義豐〃〃〃〃〃		陳 祿	香鋪營9號	3	7		
華東協記〃〃〃			林森路90號	1	9		
振豐機器廠		湯根秀	〃〃〃205〃		9		
永昌世記機器廠		朱世橋	〃〃〃213〃		2		
中央合記〃〃		承國清	〃〃〃217〃		2		
協昌機器廠	毛子富		湖北路298號		2		
德昌〃〃〃	倪德亮		林森路103號	1	6		
大興〃〃〃	杜文寶		中山路鼎新里7號		3		
平和軒〃〃〃	嚴定北		林森路41號	1	8		
環球〃〃〃	李鶴年		珠江路196號		4		
中國機械廠	徐漢平		中山路182號	1	14		
大昌機器廠	徐世和		洪武路208號	2	2		
合計 20	7	12		19	133		

南京市私營機器業統計表

1949.9.16.

廠名	廠長	經理	地址	職員	工人	有無工會組織	
						職工會負責人	會員人數
祥成機器廠	楊言生	陳金祥	碑亭巷102—3號	1	12		
合興昌〃〃〃	王大義		林森路248號	1	6		
寶興···		薛文明	珠江路394號	1	2		
新大···		沈根茂	洪武路137號	1	7		
華毅電機廠		王聚荣	〃〃〃 69〃	1	12		
金昌機器廠		李荣根	武學園59號		3		
林大〃〃〃		宋焕文	洪武路158號		3		
義順興〃〃〃		戴春泉	英齡巷29號		3		
瑞昌〃〃〃		任根春	洪武路178號		1		
新大祥···		徐錫富	中山東路434號	2	8		
華昌〃〃〃		杜仲良	丁家橋湖北路298號		1		
合計	11	2	10	7	55		
總計	51	11	41	38	367		

工廠：共計工廠拾[illegible]個（内有工會組織者四個未有七個）

經理 [illegible]人
廠長 [illegible]人
職員 [illegible]人
工人 [illegible]人
（有工會者5769人其内未有工會者519人）

機器業：共計伍拾壹個

廠長 拾壹人
經理 肆拾壹人
職員 叁拾捌人
工人 叁佰陆拾柒人

南京
公营企业情况表
1949.10.31.

南京市公营企业情况表（一九四九年十月三十一日）

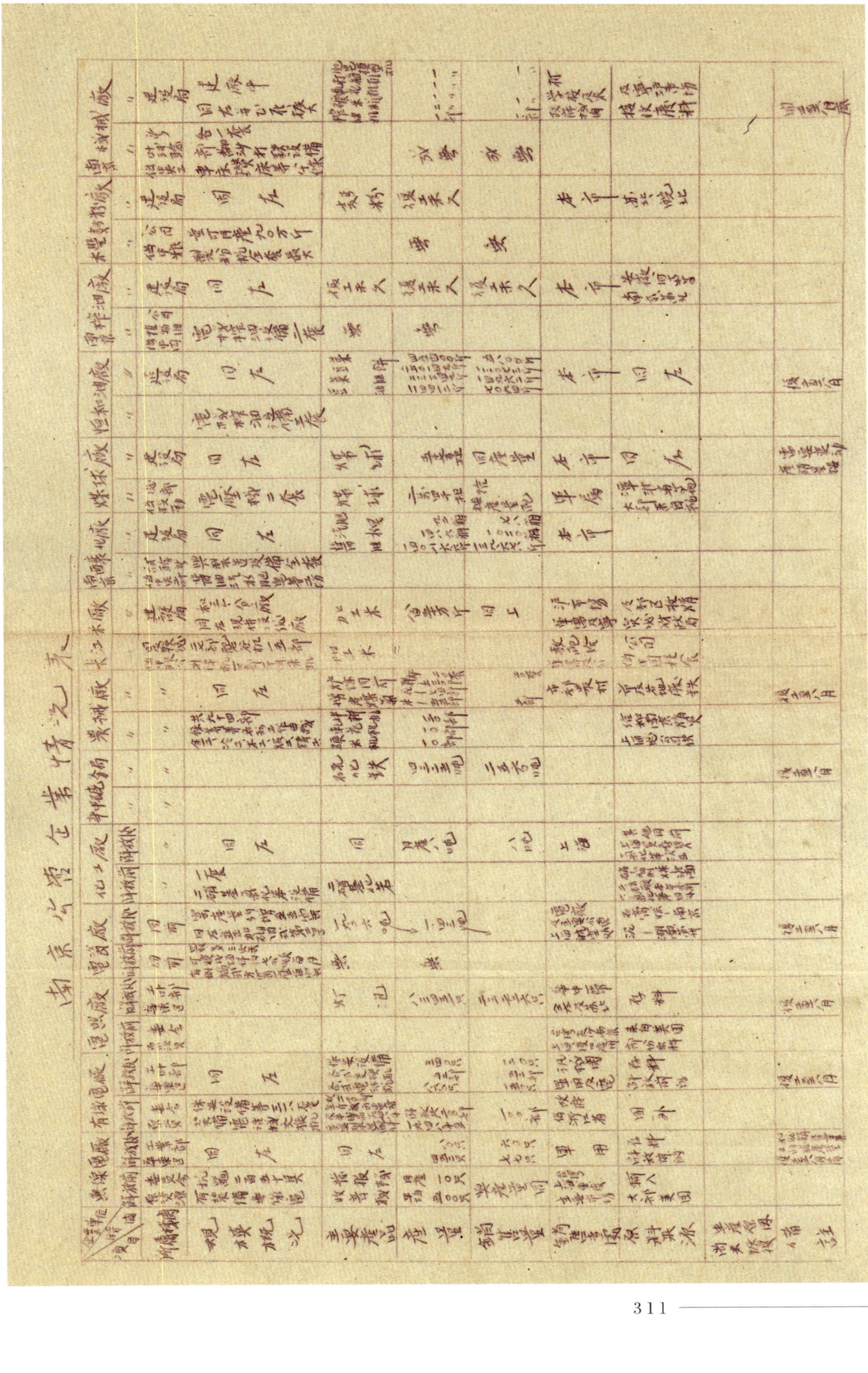

南京公营企业情况表

项目	無線電廠	有線電廠	電照廠	電瓷廠	化工廠	華中硫化鍋	農械廠	長江木廠	南京釀化廠	煤球廠	恒和油廠	南京榨油廠	大豐麵粉廠	南京機械廠
所屬機關	資源委員會 / 華東工業部	資委 / 華東工業部	資委 / 華東工業部	同前	同前	〃	〃	〃	建設局	建設局	建設局	建設局	建設局	建設局
規模概況	同左	同左	[illegible]	[illegible]	一套 二硝基氯化苯設備 / 同左	[illegible]	同左	同左現有設備	同左	電壓機二套 / 同左	電機榨油設備三套 / 同左	電機榨油設備二套 / 同左	同左	建廠中
主要產品	收音機 報話機 / 同左	[illegible]	燈泡	無	二硝基氯化苯 / 同	鉛丸化鐵	[illegible]	加工木	[illegible]	煤球	[illegible]	要	麵粉	[illegible]
產量	月產一〇只 平均五〇只	[illegible]	八三三三只	無	一四三吨 / 月產八吨	四三三吨	[illegible]	〇方尺	[illegible]	同左	[illegible]	要	復工未久	[illegible]
銷售量	與產量同	一〇〇部	二三七六只		八吨	二五〇吨	[illegible]	同上	[illegible]	同產量	[illegible]	要	復工未久	或要
銷售市場	台灣 上海 重慶 主要市場 / 軍用	政府 備用	華中一帶	電廠	上海		市郊農村	數配給	滬市場	本市	本市	本市	本市	學校 政府機關
原料來源	購入 大部美國	國外	存料	[illegible]	[illegible]		上海	[illegible]	[illegible]	大部本國	同左	同左	蘇北 皖北	接收 廢料
生產困難及恢復														
備註	[illegible]	復工至八月	復工至八月	復工至八月		復工至八月	復工至八月			[illegible]	復工至八月			[illegible]

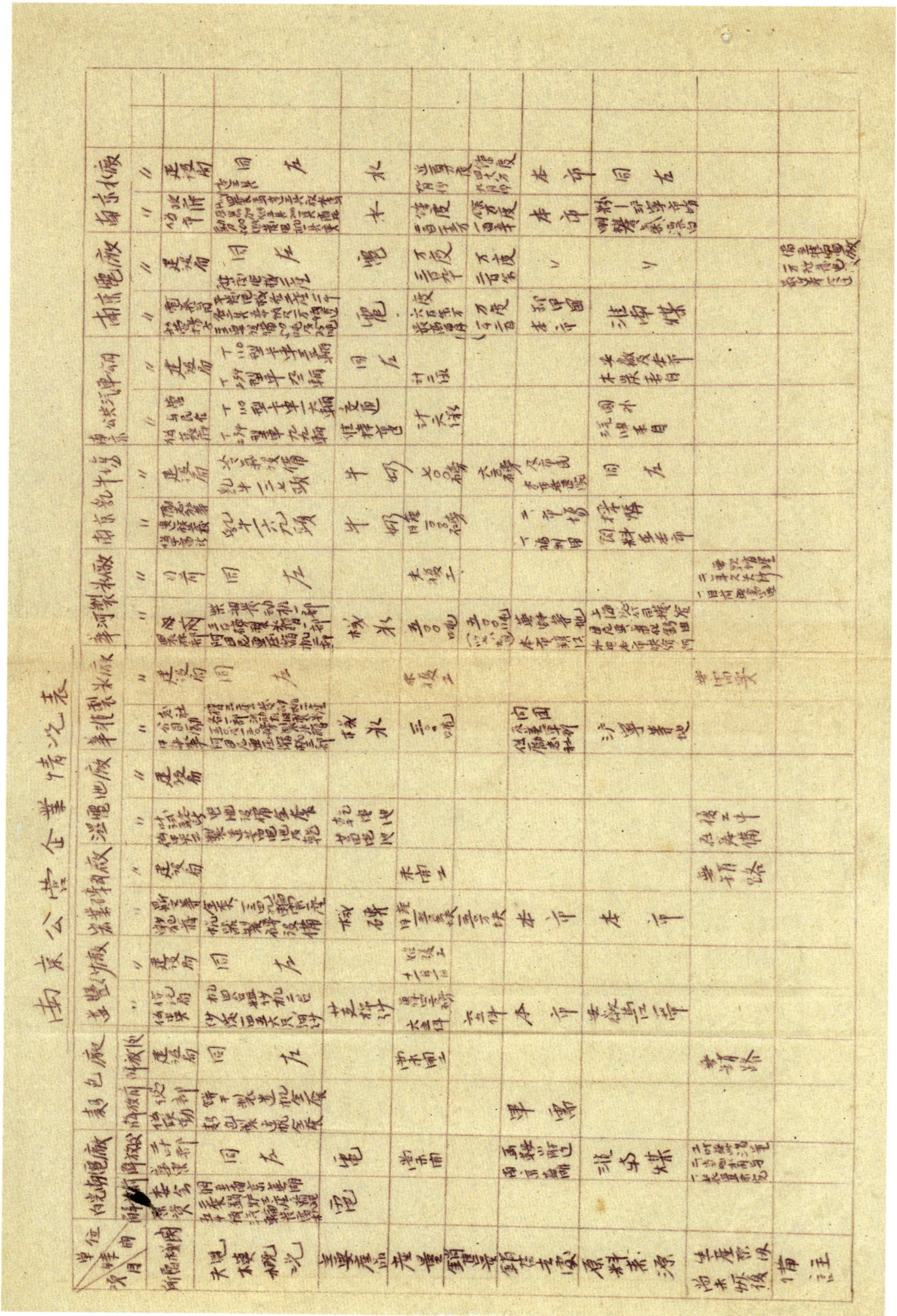
南京公营企业情况表
单位
时间
项目
主要产品
生产量
原料来源
备注

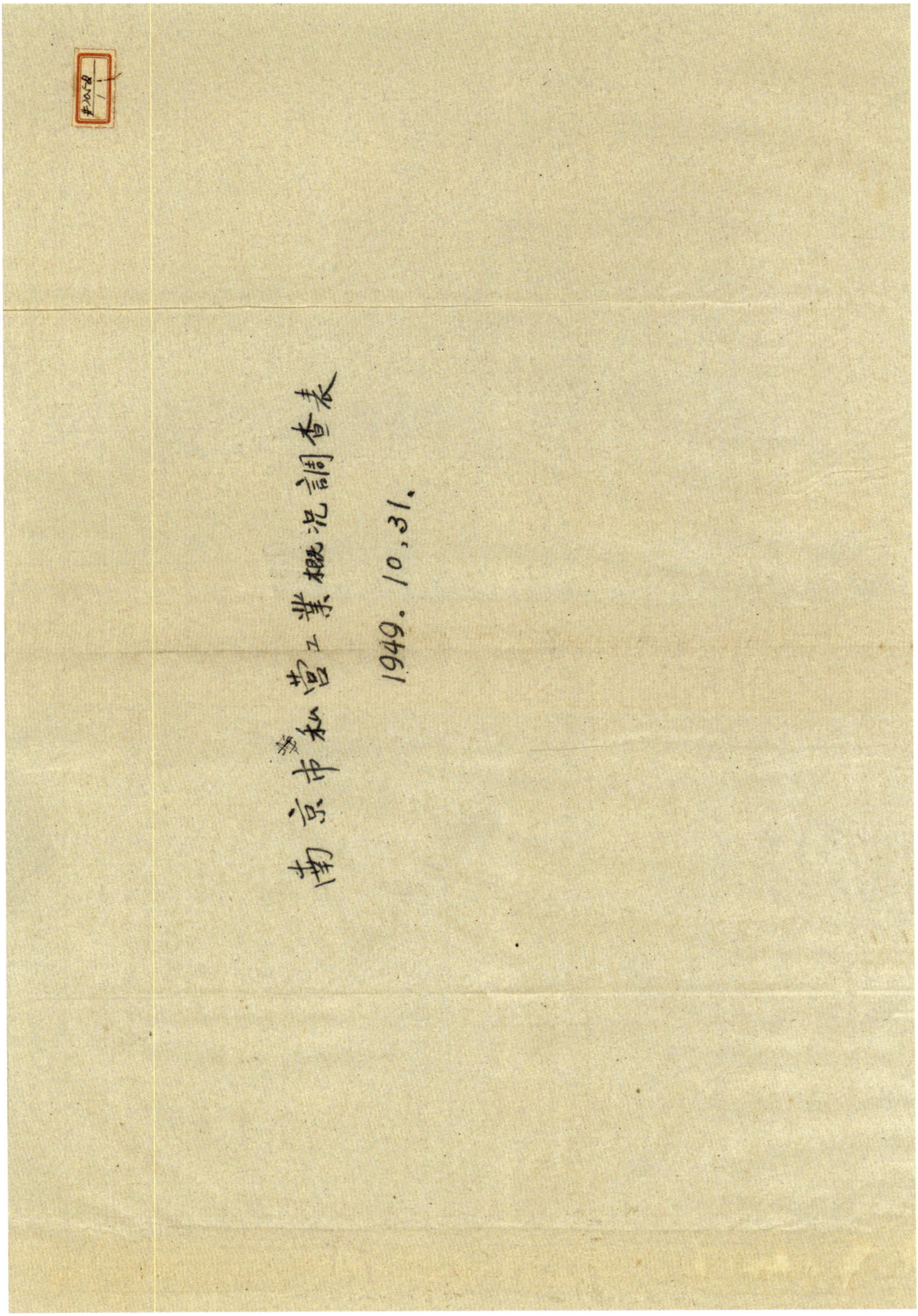
南京市私營工業概況調查表
1949.10.31.

南京市私营工业概况调查表（一九四九年十月三十一日）

南京市私营工業概况調查表（单独厂）

1949年10月31日

業别	家数：有设备自动者	家数：无设备动力者	主要设备	产品：种类	产品：产量	原料：种数	原料：来源	销路	与解放前比较	備攷
永利公司铔厂	1		煤气厂、煤炉、煤车、高压机、合成器、冷凝器、酸塔、炼水、给水设备、硝酸厂、硫酸厂、锅炉、发电机、消防电器、起重、交通等设备，机械、化验、触媒、车、钳、锻、铆、翻、锻、焊等工厂及其他附属设备无数，职工二千余人，规模甚大	硫酸铔 铔液 硫酸 硝酸 硝铔	年产36,000吨 〃 〃 7,600〃 〃 〃 25,000〃 〃 〃 3,600〃 〃 〃 3,600〃	焦炭 烟煤 硫铁矿 电力 其它	年需34000吨 自蚌埠来 年需40000吨 自淮南矿来 年需35,000吨 自当涂、马鞍山来 日需55,000度 先购自电厂现在自发 辅助材料购于国内外	台湾最多，闽粤次之，武汉湘渝又次之，江浙长江下游与北番最少	因销路减少，不如解放前之生产量，但现在逐渐推广，已与解放前大致不相上下了	
中国水泥公司工厂	1		旋转窑、碎石机、球磨机、锅炉、发电机、蒸气、柴油引擎等，职工约四百人，尚有规模。	水泥（泰山牌）	年产120,000吨	石灰石 石膏 铁石	就地所取用量甚多 年需42,000吨 来自湖北 年需2,800吨 来自马鞍山	主要：上海、南京 次要：汉口、广州	京沪一带解放后，各种建筑房屋停歇，销路断绝，因而停工，现在时局稳定，广州解放，该厂在筹备复工中	尚未登记
江南水泥公司	1		具有同上之设备惟规模较小耳						筹备多年迄未开工，今冬有开工之望。	尚未申请登记
石灰厂		约十余家	除烧窑外无他	石灰	国光厂年产约六仟担，其余小厂不计	石灰石	採自四郊各山	本市	解放后营业清淡，现仅有三小厂申请登记，余未复業	
火柴		1	1.排梗机二部 2.折梗机一部 3.理梗机一部 4.调磷机一部 5.磨磷机一部 6.油灶一座 7.除垃圾机一部	火柴	月产200箱	氯酸钾 白脂油 赤磷 牛胶 梗枝 盒片	氯酸钾、白脂、赤磷、牛胶均向上海购，梗枝盒片己皖 县购买	本市、燕湖、津浦路沿线	该厂解放前停工，解放后增加设备，并已全部开工。	
麺粉	2		1.麦筛十部 2.打麦车九座 3.刷麦车三部 4.乔丫部十四部 5.风箱五部 6.磨子卅四部 7.皮面发十五部 8.麸皮车八部 9.圆筛廿七部 10.漂粉机七部 11.麦粉打包车二部 12.麸皮打包车三部 13.缝袋机五部 14.发电机三部	麺粉 麸皮	每月麺粉最高生产量30万包 麸皮48,000包	小麦	本市及徐、蚌、扬州、泰县	销本市、本市郊县，有时运至天津、北京销售	不但恢复并超过解放前的生产力	目前有恒每月面粉12万袋，普丰厂暂时以小麦来源困难停工

1966年1月抄

酒精	1		1.汽油引擎一部 2.20匹电动机一部 3.轧棍二部 4.蒸气锅炉一部	火酒	月产6,000介仑	芭米 红粮 元麦 山芋乾	本市及皖北	本市	解放后新设工厂	
植物油	1		1.夹滚筒一付 2.夹饼机一部 3.大木榨三付 4.小木榨四付 5.20匹柴油引擎一部	菜油 花生油 豆油 麻油	月产90市担	菜子 花生 黄豆 芝麻	本市燕湖蚌埠	本市	同上	
炼油		2	1.锅炉二只 2.水汀炉二只 3.水箱二只	煤油	月产400桶（每桶53介仑）	柴油	向本市市场收购	本市及徐蚌	解放后新设者一家，无论新老目前因原料收购困难业务不振	
食品	2		1.马达七只 2.轧麵机二部 3.烘炉一座 4.挂麵机一部 5.打印机一部 6.果回机一部	饼干 挂麵 点心 麵包	饼干月产99,000斤 挂麵〃12,000斤 点心〃30,000斤 麵包月作120袋粉	麵粉 糖	本市	本市	业务不及解放以前	
南京新毅纺织公司第二厂		1	织布部：英製织机80台，筒子机300锭，纡子机180锭，整 机二台，码布机一台，打包机一台； 印染部：染缸8只，烘乾机2座，拉幅机1台，上浆[illegible]机2台，码布机一台，锅炉2座。	元布	月产6,000余疋	廿支纱 硫化元 硫化碱 烧碱 煤 柴油	30%由无锡总厂供给，其余购自上海、无锡、常州一带，颜料燃料皆购于南京上海一带	销於南京市与津浦路一带	民卅七年国民党「八一九」限价，该厂因原料与电力关係而停工，今年四月南京解放后复工，现亦完全恢复正常状态	
新安纺织厂		1	松花机二台、清花机一台，梳花机六台、纱车2,768锭，打小包机一台，車床二台，七眼捐条机二台，三号粗纱机二台，摇纱车十六台，打大包机一台，鉆床一台、刨床一台	廿支纱	月产120件纱	棉花	一部棉用美棉购于上海，一部棉用国棉购于江苏、乌江、泰州、桥林一带	销於本市及津浦路沿线、江北各县	民卅七年国民党「八一九」限价，该厂停工，已解放后因原料缺乏及筹集资金关係尚未开工，以上係该厂在未停工前之情形	尚未復工

1966年1月抄

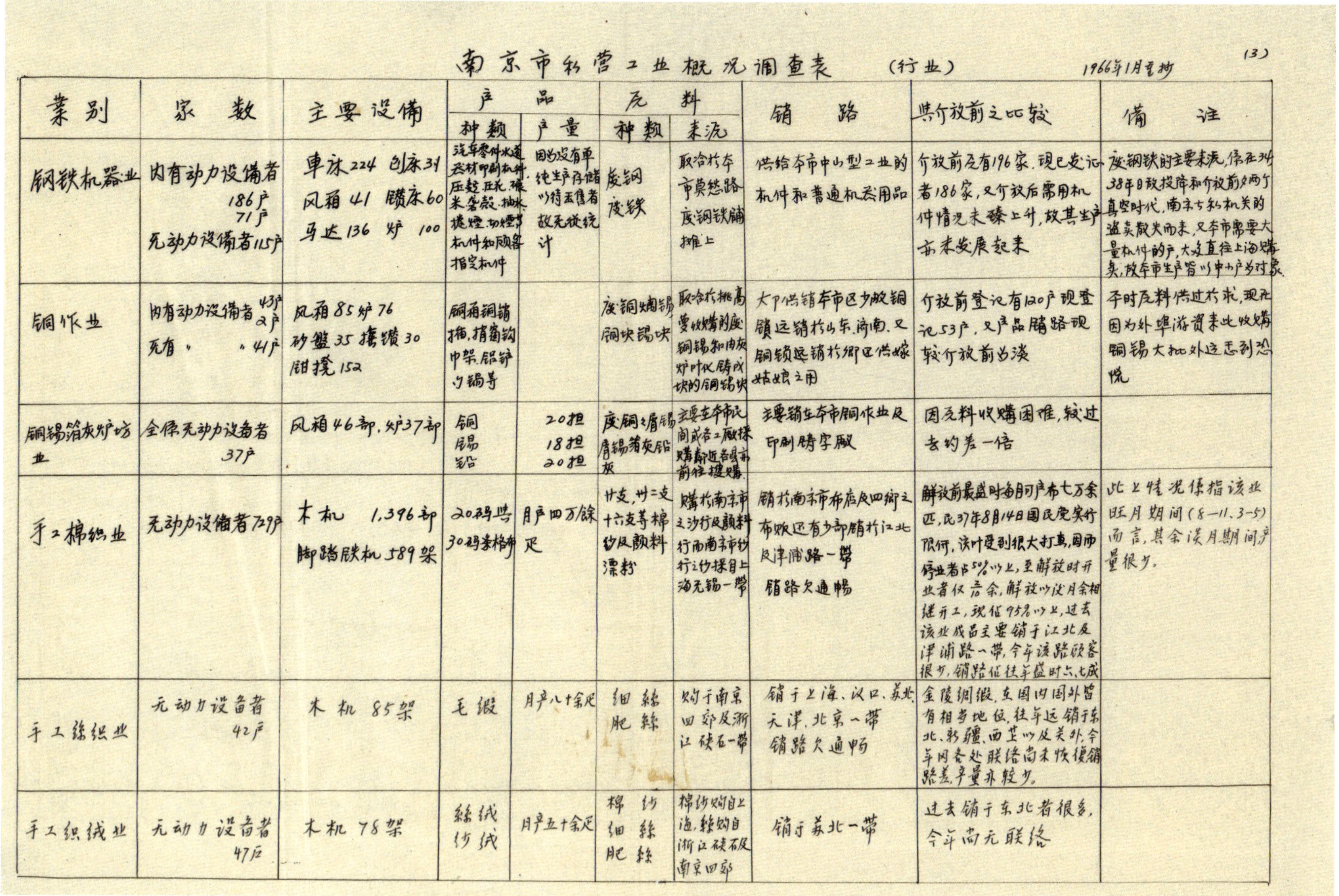

(3)

南京市私营工业概况调查表 （行业） 1966年1月重抄

业别	家数	主要设备	产品 种类	产品 产量	原料 种类	原料 来源	销路	与解放前之比较	备注
钢铁机器业	内有动力设备者 186户 71户 无动力设备者115户	车床224 刨床31 风箱41 镟床60 马达136 炉 100	汽车零件水道器材印刷机件、压麵、压花、碾米、砻榖、抽水、捲烟、切烟等机件和顾客指定机件	因为没有单纯生产存储以待出售者，故无从统计	废钢 废铁	取给于本市莫愁路废钢铁铺摊上	供给本市中小型工业的机件和普通机器用品	解放前原有196家，现已登记者186家，又解放后需用机件情况未臻上升，故其生产亦未发展起来	废钢铁的主要来源，係在34—38年日敌投降和解放前夕两个真空时代，南京之私机关的遗弃散失而来，又本市需要大量机件的户，大多直往上海购买，故本市生产皆以中小户为对象。
铜作业	内有动力设备者 4户 2户 无有〃 〃41户	风箱85 炉76 砂盘35 攥钻30 甜搅152	铜箱铜锁搭、搭窗钩巾架、铝铲勺锅等		废铜烂锡，铜块锡块	取给于桃高营收购的废铜锡和由灰炉叶化铸成块的铜锡块	大户供销本市区乡敝铜锁运销于山东、济南、又铜锁还销于乡区供嫁姑娘之用	解放前登记有120户现登记53户，又产品销路现较解放前为淡	平时原料供过于求，现在因为外埠游资来此收购铜锡大批外运恐到恐慌
铜锡箔灰炉坊业	全係无动力设备者 37户	风箱46部，炉37部	铜 锡 铅	20担 18担 20担	废铜々屑锡屑锡箔灰铅灰	主要在本市民间或各工厂採购邻近各县亦前往搜购	主要销在本市铜作业及印刷铸字厂	因原料收购困难，较过去约差一倍	
手工棉织业	无动力设备者729户	木机 1,396部 脚踏铁机589架	20码呢 30码条格布	月产四万余疋	廿支、卅二支十六支等棉纱及颜料漂粉	购于南京市之纱行及颜料行而南京市纱行之纱採自上海无锡一带	销于南京市布店及四乡之布贩还有少部销于江北及津浦路一带 销路欠通畅	解放前最盛时每月可产布七万余匹，民37年8月14日国民党实行限价，该业受到很大打击，因而停业者占50%以上，至解放时开业者仅六百余，解放以後月余相继开工，现位95%以上，过去该业成品主要销于江北及津浦路一带，今年该路顾客很少，销路仅往年盛时六、七成	此上情况係指该业旺月期间（8—11、3—5）而言，其余淡月期间产量很少。
手工丝织业	无动力设备者 42户	木机 85架	毛缎	月产八十余疋	细丝 肥丝	购于南京四郊及浙江硖石一带	销于上海、汉口、苏北、天津、北京一带 销路欠通畅	金陵绸缎，在国内国外皆有相当地位，往年运销于东北、新疆、西藏以及关外，今年因各处联络尚未恢复销路差，产量亦较少。	
手工织线业	无动力设备者 47户	木机 78架	丝线 纱线	月产五十余疋	棉纱 细丝 肥丝	棉纱购自上海，丝购自浙江硖石及南京四郊	销于苏北一带	过去销于东北者很多，今年尚无联络	

業别	家数	产品		原料		销路	与解放前之比较	主要设备	备注
		种类	产量	种类	来源				
手工云錦业	无动力设备者12户	库锦 金緞		絲 纱线 金线	絲购于浙江硖石，纱购于南京纱行金线购于江苏龙潭	销于南京上海	过去成品销于蒙藏、华北、南洋及外侨现在各地缺少联络，销路甚差	木机27架	
皂烛碱工业	有动力设备者3户 无动力设备者44户	肥皂 口碱 洋烛	肥皂5.500箱 口碱7.990市石 洋烛425箱	牛油 皮油 猪油 蓖麻油 泡化碱 烧碱 黄粉 碱粉	牛油 南京 皮油 〃 猪油 〃 蓖麻油 〃 泡化碱 〃 黄粉 上海 碱粉 天津	本市、本市郊县	该业户数比解放前增加15家，一般说此已较以前发达	冷箱60 碱模2500个 皂架3700只 烛机280只 皂锅74个 马达10只 调和锅2只 冷板机3只 甘油机2套	

43

業别	家数	主要設備	產品 种類	產品 產量	原料 种類	原料 來源	銷路	與解放前之比較	備註
印刷叶	193家 有动力設備者23 無动力設備者170	对開机 28部 全开机 2" 四 " 66" 六 " 1" 元盤机 403" 电机鑄字炉 8" 手摇 " 28" 馬达 41" 切纸机 34" 石印机 38" 照相制版机 6" 刷線机 15"			白报纸 毛边纸 各种洋纸 各色油墨	上海 江西福建 上海 "	营叶对象为本市公工商叶。	因过去多係替偽中央机構服务而發达起来的，現在对象消失，故目前营叶仅及过去1/5。	营叶状况異常蕭條，尤其中大型者形成半停叶状态，現亟謀向外拓展中。
製革業	無动力設備者126户	推皮板 刮皮板 泡皮缸	硬皮 軟皮	600張	牛皮、驴皮、馬皮、羊皮、狗皮，红礬、烤胶，栲子、火碱黄，藍粉。	西京、上海、徐州、蚌埠。	本京70%，上海20%，苏州10%，	因"节约"营叶不如以前。	
牙刷叶	" 45户	馬鑽63套，鋸子61把 闸毛刀28把，铜印38付，烘箱20個，	牙刷、	105000支	牛骨、猪鬃、汽油、弦子，曹达粉、硫酸	本市、徐蚌、泗阳、上海，苏州。	本市及临县、徐蚌、济南、開封。	解放後曾一度衰落，目前因市场活跃，已恢復舊观。	
釀酒叶	" 3户 有动力設備者6户	馬达3部，引擎1部， 柴油机1部，石磨5"， 缸825只，风車5"，	酒	28000市斤	高粱、玉米、大麦。	本市，	本市	因"节约"消耗出的酒已不如解放前有銷路。	
汽水菓汁業	無动力設備者10户	压瓶机 9 沙濾机 7	橘汁 汽水 菓露	2000箱 2500" 2500"	糖、菓色 橘汁、糖精 苏打	本市及上海	本市	因大家節约营業不如以前、解放	
製冰業	無动力設備者10户	製冰机 24架	冰及冰棒	570噸 14.4万枝	自来水、蜡纸、糖精、香料	本市	本市	因節约関係营業不如以前、	
捲煙業	有动力設備者2户 無动力設備者75户	手摇用電的用捲煙机76部 大捲煙机3架 切烟机2架 压筋机2架 烘烟机1架 馬達1部 40匹引擎1部	捲煙	300箱	煙葉 捲煙纸 香料	桐城許昌 上海 上海	本市及本市隣縣 津浦路沿线	比解放前發達	

营造廠	无动力設備者232家	大規模营造厂约十余家，能造各种大厦及其它建築工程，但无設備。	楼平房各种建築及道路工程。	不詳。	建築材料甚多。	本市、上海及国内外皆有	本市	解放前约700余家，解放後一落千丈，现在局势转稳，小工程逐渐开始。	已登记者232家，申請登记者尚有百余家。
磚瓦廠	〃　20余家 有动力設備者10余家	大工厂约五六家，用机器制造磚瓦，每家有工人数十至三四百人不等。	宏業廠 天津廠 京华厂 義合东 復兴厂 南京厂 其它小廠 → 不詳	紅磚1200万塊 〃 400 〃 〃瓦 900 〃 〃磚 850 〃 〃〃〃 1000 〃 〃瓦 200 〃 〃磚 500 〃 〃〃 450 〃 瓦 40 〃	泥土、芦柴、煤炭	就地採取、本市或淮南	本市 外埠極少	解放後多数停业，现正逐渐小規模恢復中。	已登记者34家，申請者数家。
水電工程行	無动力設備者72家	但有按装水电工程各种工具	水工程 电工程	卫生暖氣水管等工程之按装，电灯、电氣等工程之按装。	水电材料甚多。	来自国内外，以上海為多。	本市，	比解放前一落千丈，几無按装，工程只有少量修理。	已登记。
电鍍拋光廠	有动力設備者12家	有电鍍器具、马达、电动机、拋光車等，每家有二三至八九工人不等。	电鍍銅鎳克罗米與拋光等。	代客加工如各种器皿、钟錶、五金用具、錶壳等。	銻、鉛、鎳板，[illegible]布，硫、克罗米矾、砂粉，红白[illegible]各种油塊。	〃	〃	不如解放前发达，但影响不大。	尚未登记。

45 南京市工業資本總額統計表

一九四九年十一月 單位：折實储蓄單位 （第一頁）

類別	業別	各業資本總額	佔總資本百分比
本月	總計	49,769,630	100
鋼鐵機械工業	小計	617,050	1.2
	鋼鐵機器	588,466	1.18
	銅作	15,974	0.01
	電鍍拋光	12,610	0.01
纖維工業	小計	885,923	1.8
	棉織	670,900	1.4
	紡織	—	—
	絲織	101,023	0.2
	染織	102,564	0.2
	針織	—	—
	絨織	6,718	0.01
	雲錦	4,718	0.01
化學工業	小計	22,445,140	45.1
	錏	21,771,218	43.86
	皂燭碱	427,156	0.9
	火柴	58,972	0.01
	製葯	15,953	0.01
	酒精	24,193	0.01
	牙刷	17,035	0.01
	製革	130,613	0.3
	玻璃	—	—
	煉油	—	—
食品工業	小計	4,953,388	10.0
	麵粉	4,171,056	8.4
	榨油	28,457	0.01
	食品	133,504	0.3
	釀酒	173,373	0.35
	機器捲烟	446,598	0.9

10

南京市工业资本总额统计表（一九四九年十一月）

46

（第二頁）

類別	業別	各業資本總額	佔總資本額百分比%
食品工業	手工捲烟		
	汽水菓汁	—	—
	製冰	—	—
建築工業	小計	20,301,175	40.8
	營造	335,340	0.7
	磚瓦	1,126,000	2.2
	水電	389,650	0.8
	水泥	18,450,185	37.1
	鋸木	—	—
文教工品業	小計	561,262	1.1
	印刷	556,390	1.1
	金筆	4,872	0.01
雜項工業	小計	5,692	0.01
	銅錫箔灰炉	5,692	0.01
	草袋	—	—
	植物油灯	—	—

編製機關：南京市人民政府工商局

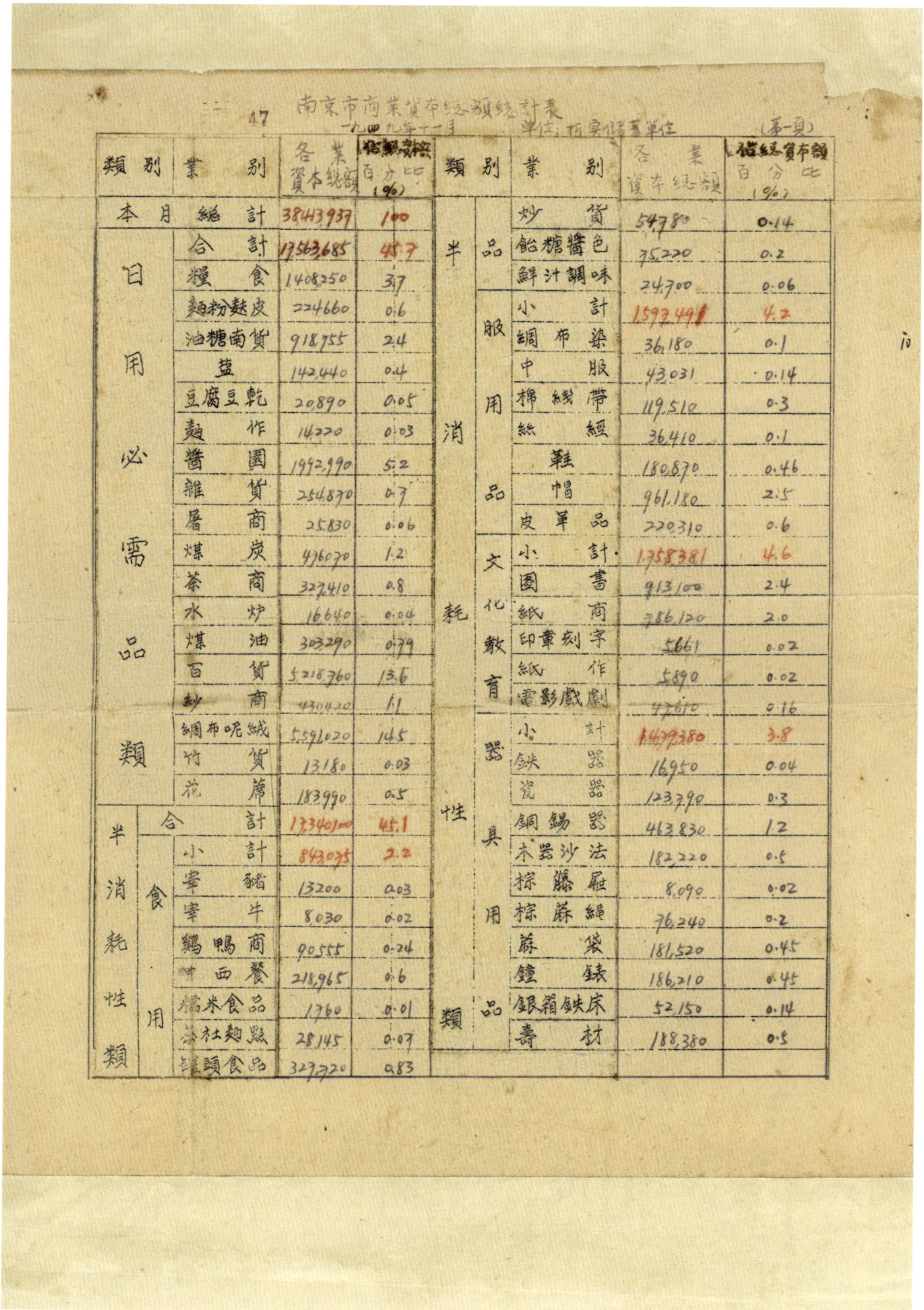

47 南京市商業資本總額統計表

一九四九年十一月 單位：折實儲蓄單位 （第一頁）

類別	業別	各業資本總額	佔總資本額百分比(%)
本月總計		38,413,937	100
日用必需品類	合計	17,563,685	45.7
	糧食	1,408,250	3.7
	麵粉麩皮	224,660	0.6
	油糖南貨	918,755	2.4
	鹽	142,440	0.4
	豆腐豆乾	20,890	0.05
	麵作	14,220	0.03
	醬園	1,992,990	5.2
	雜貨	254,870	0.7
	屠商	25,830	0.06
	煤炭	436,070	1.2
	茶商	327,410	0.8
	水炉	16,640	0.04
	煤油	303,290	0.79
	百貨	5,218,760	13.6
	紗商	430,420	1.1
	綢布呢絨	5,591,020	14.5
	竹貨	13,180	0.03
	花蓆	183,990	0.5
半消耗性類	合計	17,340,100	45.1
食用	小計	843,075	2.2
	宰豬	13,200	0.03
	宰牛	8,030	0.02
	雞鴨商	90,555	0.24
	中西餐	218,965	0.6
	糯米食品	1,760	0.01
	茶社麵點	28,145	0.07
	罐頭食品	327,720	0.83
半消耗性類 食用品	炒貨	54,780	0.14
	飴糖醬色	75,220	0.2
	鮮汁調味	24,700	0.06
服用品	小計	1,597,491	4.2
	綢布染	36,180	0.1
	中服	43,031	0.14
	棉綫帶	119,510	0.3
	絲經	36,410	0.1
	鞋	180,870	0.46
	帽	961,180	2.5
	皮革品	220,310	0.6
文化教育	小計	1,758,381	4.6
	圖書	913,100	2.4
	紙商	786,120	2.0
	印章刻字	5,661	0.02
	紙作	5,890	0.02
	電影戲劇	47,610	0.16
器具用品	小計	1,479,380	3.8
	鉄器	16,950	0.04
	瓷器	123,790	0.3
	銅錫器	463,830	1.2
	木器沙法	182,220	0.5
	棕藤屜	8,090	0.02
	棕蔴繩	76,240	0.2
	蔴袋	181,520	0.45
	鐘錶	186,210	0.45
	銀箱鉄床	52,150	0.14
	壽材	188,380	0.5

10

南京市商业资本总额统计表（一九四九年十一月）

48

（第二頁）

類別		業別	各業資本總額	佔總資本額百分比(%)
半消耗性類	醫葯衛生	小計	1,362,755	4.6
		國葯	570,050	1.5
		新葯	1,007,530	2.6
		理髮	45,830	0.13
		浴堂	139,345	0.37
	交通運輸	小計	2,664,375	6.9
		輪船	513,740	1.3
		民船	65,041	0.16
		汽車	1,379,603	3.6
		馬車	370,049	1.0
		三輪車	51,359	0.13
		人力車	153,718	0.4
		板車	59,795	0.15
		修理汽車	23,730	0.05
		補胎	40,470	0.1
		修租脚踏車	6,870	0.01
	建築材料	小計	3,783,494	9.8
		磚瓦	21,960	0.05
		木商	247,560	0.6
		樹木竹	915,610	2.4
		石灰	32,270	0.06
		砂石	—	—
		五金電料車件	1,994,710	5.2
		玻璃	138,350	0.4
		油漆	20,044	0.05
		漆商	396,760	1.0
		石粉	16,230	0.04
	其他	小計	3,451,149	9.0
		捲烟（五洋）	1,625,570	4.2
	他	原料	865,120	2.3

類別	業別	各業資本總額	佔總資本額百分比(%)
其他	旅舘	233,945	0.6
	直接會員	726,514	1.9
純消耗性類	合計	1,727,264	4.5
	錫箔	70,985	0.2
	香燭	288,215	0.73
	裱畫	—	—
	古玩玉器	25,430	0.06
	攝影	71,280	0.2
	酒	355,610	0.9
	旱烟	7,230	0.01
	裝璜紙盒	13,094	0.03
	花樹園藝	3,470	0.01
	証章旗幟	19,620	0.05
	火腿	56,790	0.2
	水菓	15,390	0.04
	冰商	2,250	0.01
	新法洗染	20,850	0.05
	西服	774,560	2.0
	鑲牙	2,490	0.01
超額剝削類	合計	1,782,888	4.7
	典當	609,378	1.6
	估衣	160,400	0.41
	委託拍賣行	70,170	0.2
	運輸報関行	169,165	0.45
	鷄鴨行	5,245	0.02
	魚行	2,935	0.01
	牛行	15,420	0.04
	豬行	22,610	0.06
	蛋行	37,360	0.1
	舊貨	153,850	0.4
	北貨乾鮮菓行	317,320	0.85
	柴行	22,065	0.6
	豬宗皮毛行	197,530	0.5

30

缓发 工资 若干了了 速发（今明年决定）

毛纪 劳动印

关于年终奖金须同军管会各文发一通知（研究室即查上海发来）

本市解放前各公营工厂企业年终奖金及双薪情况

1. 年终奖金及双薪放发办法及形式

A 资委会系统、 视各单位业务盈余情况发给1—3個月年终奖金。过去一般均少盈余，大多数单位均发一个月奖金（整流电厂去年发二个月奖金），此外在年终时尚有不請假奖金发给，惟仅不請假者有之。

B 邮电部份、 年终奖金係按照服務年数（年资）发给年终奖金1.5—3個月。一般情形如下：服务满1—3年者发给1.5個月，服务满3—5年者发给1½個月，服务满5—10年者发给二个月。奖金分端午、中秋、年终三次放发，本年度端午、中秋均未放发。又电信局年终奖金不包括米贴，邮局包括米贴。

C 铁路 一个月年奖金，津浦、京沪薪资均由总局发给，年终奖金亦由总局规定。

D 医院 中央医院及市立医院等卫生机构过去无年奖金。

E 银行 人民银行本身无年终奖金，薪俸员係伪交通银行等处调来，伪四行職工服务满三年者给年奖金三个月

F 航政 一個月奖金。

G 市政系统

一、水厂 发给二个月奖金，分端午、中秋、年终三次发给，本年度端午中秋未发。

二、电厂 年终奖金一个月，請假不满七天者加发30%，未請假者加发50%，受扣薪处分者依照比例减少（扣薪不满半月者以半月計）。记大功者加发100%，小功加发35%，记大过小过者以同样比例扣减之。此外在年终时尚有寒衣贷金一个月发给。（该厂有临时工200余人，过去无上述奖金及贷金，在该厂服务均在一二年以上，本年度年终奖金应否给以酌予照顾）

H 行政社教等机构、 过去无年终奖金，唯在年终时各单位酌量经济情况以伪通货借支，分期扣还。

2 本市公营企業工厂年终奖金假定以一个月計請所需折实单位数字

单位名称	折实单位数字	单位名称	折实单位数字
整流电厂	20,000个	皖南电厂	（估计）19,000个
有〃〃	14,000〃	水厂	30,000〃
电瓷〃	15,000〃	电厂	86,000〃
电照〃	9,000〃	电信局	140,000〃
机械厂	11,000〃	邮局	125,000〃
化工厂	6,000〃	航政	10,000〃
马鞍山矿場	34,000〃	铁路	（估计）100,000〃
共計619,600个折实单位。			

3. 其他 A 房产管理处係伪敌伪产業管理处、中央信託局及地政局合併组成，其中中央信託局有年终奖金，地政局等则无年终奖金。类似此情况之单位本年度年终奖金应如何核发。

B 第二生产部门中个别单位亦有类似年终奖金之補贴（如南京被服厂年终时從余料中提出若干成分给職工作为年终费用，惟無具體規定）第二工產单位薪給制者本市约二千余人（每月工资约廿万单位）年终应如何照顾之。

南京市解放前各公营工厂企业年终奖金及双薪情况（一九四九年）

工業部所屬工礦單位賬面盈虧一览表

一九四九年5—12月

廠名	月份	賬面盈虧		説明
		金額	折合食米	
南京電照廠	5—8月	(+) 1876,0761.11	(+) 1067.24石	重估调整前
	9—12月	(+) 9639,3904.04	(+) 1981.78石	〃　〃後
小計		(+) 1,1515,4665.15	(+) 3049.02石	
南京電瓷廠	5—8月	(—) 3222014.65	(—) 183.29石	〃　〃前
	9—12月	(+) 3401,6943.92	(+) 699.36石	〃　〃後
小計		(+) 3079,4929.27	(+) 516.07石	
南京有線電器廠	5—8月	(+) 1790,7233.05	(+) 1018.68石	〃　〃前
	9—12月	(—) 1924,4623.91	(—) 395.65石	〃　〃後
小計		(—) 133,7390.86	(—) 623.03石	
南京無線電器廠	5—8月	(+) 3482,2902—	(+) 1980.92石	〃　〃前
	9—12月	(+) 1,9005,0670.98	(+) 3907.29石	〃　〃後
小計		(+) 2248,2762.98	(+) 5888.21石	
南京電廠	5—8月	(—) 67139,5669.86	(—) 38193.59石	〃　〃前（包括折舊）
	9—12月	(—) 121091,6426.88	(—) 24895.48石	〃　〃後（〃　〃）
小計		(—) 188231,2096.78	(—) 63089.07石	
南京机器廠	5—8月	(+) 985,8053.58	(+) 560.39石	〃　〃前
	9—12月	(—) 7475,9428.33	(—) 1536.99石	〃　〃後
小計		(—) 6490,1374.75	(—) 976.20石	

工业部所属工矿单位一九四九年五月至十二月账面盈亏一览表（一九四九年）

工业部所属工矿单位1949年产品总值统计表

厂别	产品名称	全年产量	产品总值	说明
南京电照厂	真空泡	18,8731 只	14,7200 折实单位	
	充气泡	6,3038 〃	54,965 〃〃〃〃	
	特种泡	31266 〃	65634 〃〃〃〃	
	小计	28,3073 〃	26,7999 〃〃〃〃	
南京电瓷厂	绝缘子类	21,2222 〃	32,5683.70 〃〃〃〃	
	其他瓷件	28,254 〃	2,0368.48 〃〃〃〃	内有2721只系交解放前欠货按值一两变更无误计值
	附件类	35310 〃	66825.60 〃〃〃〃	
	小计	276663 〃	39,2877.78 〃〃〃〃	
有线电厂	磁石式电话桌机	790 部	14,2200 〃〃〃〃	
	〃〃〃〃墙机	250 〃	4,5000 〃〃〃〃	
	共电式电话机	111 〃	1,1988 〃〃〃〃	
	自动式电话桌机	393 〃	5,6592 〃〃〃〃	
	军用皮袋机	60 〃	10800 〃〃〃〃	199只系电工厂修整之话机
	10门磁式交换机	200 门	8960 〃〃〃〃	
	20门〃〃〃〃	240 门	9280 〃〃〃〃	
	30门〃〃〃〃	600 门	21766 〃〃〃〃	
	用户保安排器	300 门	40006 / 4320 〃〃〃〃	
	21门保安排	42 〃	490 〃〃〃〃	
	终端放大器	8	1440 〃〃〃〃	
	小计		31,2836 〃〃〃〃	
无线电厂	20W发报机	103 部	12,4527 〃〃〃〃	
	500W〃〃	18 〃	15,9970 〃〃〃〃	
	100W	46 〃	13,9104 〃〃〃〃	
	7灯收讯机	101 〃	17,4023 〃〃〃〃	
	〃灯〃〃	67 〃	12,6336 〃〃〃〃	
	635型五灯收音机	567 〃	205821 〃〃〃〃	
	100W整流器	2 〃	1076 〃〃〃〃	
	600W〃〃	30 〃	45360 〃〃〃〃	
	500W机用天线耦合器	6 〃	3600 〃〃〃〃	
	改装BC-375 400/8029 发射机	10.5 〃	109368 〃〃〃〃	
	过次页		1068585	

工业部所属工矿单位一九四九年产品总值统计表（一九四九年）

第二業部所屬工礦單位1949年產量總值統計表

廠別	產品種類	全年產量	產品產值	說明
	承前頁			
	改製SC-61型450瓦收發射機	~~23400~~ 2部	23400 折算值	
	改製TCS型25/10瓦收發射機	26 〃	145600 〃	
	調整變壓器	30 〃	20332 〃	
	其他	286 〃	62220 〃	
	小計		1340177 〃	
南京机器廠	碾米机	95部	64100 〃	
	軋花机	102.5 〃	10,5000 〃	
	玉米脫粒机	74.5 〃	6600 〃	
	彈花机	94 〃	3,6800 〃	
	榨油机	100 〃	48800 〃	
	煤氣炉	57 〃	45600 〃	
	碾碎机	65	15000 〃	
	抽水机	試造完成二部	不計值	
	[illegible]	~~[illegible]~~ 29000 个	28400 〃	
	小計		350300 〃	
南京化工廠	二硝基氯化苯	1,5538 公斤	~~1600,000~~ 80200 〃	
	小計		80200 〃	
馬鞍山礦務局	硫化鐵	15685 T	188,2200 〃	
	小計		1882200 〃	
	合計		462,6589.75	
南京電廠	發電度數	33121416°		

54

工业部各厂1950年生产计划

厂名	产品名称	计划产量 数量	计划产量 单位	分季百分比 一	分季百分比 二	分季百分比 三	分季百分比 四	备注
无线电厂	11灯收音机	200	部	100				计划决定于订货故远期计划无法具体拟定
	100瓦报话机(整修)	50	〃	100				
	600瓦整流机	50	〃	100				
有线电厂	各式电话机	8000	〃	12.5	10	27.5	50	
	各式交换机	8000	门	5	5	40	50	
	保安设备	10000	〃	10	20	30	40	
	行車调度电话	暂不定	部					
电照厂	真空泡	60,0000	只					如无材料充足，市场开展
	充气泡	26,0000	〃	20	25	25	30	产量尚可提高
	特种泡	15,0000	〃					
	电子管	7600	〃		14	28	58	
电瓷厂	高压电瓷	226	吨	20.1	22.1	29	28.8	
	低压电瓷	110	〃	16.33	22.05	27.3	36.3	
化工厂	二硝基氯化苯							因受原料，副产品设备及资金限止，尚无计划，如条件满足可月产16吨。
机器厂	乾燥机	47	部					
	切茶机	38	〃					计划决定于订货，故远期计划无法具体拟订
	揉捻机	92	〃					
	滚筒机	64	〃					
	木炭炉	40	〃					
	8"离心式水帮	20	〃					以上为订货部份
	車床	7	〃					
	龙门刨	1	〃					
	磨床	1	〃					
	5匹引擎连木炭炉							以上为备购货部份
马鞍山矿务局	硫酸铁	10,0000	吨	10	30	30	30	
南京电厂	电	10765000	度					初步估计数字
皖南电厂	电							尚在建设中

1966年1月重抄

工业部各厂一九五〇年生产计划（一九四九年）

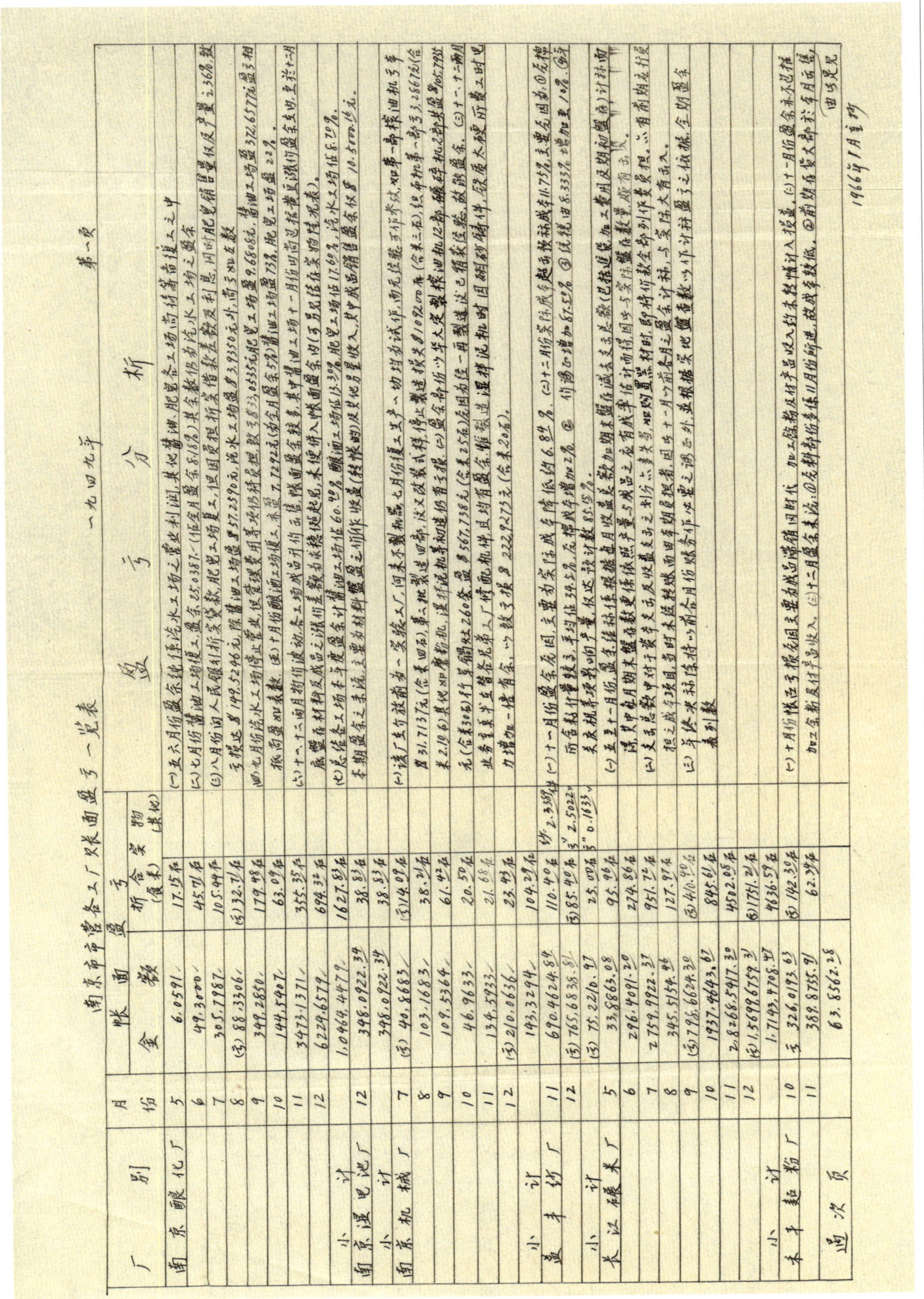

南京市市营各工厂账面盈亏一览表　一九四九年　第一页

厂别	月份	帐面盈亏 金额	折合实物 (食米)	(其他)	盈亏分析
南京酿化厂	5	6,0591.	17.15石		(一)五六月份盈余纯係汽水工场之营业利润，其他酱油、肥皂各工场尚待筹备复工之中
	6	49,3000.	45.71石		(二)七月份酱油工场复工，盈余25,0387.一(佔全月盈余8.18%)其余数仍为汽水工场之盈余
	7	305,7987.	105.44石		(三)八月份向人民银行折实贷款，肥皂工场复工，但因负担折实借款差额及利息，同时肥皂销售量仅及产量之36%，致
	8	(亏) 88,3306.	(亏)32.71石		亏损达＄149,5246元，除酱油工场盈＄57,2590元，汽水工场盈＄3,9350元外，尚亏如左数
	9	349,2850.	179.48石		(四)九月份汽水工场停止营业，但管理费用等项仍待负担，致亏＄33,0535元，肥皂工场盈9,6808元，酱油工场盈372,6577元，盈亏相
	10	144,5407.	63.09石		抵尚盈如表数。(五)十月份酿酒工场复工，亦盈7,7292元(为全月盈余5%)酱油工场盈73%，肥皂工场盈22%。
	11	3473,1371.	355.35石		(六)十一、十二两月物价波动，各工场成品升价出售，帐面盈余较多，其中酱油工场十一月份由尚包括黄豆涨价盈余在内，至於十二月
	12	6224,6579.	694.32石		底盤存材料及成品之涨价差额为求稳健起见，未便併入帐面盈余内(可另见结存实物情况表)。
小计		1,0464,4479.	1627.83石		(七)总结各工场本年度盈余计酱油工场佔60.40%，酿酒工场佔13.30%，肥皂工场佔17.60%，汽水工场佔8.70%。
南京湿电池厂	12	348,0922.34	38.83石		本期盈余之来源，主要为材料盤盈之价作收益(转帐的)及其他另星收入，其中成品销售盈余仅＄10,5000.16元。
小计		348,0922.34	38.83石		
南京机械厂	7	(亏) 40,8683	(亏)14.09石		(一)该厂在解放前为一实验工厂，向未下製机器，七月份复工生产一切均为试作，而无经验可作参考，如第一部榨油机亏本
	8	103,1683.	38.21石		＄31,7137元(合米四石)，第二批製造四部，後又改装式样，停止製造损失＄109200元(合米三石)，织布机第一部亏3,2867元(合
	9	109,5364.	61.42石		米2.10石)其他如磨粉机、混拌泥机等初造仍有亏损。(二)盈余部份以华大定製榨油机12部，碾碎机2部共盈＄105,7935
	10	46,9633.	20.50石		元(合米30石)代军锅灶260套，盈＄567,738元(合米25石)原因为经一再製造後已稍获经验，故能盈余。(三)十一、十二两月
	11	134,5933.	21.68石		业务重点半在替各兄弟工厂修配机件，且均有盈余，惟製造混拌泥机时因翻砂铸件，铁质太硬，所费工时电
	12	(亏) 210,0636.	23.43石		力增加一倍有余，以致亏损＄222,9273元(合米20石)。
小计		143,3294.	104.29石		
益丰纺厂	11	690,4624.84	110.40石	纱 2.3389件	(一)十一月份盈余原因，主要为实际成本降低约6.84%。(二)十二月份实际成本超出预标成本11.75%，主要原因为：①原棉
	12	(亏) 765,6838.81	(亏)85.40石	亏" 2.5022"	所含籽什量较高，平均佔34.5%，原棉成本增加2%。② 价调工增加87.50% ③统税由8.333%增加至10%。④年
小计		(亏) 75,2210.97	25.00石	亏" 0.1633"	关庆祝等项影响产量，仅达预计数85.15%。
长江碾米厂	5	33,8863.08	95.96石		(一)五至十一月份，盈余结标係根据每月收益总额加期末盤存减去支出总额(包括进货加工费用及期初盤存)计标而
	6	296,4091.20	274.86石		得，其中每月期末盤存数更係依照产量与成品之应有成率估计而得，因此与实际盤存数量，颇有出入。
	7	2759,9922.37	951.72石		(二)支出总额中对于资本支出及收益支出之划分亦多失当，如购置器材时，即将价款全部列作费负担。亦有前期应行负
	8	345,5154.46	127.97石		担之成本项目，当时未经转账而由本期负担者，因此十一月以前各月之盈余计标，与实际大有出入。
	9	(亏) 798,6624.30	(亏)410.40石		(三)年终决标除将以前各月份账务作必要之调正外，并根据实地盤查数以作计标盈亏之依据，全期盈余
	10	1937,4643.67	845.61石		表列数
	11	2,8268,5417.30	4502.08石		
	12	(亏) 1,5699,6759.31	(亏)1751.21石		
小计		1,7143,4708.47	4636.59石		
禾丰麵粉厂	10	亏 326,0193.63	(亏) 142.30石		(一)十月份帐面亏损原因主要为成品滞销，同时代加工馀粉及付产品收入均未转帐计入损益。(二)十一月份盈余亦不包括
	11	389,8755.91	62.34石		加工余粉及付产品收入。(三)十二月盈余来源：①原料部份多係11月份所进，故成本较低。②前期存货大部於本月出售，
過次页		63,8562.28			由此足见

1966年1月重抄

南京市市营各工厂账面盈亏一览表（一九四九年）

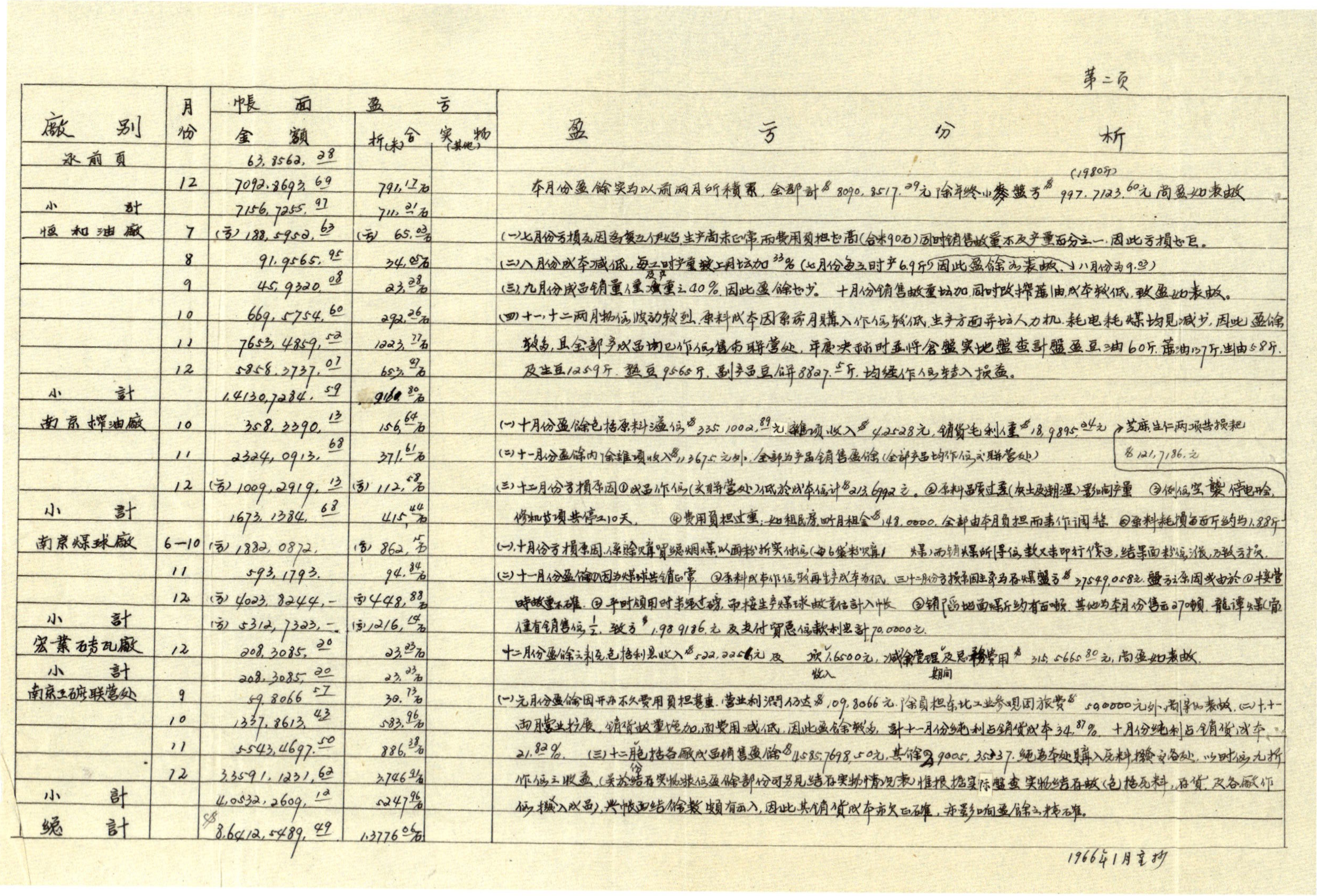

第二页

廠別	月份	帳面盈亏 金額	帳面盈亏 折(米)合	帳面盈亏 实物(其他)	盈亏分析
承前頁		63,3562.28			
	12	7092,8693.69	791.17石		本月份盈餘实为以前两月所積累，全部計$8090,8517.29元，除年終小麥盤亏(1980斤)$997,7123.60元，尚盈如表數
小計		7156,7255.97	711.21石		
恆和油廠	7	(亏)188,5952.63	(亏)65.03石		(一)七月份亏損系因为復工伊始，生产尚未正常，而費用負担也高(合米90石)，同时銷售數量不及产量百分之一，因此亏損也巨。
	8	91,9565.95	34.05石		(二)八月份成本減低，每工时产量較上月增加33%(七月份每工时产6.9斤，八月份为9.2)因此盈餘如表數。
	9	45,9320.08	23.28石		(三)九月份成品銷量僅及产量之40%，因此盈餘也少。 十月份銷售數量增加，同时改榨蔴油，成本較低，致盈如表數。
	10	669,5754.60	292.26石		(四)十一、十二两月物价波动較烈，原料成本因系前月購入作价較低，生产方面并增人力机，耗电耗煤均見減少，因此盈餘
	11	7653,4859.52	1223.77石		較多，且全部产成品均已作价售与联营处，年度决算时并将倉盤实地盤查計盤盈豆油60斤，蔴油137斤，生油58斤，
	12	5858,2737.07	653.47石		及生豆1259斤，熟豆9565斤，副产品豆餅8827.5斤，均經作价轉入損益。
小計		1,4130,7284.59	2160.80石		
南京榨油廠	10	358,3390.13	156.64石		(一)十月份盈餘包括原料溢价$335,1002.89元，雜項收入$4,2528元，銷貨毛利僅$18,9895.04元 →芝蔴生仁两項共損耗$121,7186元
	11	2324,0913.68	371.61石		(二)十一月份盈餘內除雜項收入$1,3675元外，全部为产品銷售盈餘(全部产品均作价交联营处)
	12	(亏)1009,2919.13	(亏)112.58石		(三)十二月份亏損原因①成品作价(交联营处)低於成本价计$213,6992元。②原料品質过差(灰土及潮湿)影响产量 ③例假空襲停电話，
小計		1673,1384.68	415.44石		修机共停工10天。 ④費用負担过重：如租民房四个月租金$148,0000，全部由本月負担而未作調整 ⑤原料耗損每百斤約为1.88斤
南京煤球廠	6—10	(亏)1882,0872.	(亏)862.15石		(一)十月份亏損原因，係赊欠購買總煙煤以面粉折实付价(每包面粉約購1 [illegible]煤)而銷煤所得价款又未即行償还，结果面粉价漲，乃致亏损。
	11	593,1793.	94.84石		(二)十一月份盈餘因为煤球供銷正常 ②原料成本作价較再生产成本为低 (三)十二月份亏損原因主要为存煤盤亏$27549,058元，盤亏之原因或由於①接管
	12	(亏)4023,8244.–	(亏)448.88石		時數量不確 ②平时領用时未經过磅，而按生产煤球數量估計入帳 ③銷路地面煤斤約有百噸，其他为本月份售出270噸，龍潭煤(當
小計		(亏)5312,7323.–	(亏)1216.14石		僅有銷售价1/2，致亏$1,989186元及支付貿易价款利息計70,0000元。
宏業磚瓦廠	12	208,3085.20	23.23石		十二月份盈餘之利息包括利息收入$522,2256元及欵收入1,6500元，減除管理及財務期間費用$315,5665.80元，尚盈如表數。
小計		208,3085.20	23.23石		
南京工礦联营处	9	59,8066.57	30.73石		(一)元月份盈餘因开办不久費用負担甚重，營业利潤仍达$109,8066元，除負担东北工业参观团旅费$50,0000元外，淨利如表數。(二)十、十一
	10	1337,8613.43	583.96石		两月營业扩展，銷貨數量增加，而費用減低，因此盈餘較多，計十一月份純利占銷貨成本34.87%，十月份純利占銷貨成本
	11	5543,4697.50	886.38石		21.82%。 (三)十二月份包括各廠成品銷售盈餘$4585,7698.50元，其餘$29005,3537系为本处購入原料、攤交各处，以时价九折
	12	3,3591,1231.62	3746.91石		作价之收益，(关於結存实物損价盈餘部份可另見結存实物情况表)惟根据实际盤查实物结存數(包括原料、存貨及各廠作
小計		4,0532,2609.12	5247.96石		价攤入成品)，与帳面结餘數頗有出入，因此其銷貨成本亦欠正確，亦影响盈餘之精確。
總計		$8,6412,5489.49	1,3776.06石		

1966年1月重抄

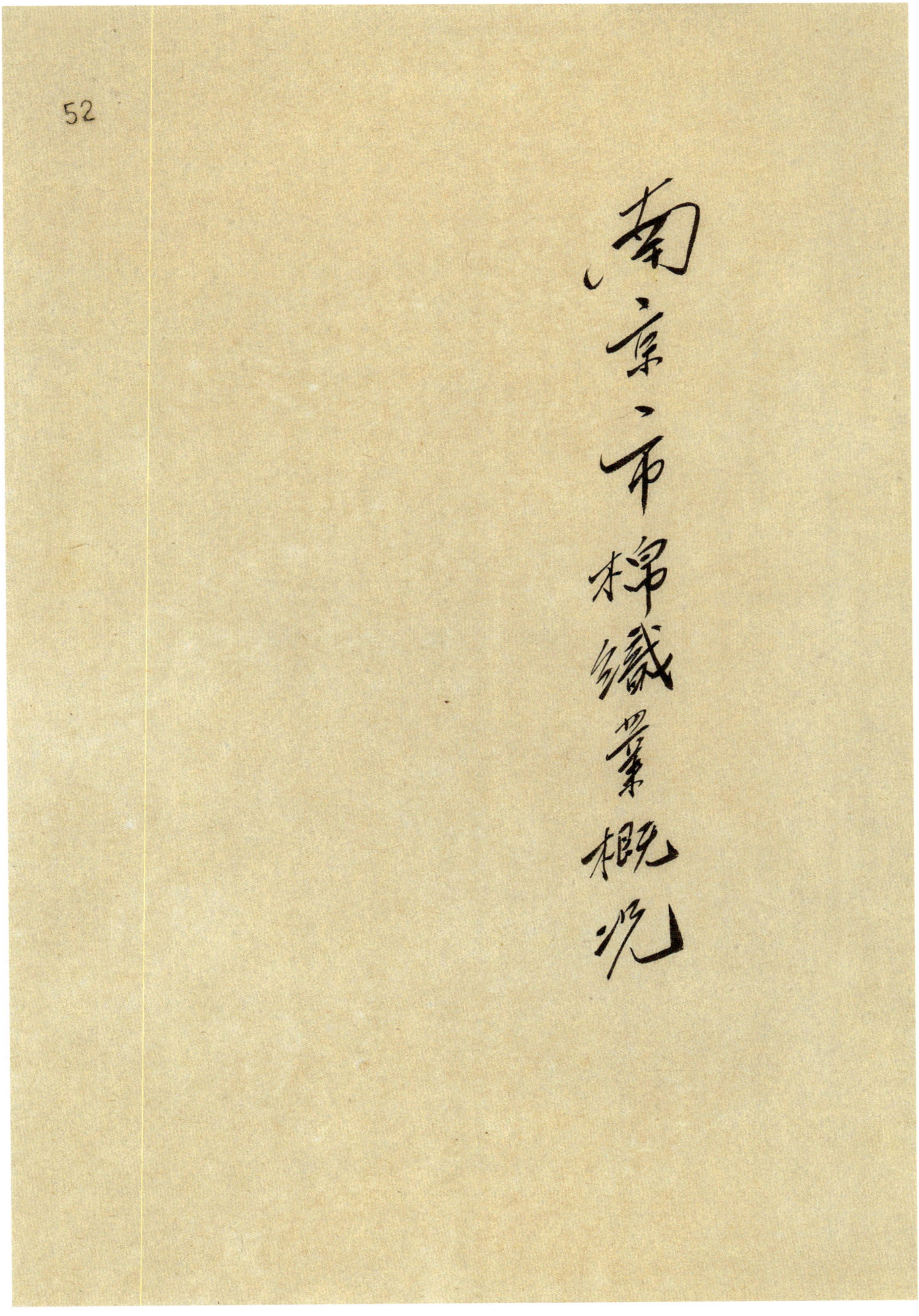

52

南京市棉織業概況

南京市棉织业概况（一九五〇年十月二十日）

53

南京市棉織業概況

劳動局

一、過去的情況：

本市棉织業至今已有数十年之歷史，其分佈地区為城南、城西，水西门、漢中门及中華门一帶最為密集。

解放前本市棉織業共七四七家，佔本市全部手工業極重要地位，从業人数（包括叶主、工人，而工人中又有技工、普通工人、学徒之分）约二八三七人。

該業生産設備主要為木机、鉄機二种，據统計每家约有木機二架、鉄机一架，但因資金週轉不靈，或因銷路不佳，或因年久失修，竟有百分之卅以上闲置未加利用，而實際利用的每家平均约合木機一、三九架，鉄機〇、六六架，其用纱量為二〇支、一〇支、三二支、十六支等，目前則採用二〇支纱為最多。

二、解放後的情況：

南京解放以後，一部份舊機関公務人員，及其他銷費性行業，由於形势的轉变，也轉入生產部门，棉織業即為其中之一，至去年八月间本市棉織業由以前七百餘家，增為八百餘家，加之南京解放後，淮南及蘇北以至於山東客帮都来南京辦貨，因此本市棉織業營業情况一時呈繁榮之象。

由於該業在國民党時代，物價上漲，工資頗不一致，個別廠家甚至利用軍警势力，扣壓工人工資，致遭工人罷工反抗，解放以後，工資仍甚混乱，去年八月间工人遂向資方提出調整工資之要求，経過劳資雙方多次協商，議定工資标準，為無論木機与鉄机工人每織十四疋布得一疋布，并訂成書面協議。

是由劳局调查来报上之材料所 秋 20/10

自該協議訂立之後，由於上海的解放，以前凡在南京辦貨客商均往上海辦貨，又本市銷路有限，市郊農民歉收，購買力薄弱，因此營業情況逐漸下降，加上当時工資標準基本上過高，因此工資情形又一度陷於混亂狀態，而一般廠家，因為对政府的政策不夠明瞭，想到年終不用人時工人不能解僱，即是解僱，亦要解僱費，便提前解僱工人，因此解僱情形亦頗為普遍，至本年春季，以營業不能維持歇業返鄉生產者，約二百餘家，或為己作，或僅由徒弟数人製作維持。

三、勞資関係

該行業在解放前，工人工資既無一定標準，但個別廠家利用軍警勢力，扣壓工人工資，曾遭工人罷工反抗，勞資関係，完全處於对立狀態，解放以後，一般工人，由於過去長期受資方壓迫，「吐一口氣」的思想極為濃厚，即同於前訂工資協議，一則由於當時議定工資標準時，未能掌握該行業在本市全部情况，致訂出不合理之工資標準，而工人之存在過左情緒，資方之存有顧慮，亦為重要原因之一。

該協議訂立之後，由於該業營業情况的轉变，一般資方則採取消極对抗的心理，初則將工資降低，進而大批解僱工人，再加坏份子的破壞說：「資方不給解僱費，做到臨了，要分機子」因此資方顧慮更多，解僱情形益為嚴重，对工會亦有了成見并說：「有了工會，工資也高了，工人也不能解僱」，以後便拒用工會幹部，不讓工人接近工會，加入工會。

最近該業營業情况漸好，已有四百餘家開廠，工人約三百餘人，連学徒在內約為五百餘人，由於一般資方对工會存有成見，該工人中工會會員甚少，对於所用工

54

人工資亦由資方隨便決定，有廿四疋布一疋布者，有廿疋布一疋布者，甚至個別廠家，工人工資有卅十五疋布一疋布者，亦有個別的資方对不能復業的工人這說：「你是工會會員呀！怎麼還找不到工作呢」，用這樣的話來挑剔工會會員，有的資方即是用工會會員，亦必須由另一資方保證，不多要工資，解僱時不要解僱費，有的資方則說：「你不加入工會，工作時間還可長些」，意思就是說，你如果加入了工會，就可以隨時解僱，因此有的工人已經加入了工會，因怕資方解僱，便不願和工會幹部接近，有時工會幹部去看工人，資方叫工人避起來，有的工人害怕由工會出來撇撥要遭資方的解僱，对工會幹部說：「你不要到我這裡來，你們把工會搞好了，我們加入，你來了，老闆看見，就要歇我」，有的工人說：「我們剛找到一個飯碗，你們再來和我們說把我們的飯碗就要搞掉了」，甚至於個別的工人還抱怨工會，对於去訪他的工會幹部說

這就是目前棉織業勞資關係中存在的問題，要追究這個情況的來源，一，是由於去年訂的工資協議標準較高，二，是由於個別的資方对政府政策還不夠明瞭的緣故。

根據上述情況，勞動局與手工業工會聯合會便動員資方代表與勞方代表進行協商，雙方对於過去所訂協議未能履行都做了檢討，并一致指出過去工資是訂得稍高，為造成協議不能履行及勞資關係惡化的主要原因，後又經反覆協商議定本期工資根據目前該行業營業情況為勞方每織廿四疋布得一疋布，并於九月廿日在該業同業公會簽訂協議，在簽訂協議時，資方代表說：「講良心話，這次的工資標準訂得比較是合理的，我們保證這個協議一定要貫徹到每個廠家」，勞方代表也說：「我們要保證這個協議每個工人弟兄們都要履行」，但由於棉織

業勞資兩係積惡較深，所以勞動局又在本月五日下午二時在市府大禮堂召集全該業勞資雙方會員聯席大會、對於該業進行深入的動員和教育，要大家搞好勞資關係、搞好生產、在會議上勞資雙方都推了代表講了話說：我們一定要擁護這一次的協議；我們一定要把過去不正確的勞資關係端正過來擁護勞資兩利該業搞好生產。

「究」

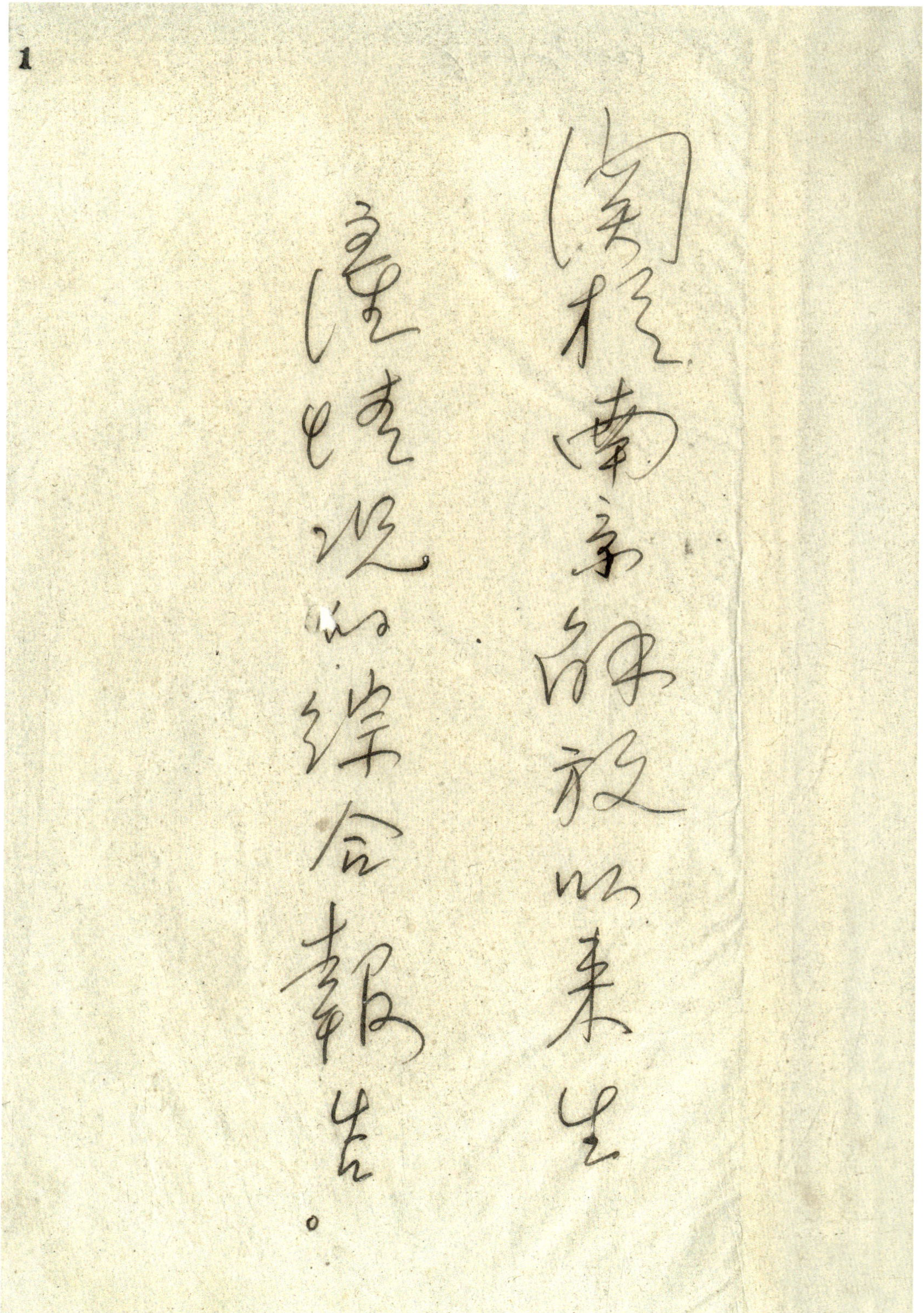
1

关于南京解放以来生产情况的综合报告。

关于南京解放以来生产情况的综合报告（节选）（一九五〇年）

關於南京解放以來生產情况的綜合報告

(一)南京的生產基礎與情况.

(1)南京成為百萬人口以上的大城市，是靠國民党反動派特种消費支持起來的。自偽政府建都後，南京人口由三十六萬增加至抗戰前的百萬餘，抗戰時期又減止六十万，日冦投降偽政府還都后，又激增至一百三十五万人，人口驟增一倍以上，完全是由於反動派龐大臃腫的官僚機構及其附屬的寄生消費人口的增加。據一九四八年六月統計，其中公教人員有十二万，茶房、娘姨九万，營造廠一〇六四家，工人数不詳，磚瓦廠五四家，工人一万八千餘，無業或失業者三十三万，所有這些幾佔總人口的一半。各种工人約九万餘（包括各种

3

工人、店員除外）农業人口七餘万，生產人口在總人口中的比重，僅佔十分之一強。解放后國民党反動政府被打垮，這種靠剝削全國人民來支持的特种消費不再存在。解放前既已存在的失業情況即更嚴重，靠南京本身的經濟力量，根本養活不了現有的百萬人口、這是今天南京存在的第一個困難。

(2)在國民党反動派統治的二十二年中，南京的生產事業是遭受到了嚴重的剝削與打擊。佔有重要地位的織緞業，由一九二七年的八千台的織緞機，兩萬餘工人，解放已衰落至三、四十家，工人不滿二百人了。永利錏廠几次幾為帝国主義和官僚資本所吞併，其他存在的工商業也都是元氣大伤，僅有規模小、設備差、資金

4

缺乏，技術落后的始得幸存。如解放前八百八十八家大小工廠中，使用動力而工人在三十人以上者，僅三十六家，佔總廠數的百分之四，其餘三分之二以上是手工作坊。所用機器多為舊的或七拼八凑的，使用最多的机器又為碾米机一二七部，棉紡机二七六八錠，綫錠四〇〇錠，織布机一〇七三台，其中大多數是木機，鉛印機一四九架，脚踏印刷机四四三架，各种車床不到三百架。資金一千萬以上者不過四十家左右，一億以上者不足十家，也多屬於沪錫廠商分設的機構，經營重点不在南京，本地工業資金極貧乏，技術水平一般落后，很多廠以学徒代職工，因而產品質量不高，無法與沪錫競爭，至於原屬資源委員會系統各廠，机器設備雖較新式，但完全依賴帝國主義的原料半成品加工

5

以奢侈品，大半是属於装飾性的。内部問題也極複雜。且南京公营私营生產事業是完全脫節的。

以南京這樣薄弱的工業，在淮海戰以後，反動派又復搬走與破坏了許多（当時因工人與職員的護廠斗争，保存下不少）如被服廠机器，全部搬走，六十兵工廠專门的新的机器也几全部搬走。剩下十分之四的是一般車床。

(3)從南京生產事業的自然條件看，除了硫化鉄、水泥等以外，南京附近工業原料的出產數少，小麦豆類的產地在蘇北、皖北與山東，粮食加工的條件即不如徐州蚌埠、濟南。礦藏及全部原料蘊藏不多，焦炭來自華北，鋼鉄原料靠東北、華北和上海的進

6

口，本地僅可搜集一部廢料。爲江僅出產棉花一部份，產量不大，棉紗主要來自上海與無錫，燒碱来自天津，油脂来自皖北，化工原料許多是靠上海進口，以上就原料来源看，先天已有不足，這种產業原料上的先天不足情况增加南京工業上的困难。

(二)解放后我們的工作、

解放以前南京的工廠，許多都已停工，特別由於反動派發行金元券時的限價，准海戰役后強迫搬廠，因之許多工廠不得不倒閉或停工。解放後我們看到這樣的情况，當即提出恢復與整理生產為中心任務，並对有利於國計民生的事業積極予以扶助。採取了以下的基本措施：

7

1.召集了私人工商業家的座談會，解釋我們的工商業政策，清除他們的顧慮，為恢復工商業而努力。召集公營工廠的管理與技術人員開會，說通這些工廠向着自主更生的方向發展。

2.除向工人解說恢復生產任務的重要性，動員他們積極組織起來外，我們特別注意工資問題合理與適當的解決，糾正了小部份工人的過高要求。

3.積極解決了公營工廠中某些不合理的現象（如管理人員過多，浪費嚴重等）並幫助某些私營工廠改進其管理與技術上的問題，如永利錏廠因之提高了生產量，過去每月產量始終沒有超過三千噸，現在則在三千二三百噸了。浪費也

8

有很大的減少，織布業、肥皂業的統一成品的質量，以求打開銷路。幫助鋼鉄機器業改变生產方向者。

4.幫助解決某些原料的困难，如焦炭煤及加工的糧食，（南京大的麵粉廠機米廠，主要都是代公家加工）幫助他們推銷成品，並由公營企業收購一部份成品。（收購成品計由貿總收購永利錏廠硫酸錏五百噸，有恆普豐兩麵粉廠麵粉一二、三七〇袋，龍潭、大金二煤礦的白煤屑一五五〇噸，共計人民幣六一四五四餘萬元。由人民銀行收購新穀民生二染織廠布三七六九疋，普豐民生二麵粉廠麵粉一、二一四袋，永利錏廠硫酸錏四一五噸硫磺八十噸，首都火柴廠火柴五百僂，慶豐油廠麻油十八担，共計

9

人民幣二二·六六九〇餘萬元）

5.最後則為給予必要的貸款，由人民銀行先後貸出人民幣三三·九七二一萬元，（內公營工廠佔73.7%私營佔26.3%）另用定貨貸款的方式向私營工廠貸了六四·五五七九萬元（永利錏廠當前活動資金主要靠公家支持，除南京外北京、上海都曾大批貸款訂貨，以支持其活動，為數五十億以上）中國交通兩行尚放貸款近六十億元。

由於這些具体幫助和指導，南京的公私營工廠大多數都先後復業了，公營工廠的職工人數，較之剛解放時一般都增加了，十九個公營工廠解放時的職工共二九五人，至去年十二

10

月時共計為三三〇六人，增加12%。私營工業現有的二八三九家中，還有八七六户是新開的。（商業一〇五个行業在解放時共有一，七八七一家，至九月增至一九〇四四家，至十二月又增至一九二一七六家。）這二七三六户工業中，最多的為手工業捲烟業六三八户，棉織業八二四户。開業最多的為手工業捲烟業（六三八户幾全部為新開者）復業最多的為棉織業（三七六户）。停業最多的為營造業（四一〇户）印刷業一一五户。這个恢復工作，是收到很大的成效，且有籌備十餘年而始終不能開工的江南水泥廠，由于我們的幫助，也在積極準備開工了。事實，証明有益於國計民生者，都已恢

11

復，有的生產力且超過解放前，但是，我們的努力还是不够的，特别是经國民党反動派的破坏搬遷，有些工廠當前無法恢復（我們今天在南京的軍事工業，規模仍較大）我們从電力消耗的數量上，就可以看出這个問題了，一九四八年八月電力消耗數為四一三万度，而我們現在呢，電力消耗二二三万度，且新開設的工業手工業中，許多規模都是更小，基礎極弱，还有許多問題呢。（如手工業捲烟，馬上就要關門甚多。）

當前整个南京公私營工業，手工業的情況有如下表：

1. 南京公營工業生產狀況表：

12

南京市公营工礦单位情况表

厰名	主要生産品	现有設備生産能力	现在实际生産量	现有職工			尚需職工			目前存在的困難	備註
				職員	工人	合計	職員	工人	合計		
有線電厰	電話機 交換機 保安設備	15.0000部 15.0000门 2.0000〃	8000部 8000门 1,0000〃	59	133	192	20	140	160	1.生産决定於訂貨，有定貨就忙，要忽的就忙得急，形成生産上的打游擊现象，不能作大規模之生産計划，以减低成本。 2.不能保本。	所列產量係年產量
無線電厰	各式通訊机 〃〃收音机 〃〃播〃〃	60.0000 折实单位	20.0000 折实单位	64	153	217	41	347	388	1.同有線電厰第一条 2.因為產品性能变化更多，每批定貨数量較少，技術上的改進更感困難。	1.所列產量係月產量的价值。 2.因為產品变化太多不能列產量
電瓷厰	各式電瓷器	25噸	20噸	39	135	174	0	0	0	1.磨粉設備不夠，影响產量。 2.銷路不暢積貨甚多，市場競爭烈。	以下各厰所列產量均為月產量
電照厰	各种燈泡 真空管	120000只 1.0000〃	6,0000只 尚未生產	25	80	105	13	102	115	1.普通燈泡市場競爭烈，銷路不暢，特种灯泡競爭少，但今日的市场仍不大	
機器厰	中耕机 碾米机 軋花机 各式机械	200部 100〃 100〃	靠訂貨數定量	25	102	127	2	12	14	1.同有線電厰第一条。 2.訂貨少不能维持不间断的生產。 3.不能保本	
化工厰	二硝基氯化苯	30噸	不生產	20	50	70	20	50	70	1.資金没有買不起原料（硫酸等） 2.副產品設備没	以上属工業部
長江米厰	熟米	850.0000斤	200.0000斤	39	157	196	5	35	40	1.加工米来源不定，数量上也不夠。 2.倉庫不夠。	以下為市营
禾豐麵粉厰	麵粉	1.5000袋	6000袋	10	24	34	1	24	25	1.加工原料来源不夠。	
釀化厰	醬油 （及酒、汽水、肥皂、冰等）	30.0000斤 5.0000〃 ——	8.0000斤 3.0000斤 不生產	15	78	93	6	50	56	1.銷路不暢，技術掌握不夠。 2.厰房簡陋，設備陳旧。	
南京榨油厰	花生油 各种食油	21,0000斤	7.0000斤	6	14	20	1	10	11		增添工人都由恒和油厰撥調。
恒和油厰	豆油 各种食油	7000斤 100,000斤	5000斤	5	28	33	—	—	—	1.電力机陳旧不堪用已停用。 2.人力机產量少，保本有困难。	1.抽調多餘工人至南京油厰
南京煤球厰	煤球	300.0000斤	50.0000斤	6	30	36	2	38	40	1.銷路不好，存貨積壓很多。 2.品質欠佳，必須增加粉碎、烘乾設備	
益豐紗厰	20支棉紗	75件	70件	8	68	76				1.粗紗机不夠，致细纱机生產能力不能充分發揮	
南京机械厰	各种机械	4,3800工時		13	37	49	15	135	150	1.同有線電厰第一条。 2.因為銷路不正常打不開，尚有67部工作母机和整修参加工作 3.正修机器擴充厰房需大量資金	

南京市公营工矿单位情况表

13

廠名	主要生產品	現有設備生產能力	現有實際生產量	現有職工			尚需職工			目前存在的困難	備註
				職員	工人	合計	職員	工人	合計		
南京蓄電池廠	各式蓄電池 〃〃極片	380只 7500片	— 3000片	11	25	36	9	63	72	1. 設備尚未全備，添置需大量資金	
宏業磚瓦廠	磚 瓦	120.0000塊 60.0000〃	120.0000塊 不生產	15	87	112	3	170	173	1. 銷路不暢 2. 設備如瓦托子等不夠	現瓦祇以存坯燒磚，如生產正規，尚需增加工人，故需要增加數如表
南京麵包廠	麵包餅干	—	不生產	3	9	12	—	—	—	1. 設備宜於大量生產，因不合市場需要，沒有銷路不能開工	唯一尚未復工的廠
馬鞍山礦務局	磁鐵礦 鐵 硫化鐵	— — 1.0000噸	6000噸	85	604	689	—	—	—	1. 因為資金問題，鐵礦与煉鐵爐均未能開工生產	1. 礦區及蘊藏量均大，產量決定於計劃。 2. 係屬工業部

說明：

1. 上列現有設備最高生產能力，並非最後數字，在改進工作方式、方法及職工覺悟提高後，是可以增加的。
2. 「尚需職工」一欄係根據發揮設備的最大能力估計而出，是一個概數字。
3. 當前各廠普遍的困难是在敌机空襲下的動力來源問題。
4. 上表總計可增加職工數1.314人（馬鞍山礦務局、麵包廠未計）
5. 以馬礦一個單位計，如大規模生產增加職工將數以萬計。

34

金融

一、解放前後南京的金融基本情況

(一)解放前南京金融情況

解放前私營行莊約七十餘家，資本來源爲吸收投機資本與機關存款。更主要的是靠吃公家（按指反動政府的國家行局）維持，低利從國家銀行貸款，然後轉手以高利貸出，小（錢莊）吃中（商業銀行），中吃大（國家銀行）。其資金出路多用於商業投機，（倒賣金銀，調款到上海囤貨，亦有少數經營證券投機者）絕少投於工業生產者。

(二)解放後的情況

解放後上述情況基本上已經改變，商業行莊失去靠山，除了少數幾家與生產機構有關係的外（如中南銀行對南京肥皂公司，中國實業銀行對有恆麵粉廠。均有貸款），一般業務極其清淡，存款不易吸進，現正設法招徠主顧中，如舉辦居期存款每日存款

解放前后南京的金融、贸易与物价的基本情况（节选）（一九五〇年）

等以複利的條件吸收存款，有高至月息六角者（60%），資金的出路目前大部仍搞貨物投機，小部亦有高金銀外幣者。

(三)目前私營行莊的問題

商業銀行要求我們明確表示態度，如發展方向，業務範圍以及與國家銀行的關係等。

這問題估計是在以下幾種情況下提出的，在商業銀行的基礎根本改變，南京商業一般的蕭條的情況下，不得不考慮將資金轉向工業，但仍有很多顧慮，故要求我們表明態度，要求與國家銀行劃分領域，更要求國家銀行對其在業務上支持扶植，依他們的說法便是成爲「銀行中的銀行」，而重溫國民黨反動統治時期的舊夢，至少要求貼現等以奪取週轉資金。

目前人民銀行（以及中國、交通）業務未大開展，而商業銀行業務亦較我們活潑，在這種情況下商業行莊仍有其一定的市場

35

（二）

的。在目前是如何能夠造成條件，使這部分商業投機資本，首先是部分的，以後逐漸擴大以至全部轉向工業手工業使工業生產的資金與商業行莊的出路兩問題同時得到解决。

二、南京的貨幣發行與掌握

㈠解放後迄今經過銀行的款子有以下幾筆：

銀行基金	九〇、〇〇〇萬元
市庫補助	四六一、九〇〇萬元
機關存款	六三、〇〇〇萬元
華東區行撥來	七二、〇〇〇萬元
合計	六九六、九〇〇萬元

目前庫存二六一、〇〇〇萬元，相抵後之發行（約爲）四三五、九〇〇萬元。

其中包括

財政發行	三五四八〇〇萬元
貿易公司	三〇〇〇〇萬元
貸款及收購	五一、一〇〇萬元

(二) 南京市場的貨幣容量

收兌偽幣及收購金銀的發行約為八億元，按物價上漲八倍計，估計南京市場的流通貨幣約在五十億以上，在物價上漲的情況下，貨幣很少停止儲蓄的，絕大多數在流通過程中。從本市與外地貨幣出進看，流出者多於流入者，大部分去上海，小部分到江北。

(三) 貨幣發行的掌握

貨幣的發行上計劃性很差，銀行主觀上就沒有掌握的觀念，

36

三

而客觀上各機關的開支銀行也無法事前知道。經初步研究，有以下幾點經驗。

首先應當爲淸楚市場貨幣流通數量，心裏有數，發行時就可有掌握，而銀行在這點上調研工作是很差的。

其次，銀行的發行與貿易公司的吞吐及財政的收支應緊密配合，從貿易上從稅收上有計劃有步驟的回籠或散出貨幣，相機支持幣信。但在開始時的發行情況貿易與財政部門都很少知道的。

南京的發行大部爲財政發行，貨幣與物資並未發生緊密連繫，對人民幣的佔領市場是有影響的。經驗證明，開始發行建立本幣市場時，應以貿易爲主，財政爲輔。通過貿易發行，收購大批貨物，使人民幣與貨物發生直接連繫，而我們又掌握了大批物資，也就有力量拋出物資領導物價支持和鞏固幣信了。

稅收的配合上也很不夠，開始晚而數額又小未起回籠作用。

漢口的經驗是可以參考的，解放後各種稅都收，乘群衆熱情正高時號召支前，一下收起十二億，以致物價下落一半，大大支持了幣信。

三、排除偽幣與銀元工作的檢討

(一)排除偽金圓券檢討

四月廿八日開始掛牌，五月二日收兌，僅四天時間即已完成收兌任務。總計發出一、二〇〇萬人民幣，兌進八〇〇億偽金元券。開始時對偽幣力量估計過高，其實偽金元券已成落水狗，主要敵人都是銀元了。

(二)反銀元鬪爭的檢討

成績：使物價擺脫了以銀元爲主導的波動。

缺點與經驗：

四

1開始時對銀元問題認識不足，未表示態度，以致銀元販由兩三百人發展到數千人，新街口銀元販的市場竟有一里多長。到面子上說不過去了才動手整理。時間則拖後一月。

經驗告訴我們，開始時領導思想上就應以銀元爲貨幣鬬爭的主要敵人。在處理步驟上爲了集中力量開始以排除僞幣爲主是對的，但對銀元鬬爭的準備工作却須同時進行，深入了解情況，明確表示態度，宣佈銀元的不合法性，採取限制辦法，如集中指定場所交易，不得爲計價之本位，銀行掛牌收兌（牌價應接近黑市價格）等。一俟排除僞幣工作結束，立卽全力打擊銀元，打入黑市後再有計劃的進行長期的隱蔽鬬爭。

2力量組織上組織性與計劃性亦不夠，沒有形成一定的領導核心機構，黨內未經很好的組織動員，財經部門的聯系太少。公開市場在各方突擊下已經打垮，接着進行的應當是更深入更尖銳的長期隱蔽鬬爭，但這一工作在高潮之後都懸空了。以致形成先緊後鬆，做為一個經驗教訓，應追究這一責任問題。

3 策略重點未擺好，打擊誰？孤立誰？利用誰？在幹部思想中不明確，黑市鬬爭未深入，只知道銀樓地下錢莊操縱黑市，但可靠的材料一定的線索都未掌握，以致打擊的範圍只限於中小銀元販，而大投機者則毫髮未動。

四 貨幣下鄉問題（尚無具體意見）

38

貿易與物價

一、市場基本情況

(一)解放前南京市場的基本情況

1、南京市場驅短，不是物資積散的市場，成交數額70%以上實銷本市，部分的和皖北皖南江北的農產品進行交換。

2、南京是日用品與奢侈品的消耗市場，除百貨，飯館，舞廳，五洋等行業外，一般的都不活躍。

3、南京是上海的分銷市場，大的商戶多為滬商在此分設的，形成對上海市場的附庸性。

4、交易規模小，除五洋，糧食，布疋外，均無固定交易所。

5、行幫劃分很清，也限制了市場的活動性。

僅從以上幾點就足以說明解放前的南京市場是一個十足的殖民地化與封建化相結合，為官僚資產階級服務的消耗市場。

(二)解放後的情況

1. 1. 一九、〇〇〇戶左右的商戶，僅有四、〇〇〇餘戶（如糧食紙煙，油鹽，煤，紗布等）能勉強維持，而這些行業也只是供給目前城市本身的需要而已，尚未走上城鄉交流的路子。

2. 另外一五、〇〇〇戶左右大都生意蕭條，特別是西服，木器，百貨，理髮，攝影，銀錢，鐘表等行業更是很少生意。洋商的營業亦趨衰落。

3. 地攤增多，估計約六、〇〇〇家左右，部分與黑市有勾結。典當業轉活躍，二〇餘家過去的信用合作社（實係地下錢莊）也搞典當業務。這些對市場的危害均極嚴重。

4. 由於若干行業的前途暗淡與營業稅中工輕於商的顯著刺激，很多商人都在動搖猶預中，但對投機活動的利潤遠高過工業利潤的眼前小利仍有興趣，對政策仍有顧慮，加之存貨無法一時推出，轉業亦很困難

5. 本市游資數量不大，市場波動的外在（上海）影響是主要的。

二、貿易與物價工作的檢討

39

（一）過去的檢討（具體經過情況另有總結）

1.五月六日，廿三日，六月八日的三次物價波動均以大頭帶頭。第一次由於發行與貿易未配合好，沒有通過貿易發行及吞吐用物資支持幣信。故形成市場上一方面籌碼不足，另一方面收兌偽幣及生活維持費的發行均投入大頭市場，引起了以大頭帶頭的物價上漲，但基本上市面貨幣仍顯缺少，故只三日即平息。

2.開始時貿易公司未大力收購，以致本身掌握物資甚少，對市場的波動遂無能為力，一直到六月廿八日第四次波動時才改變了這種被動的地位。

3.開始時的低物價思想，造成南京低於四週，後來思想上搞通了，但限於購買力，價格也很難再提上去，這樣客觀上終將形成吸收游資往南京集中。最近江北物價均高過南京，資金已湧向本市，值得格外警惕！

4.歷次波動均未有搶購現象發生，價格上漲時成交更稀少，貿易公司價格經常低於市價，而銷貨量卻極有限，六月廿八日的波動共拋出米麵共計五十萬斤，而同時收進的數字却比銷出的更多。說明了南京的購買力是異常薄弱的。

5、南京市場本身無滑頭，完全從屬於上海，這種被動的情況造成南京貿易工作本身不少困難。

6、與財政上配合不夠，發行（薪資）太猛，貿易上來不及準備。

7、過去對南京糧食問題因估計不足而看得過分嚴重，事實上中華門外每週平均來糧數約在壹萬石至七千石之譜，較解放前每週平均增加二、〇〇〇石卽在陰雨時亦仍有數百石的進量。一般中產以上市民均有儲糧，糧荒的情況是不存在的。値得注意的是應隨時考慮到上海的情況，提防由上海缺糧波及南京。

8、物價幾次波動受害最大的是做小生意的和苦力車夫等，收入趕不上米價，生活大受影響。

三、對今後貿易工作的意見

1、貿易工作今後的重點是溝通城鄉關係，在目前本身已能做的如以

收購的農具，布，肥田粉等到農村進行以糧，棉，油爲主，農村副業產品爲輔的工農業品交換

2.把南京市場的腿抻長，在上海，蚌埠，蕪湖，界首設辦事處有計劃的進行地區性的物資調劑。與天津建立關係以麵粉換回燒鹼，解決麵粉廠與化學廠的銷路原料問題。

3.今後的物價問題仍以糧食爲中心，在思想上必須確認此點而不能因新米上市而忽視。故應組織機動力量秋收後突擊收購。

4.資金運用的分配：糧食60%，棉花20%，收購產品等20%另外並掌握一部分機動週轉金。

5.對小手工業的貸款扶植改由銀行負責，貿易公司只以訂貨加工等方式從業務上扶植，不再用資金扶植。

6.經濟部門應很好的組織起來，才能緊密配合，迅速解決問題。

（二）各工厂恢复与发展

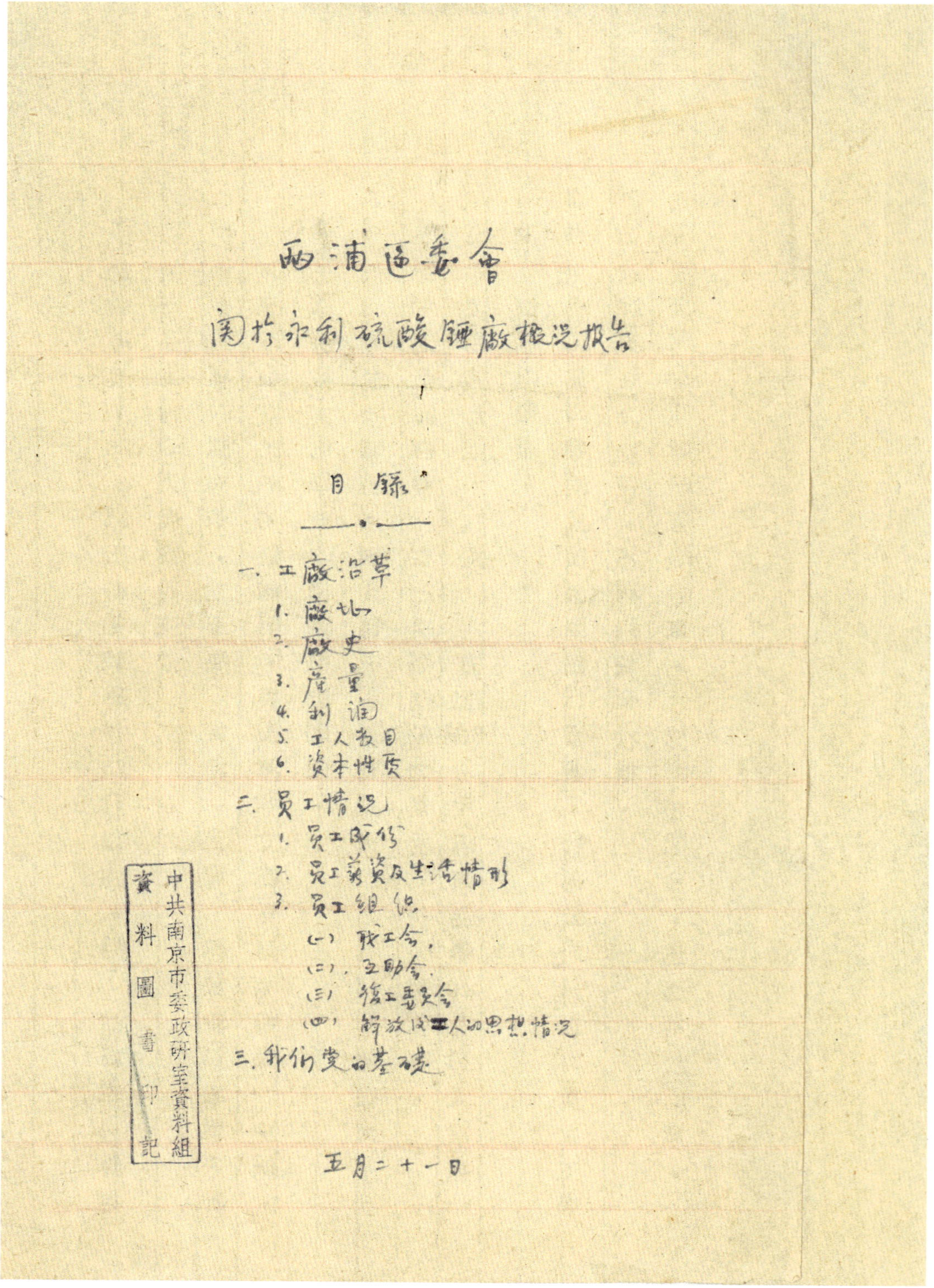
两浦區委會

關於永利硫酸錏廠概況報告

目錄

一、工廠沿革
1. 廠址
2. 廠史
3. 產量
4. 利潤
5. 工人數目
6. 資本性質

二、員工情況
1. 員工成份
2. 員工薪資及生活情形
3. 員工組織
(一) 職工會
(二) 互助會
(三) 復工委員會
(四) 解放後工人的思想情況

三、我們黨的基礎

五月二十一日

两浦区委会关于永利硫酸錏厂概况报告（一九四九年五月二十一日）

2

永利化学有限公司硫酸錏廠概況

一、工廠沿革：

1. 廠址：兩浦區卸甲甸（原屬六合縣，解放後改隸兩浦）
位於南京下游，距浦口26里，離長江二里許，離六合30里

2. 廠史：創始人范旭東（已故）為一有名科學家，民25年創建此廠，26年開始出產，硫酸，亞摩尼亞和肥田粉，是時總工程師為侯德榜（留美科學家）范故後為總經理，解放前避走上海，現由趙瑞顯代理廠長，抗戰八年，日人接管，增設火藥廠，出產火藥，日本投降後，復隸永利，火藥停產。

3. 產量：很大，每月消耗焦煤1500吨，煤2500吨，肥田粉能出產一150000吨

4. 利潤：很大，有謂一天產量，據可靠的估計，三天產量即能維持全廠一個月的消費（包括原料，員工薪資，及其他行政開支）

5. 工人數目：技術工人和普通工人有2500人，零工（又稱小工，即沒有技術的臨時工）據1948年情形估計約500—1000人。

6. 資本性質：係民族資本，到底有無官僚資本，值得研究。據調查，當日本投降，復隸永利接管時，與張嘉璈、吳鐵城有某种关係，才得順利接收，又1947下半年，至48上半年，外貨消耗極大，出口貨增加，外滙被國民党嚴格限（控）制，想取得外滙，而沒有與官僚資本打通关係是搞不到的，永利老闆却非常有办法，曾取得外滙由美國買來一架1500w發電机，自己供電（以前由南京供電）再次，官僚資本控制生產，像這样大的工厂，沒有与其他工業部門之合作，沒有与官僚資本的合作，是無法發展，甚至無法生存下去，而幾年來永利的發展是非常驚人的，由此可見，永利与官僚資本有关似可斷定，但其股份則純係私人名義，看不出有什么官僚資本

二、員工情况：

1. 員工成份：全廠員工，員師的佔三分之一，技工与小工約佔三分之二，技術工

3

人多北方人，由天津塘沽铔厂迁来，成為北方派（或叫安徽帮河南帮等）他们技術較高，多居厂中中上層重要職位，地域观念頗為濃厚，分配工作，先多照顾老乡，欺侮六合人，六合人多為小工，初期人数不多，遇北方人打罵，不敢反抗，後来工厂擴大，工人增加，南方人数断增，取得一部份领導权，北方人於日偽時期，又回去一部份，以後北方人[redacted]南方人，南方人慢慢团结一致，造成南北分立情形，今天南方人则主动[redacted]北方人，所以，今后团结教育工人，消除他们的封建意識是一大任務。

2. 員工薪資及生活情形：員工待遇：高於一般工厂，47.48年津浦路工人月約一担米，永利工人则依照上海工人生活指数發薪，每天工作八小時，月約三担至五担米，工人中不少頗有積蓄，曾被地痞流氓搶走些金戒指和銀元，可見其待遇是相当优厚的。

員工中有一种"助理員"在各种化验室工作，約300—500人，他们多半是高中畢業生，較熱情单纯，富於理想，学習情緒很高，待遇較技術工人差，較小工高，生活嚴肅，上進心强，跟下層員工打成一片，与工程師的关係也相当好，参加職工会，領导俱樂部各种活动，能起模範作用，影响工人頗大。

3. 員工组织：（一）職工会：原有職工会為国民党控制，幹事全部是国民党員，有些则与帮会有关，但厂中未發現有形的组织，也没有有形的同鄉会组织，現在我们有一个職工会筹備会，由該厂工人李文范同志（為該厂我党支部已暴露身份）做筹備

4

会主任。过去厂方对待员工態度，較为开明，也较为高明，平時尽量由厂方名義巧妙地办了很多员工福利（如設立员工子弟学校、医院、员工宿舍、食堂、俱樂部、音樂室等，或免费，或取费低廉）争取厂方威信，压低工人威信。

(二) 互助会：解放前，国民党压迫厂方和工人迁厂，強迫"一顆螺絲釘，一粒米都不能留下，要全部帶走"。工人方面，北方人不能回去，六合人不願走，厂方態度穩定，也不願走，客观上要走，沒有交通工具也不行。於是厂方与工人团结起来对抗国特，由厂方、工人、厂警三方面组织一个"互助会"，有武器（现已交六合县部队），有三道电網，石灰黄等，保護工厂，又買了幾萬包麵粉（至现在止，还可吃一个月）。是時，地痞流氓六七百人，组织"吃光隊"有武器，企图抢劫未果。又曾有3、5000潰軍过境，強欲通过工厂，情况嚴重，幸经交涉，改由厂側绕往。

(三) 復工委員会：本厂现已停工三月，要恢復生產，除厂方有一部份責任外，机器之修理，装配零件等，工人等尚須尽一份力量，打下復工基礎，以及对厂方[illegible]力量。準備由厂方、工人和公開同志共同组织一个"復工委員会"，领导复工生产，以便将来再发展工厂委员会。

(四) 解放后工人的思想情况：一般不了解我们的政策，沒有把我们的党看成是工人階级自己的党，只是曉得比国民党好，怎么好法呢？就不清楚了。解放后一般是希望和我们談談，也希望学習。

三、(一) 我们党的基礎：全厂过去我们同志约50人，

5

佔全厂员工50%，其中小工最多，技工、助理员次之，三者约成1:1:1。

厂外卸甲甸地区，有窑厂及居民，约有10000人，有我党同志15人。

在解放前与国特进厂斗争中，產生很多積極分子，与我党同志结合工作，表現堅強，預計至今年六月底，尚可吸收50位同志。

今后工作方向：①恢復与發展生產，②教育团结工人，打破南北派的隔阂，消除封建意識 ③培養積極分子，提拔为我们幹部（最近拟派30个工人幹部到总工会訓練，然後回厂工作）

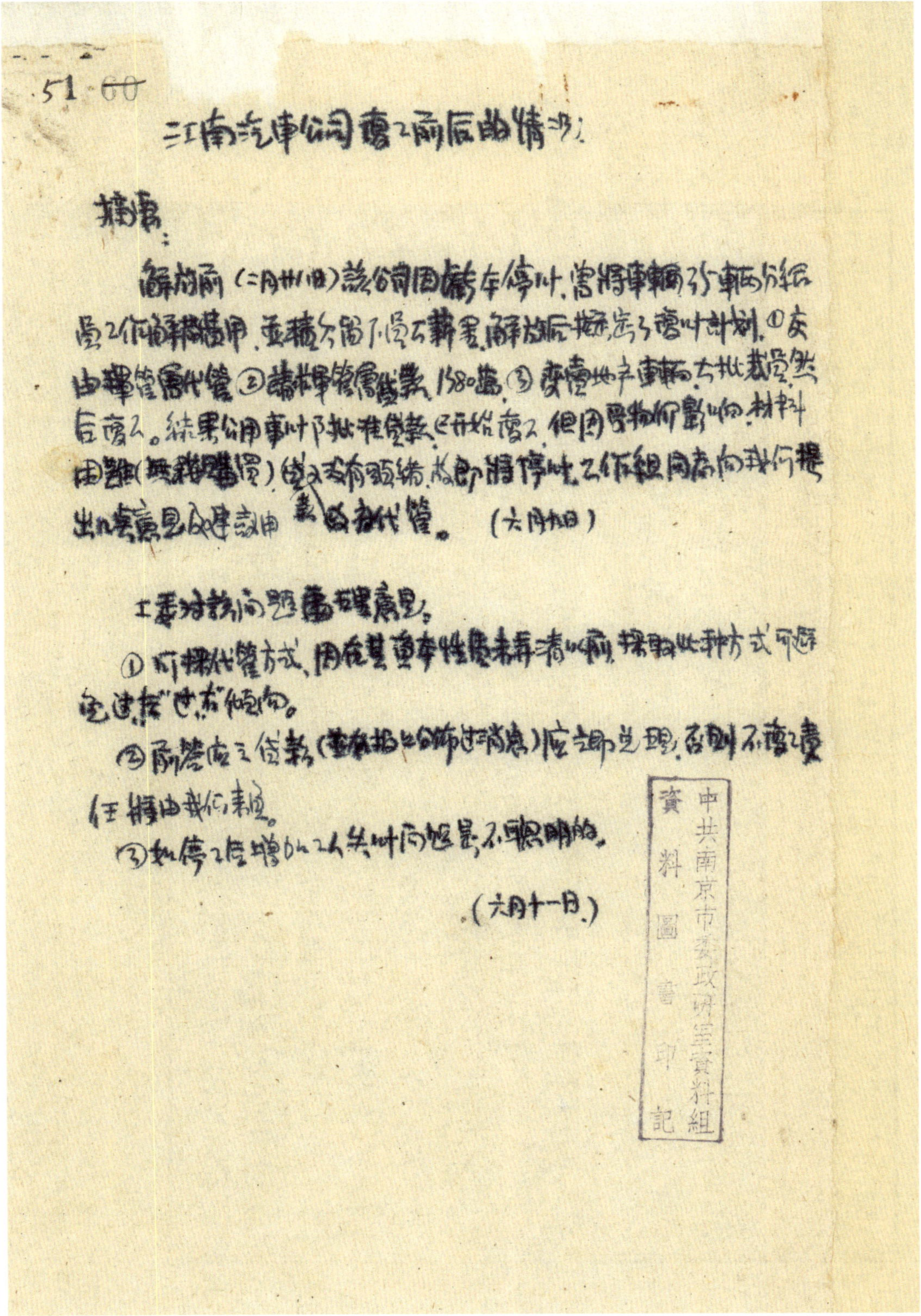

51 ~~60~~

江南汽車公司復工前后的情況

摘要：

解放前（二月廿八日）該公司因虧本停業，當將車輛分給職工作為解散費用，並積欠留下員工薪金。解放後擬定了復業計劃。①交由軍管會代管 ②請求軍管會貸款1580萬。③變賣地產車輛，上批款發下後復工。結果公用事業部批准貸款，已開始復工。但因受物價影響，材料困難（無錢購置），嗣又發生困難，故即將停業。工作組同志向我們提出意見及建議由我們代管。（六月九日）

工委對該問題處理意見。

①對採取代管方式，因在其資本性質未弄清以前，採取此種方式可避免造成"包下來"的傾向。

②前欠之貸款（董事長指公司指日償還）應予以處理，否則工廠責任將由我們來負。

③如停工后增加工人失業問題，是不難照顧的。

（六月十一日）

江南汽车公司复工前后的情况及工委对问题的处理意见（一九四九年六月九日）

52

工委并转市委：

关于报告的"江南汽车公司复工问题的情况"：

发文（49）78 6.11

盟軍

江南汽车公司经本年三月十八日即因[illegible]停业，当时尚有职工全（420人），[illegible]汽车35辆，作为救济，接济全[illegible]职工之生活费，计三月份工资六成，[illegible]。同时该公司又[illegible]汽车[illegible]辆，[illegible]

解放后因为该公司[illegible]——[illegible]一直维持到解放。

[illegible]，[illegible]生活相当困难，该公司[illegible]一般[illegible]一样[illegible]的，他们的生活[illegible]

[illegible]，[illegible]。[illegible]

[illegible]的工会[illegible]要求复工。[illegible]，[illegible]工作但[illegible]，[illegible]其事

[illegible]该公司经理[illegible]复工事[illegible]，[illegible]用事业部[illegible]其

[illegible]三点，[illegible]：

1. [illegible]由军管会[illegible]，[illegible]

2. [illegible]军管会[illegible]1380万，（[illegible]500万[illegible]）[illegible]3[illegible]人，[illegible]

3. [illegible]，[illegible]不成

3. [illegible]汽车[illegible]，[illegible]工

[illegible]公用事业部[illegible]，[illegible]，[illegible]该公司[illegible]一致

53

陆 軍

决定5月30日召开全体大会，向真珠之清算，并将所有薪欠按数清偿，工组同志知道了这個情形，遂参加了他们的大会，对于他们的问题，我们提供了两点建議：

1. 马上復工。

2. 原则上决不裁员，但少数的没服务工作的寄生份子是要剔除的。

他们接受了我们的建議，当大会推选了20位代表为復工代表，并決定第二天(31日)即行復工。一场斗争风波也这样平息。

第二天復工代表会召开，公用事業部郭科長，我们工作组同志都列席参加，大会議决由修理厂员先於6月2日先行復工，并预計10天内修復車輛20部，開始行駛市區，經費由無锡员工暂借每人1千元，共17万2千元，待贷款到时，即行偿还。三天工作超过了二十部。

6月4日召開全体復工大会，今日正式行車，第一天收入为130,000元，到第五天收入增为430,000元，(除油费)足够解决全体员工生活3/4，若車輛全部修復收入可有盈餘，但是这一週来物價又在涨了一倍多，汽車票价并没变动，他们的收支因之起了变动，目前已不能拉抵了，次贷款的事情，到现在交没款借，而修理材料也没法买到，車輛因之不能全部

纳古宫·陆大)

54

陸軍

修復，次他們曾向亞細亞汽油公司交涉按月供給130大桶汽油（按官價），三月一期，今也無法供應，這些嚴重問題，在近兩天內不能解決，他們又即行停工，這是一件很值得研究的事，現在我們提出四點意見和具體情況，以供研討：

1. 該公司現有南京汽車103輛，如有錢購補材料，他們可能修復90輛，這樣絕對不但可維持現在廠內工525人生活，并可再收進一部分失業工人進廠。

2. 該公司設備較完善，車身與零件都可修理或自造，所以他們不但對內可以維持（修葺）廠內車輛的行駛，同時還可對外營業并出賣成品。

3. 由於上面兩種情形，我們認為該廠是有發展前途的，不能讓它停閉，我們可貸款給他們，不過我們要派適當的人來監督他們使用，向員工說明貸款的用途及合理的分配，同時對他們的人事也需要適當的調整改組。

4. 我們建議最好由政府代管。

工運工作組 曾友竹

六、九日

-55

我们对江南汽车公司问题意见如下：

（一）

该公司和江南铁路一样，皆经张静江的资本所办，张静江本人现不在南京，我们可接代管方式加以管理。这样才不致脱离群众、安定，我们没有弄清以前，采取接收方式，可能更"左"，不代管就放任之，遇其困难折损，致工人全部失业，可能更"右"。

对该公司职工我们在当调查有关铁路情况，我

56

们发起党费，不借口失业，而且又在很低生活之反表了。日过去不复工是该公司的责任，复工以后党费不交，现而停缴，工人由复工而又判先出来，显然这个责任不是要我们负的。

现不交党费，就要停缴了，我们在政治上的损受到很大损失，为了使政治不受损失，我们应当在这个作为经验教训来接受。我们的便条答复

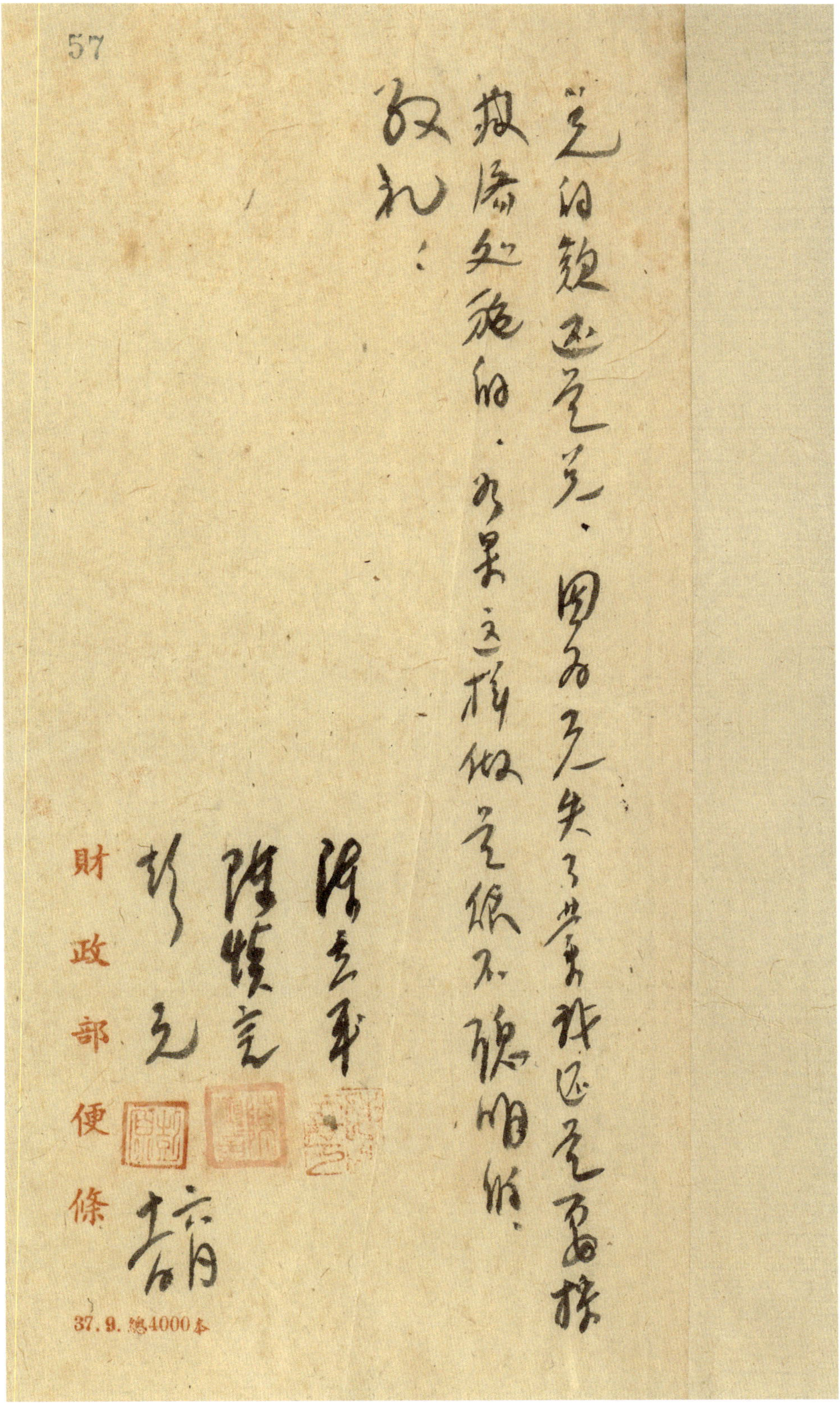
57

党的领导者。因为党员失了业，我还党员安排报给处理的。如果这样做是很不聪明的。

敬礼！

六月十日

财政部便條

37.9. 總4000本

46

南京電廠一九四九年總結報告

X6

南京电厂1949年总结报告（节选）

南 京 電 廠

1949年工作總結

1本年度工作重點：

本廠於南京解放以後爲謀保證供電及擴展生產起見對工作推進計分整修擴充護廠與拆遷工程等三大任務分述如下

甲・整修工程

發電部份……本廠原有發電設備均屬陳舊已超過使用年限且各該設備經八載淪陷破壞甚劇效能益形削弱抗戰勝利以後雖經陸續修整但過去在反動派統治之下社會經濟混亂電價又未按物價隨時調整公用事業倍受打擊本廠既限於財力未能澈底修理復受不正常用電之恣意摧殘致所有設備損壞頻仍發電無法維持正常自南京解放以後不正常用電大量清除消費用電日漸減少又以一般工廠尚未完全復工生產用電亦未增加本廠遂趁此負荷減輕之際擬定"復業工作計劃"將全廠發電設備於兩年之內澈底大修藉以增進發電效能配合生產之需要

供電部份……南京解放後用電情形變浪費爲節約本廠最高負荷降落甚多過去因過載或非法用電而在供電設備上引起之損壞大爲減少原定擴展之工程從緩辦理集中力量着重原有設備之調整檢修改進等工作俾減少故障及線路損失又以適應本廠業務上及人民之需要局部擴展饋電配電線路及路燈設備並爲配合馬鞍山及棲霞山之送電裝置66KV變電所之設備此外如節省汽油利用廢料工作上之配備與人力上之調度均漸有改進

乙・擴充工程……本廠在抗戰之前原有寧棲線之設置（南京至棲霞山）專供輸電棲霞山江南水泥廠生產之用惟該線路在抗戰期間破壞最劇所有線路損失殆盡抗戰勝利以後經歷年積極建設但以經濟材料兩俱困難進行迂緩南京解放以後因江南水泥廠復業工作急待進展遂將該項輸電線路工程突擊趕辦業已完成百分之九十預計在一九五〇年一月下旬可開始放線

丙・護廠與拆遷工程……南京自解放以後空襲頻仍本廠遭匪機三度轟炸機爐遭受部份損失經積極搶修後已繼續發電本廠爲避免再度損失除發動全體員工展開護廠工作外復將一部份發電設備拆遷安全地帶暫爲保存此項工程亦爲本廠重要工作之一玆將上列各項工程進度情形分述如後：

2 工程進度表

編號	工程名稱	起迄日期		計劃進度百分數（至年底）	實際完成百分數（至年底）	備註
		開始	預定完成日			
甲．整修工程	一、發電設備之整修裝置（整修部份）1 搶修一號鍋爐				100%	施工兩次一次解放時燒損一次空襲損壞
	2 搶修及清洗二號鍋爐				〃	
	3 局部修理及清洗四號鍋爐				50%	
	4 搶修三號鍋爐並更換部份過熱器管				100%	
	5 三、四號鍋引風機及噴粉更換葉子及襯裏				〃	
	6 一、二兩號饋水修理				〃	
	7 4號汽輪機修理				〃	輪翼損壞後之臨時修理
	8 4號循環水 換葉子				〃	
	9 修理一、二號爐子電氣設備				〃	空襲時受損包括引風機馬達壓風機馬達及所有開關
	10 更換廠內2300伏開關控制線				〃	
	11 修理三號爐粉煤機及噴煤機馬達				〃	
	12 修理江西線及中山路二號線開關				50%	
	13 修理雜用水 鋸機等馬達				100%	
	14 修理三、四號粉煤機並更換軸承				〃	
	（裝置部份）15 裝置柴油發電機				10%	
	16 裝置三、四兩號汽輪機用蒸汽減熱器				20%	設計完成準備施工
	17 裝置蒸溜器之凝汽器				80%	
	18 整理全廠放污水系及放水系並裝置新放污水箱一具				20%	
	二、供電設備之擴展整修（擴展部份）1 敷設天津路13·2KV饋電線				60%	代替原有中山路饋電線使後者成為江西輸電線之一段以便再延長至西華門配電所旋受戰事影響材料不繼未能竣工已完成60%
	2 重建西華門配電所					裝設露天13·2KV雙重匯流條及油開關並修建裝置電力變壓器及4KV配電盤之房屋使西華門配電所有雙重電源並控制前勵志社通濟門輸電線與珠江路饋電線露天木架及房屋已完成約佔工程40%其餘工程因解放後負荷降落及經濟限制而停工列入1950年生產計劃完成之
	3 擴展短程配電線路					為配合業務需要擴展短程配電線258檔
	4 展放4KV路燈線路					自新街口配電所展放4KV路燈線計四路長6·12公里

編號	工程名稱	起迄日期		計劃進度百分數（至年底）	實際完成百分數（至年底）	備註
		開始	預定完成日			
	5修復及整理配電變壓器					修復94具3607KVA清理濾油漆外殼233具8540·5KVA漆標識及編號114具4208KVA
	6修理油開關					整理裝配66KV者一具33KV者二具15KV者一具13.2KV者一具 修理柱上油開關13·2KV者三具4KV者六具 檢修配電所內油開關53次 配置柱上油開關跳開1具換油33次
	7裝置及驗修電度表					裝置高壓電度表九組 驗修電度表9462只
	8修整電動機					修復發電所2·3KVA140KW電動機一具 繞製4KW電動發電機組一具（蒲家灣配電所用）
	9修理汽車					大修14輛小修585次
	10代辦工程					1代江南水泥廠改繞2000KVA變壓器三具檢驗抽頭變換器二套 2代防空情報所修理警報器電動機一具檢驗全市警報器二次 3代國部改繞或檢修變壓器五具計247KVA
乙·擴充工程	一、寧棲66KV輸電工程	1949年7月6日	1950年2月	95%	90%	因氣候關係未能達到計劃進度
	二、雨花路66KV變壓站工程	1949年11月29日	1949年12月15日	100%	基本上已完成	66KV及15KV油開關因撥給之油開關油及另件尚未有撥到致尚有裝置工作未完
丙·護廠與拆遷工程	一、護廠工程					
	1廠房及主要機件四週堆置沙包保護			100%		
	2主要機件及屋頂建築防彈設備			80%		
	二、拆遷工程					
	1三號汽輪發電機及開關			100%		
	2廠用汽輪發電機			100%		
	3臨二號鍋爐及附件			100%		
	4五號循環水泵			100%		
	5三號鍋爐饋水泵			100%		
	6二號1200KVA廠用方棚			100%		
	7 2500KVA新廠聯絡方棚及開關			100%		

編號	工程名稱	起迄日期		計劃進度百分數（至年底）	實際完成百分數（至年底）	備註
		開始	預定完成日			
	1 調整電力變壓器及配電變壓器					南京解放後節約用電本廠負荷減輕前爲適應繼長增高之負荷所裝之變壓器均嫌容量過大效率差遜經陸續停用電力變壓器 12240KVA 配電變壓器 7860·5KVA 裝於線路上之配電變壓器（包括路燈變壓器）在 1948 年底計有 545 具 30418KVA 在 1949 年中拆裝相抵淨拆 100 具計 6205·5KVA 其未拆而停用者 17 具計 1655KVA 綜計減少使用之配電變壓器 127 具 7860·5KVA 現裝用 418 具 22557·5 KVA
	2 線路修護及整理 A 架空線路					
	1 移植木桿					完成 55 根
	2 移植扳樁					〃 28 根
	3 加裝副木					〃 552〃
	4 加裝地龍木					〃 190〃
	5 掉換磁瓶					〃 472 只
	6 移設輸電線					〃 134 檔（係單線檔數）
	7 移設饋電線					〃 1655〃 〃
	8 移設配電線					〃 4328〃 〃
	9 移設扳線					〃 238 條
	10 添裝避雷器					〃 33 只
	11 裝設變壓器高壓鎔斷器					〃 47〃
	12 拆除〃 〃					〃 41〃
	13 掉換〃 〃					〃 21〃
	14 裝拆桿上油開關					〃 67〃
	15 修換變壓器熔斷器保險絲					〃 378 次
	B 電纜 1 修復中山北路二號輸電線發電所內一段電纜					已修復
	2 過江電纜					受江岸坍塌影響損壞改道修復完成
	3 利用舊電話地纜檢修補充供通訊聯絡					利用抗戰前遺留之電話地纜加以檢修補充供本廠總辦事處與西華門電務處及新街口配電所間通訊聯絡用
	4 修復及整理電力變壓器					修復一具計 1500KVA 清理檢查及濾油四具計 6340KVA 清理烘乾焊接濾油配製配零件已完工者三具（雨花路變電所裝置）將完工者三具（薩家灣變壓所用）合計 15000KVA

3 生產產量表

4 營業銷量表

以上兩詳附"1949年發電輸電售電及煤耗情形"表

5 財務……俟財務處另定辦法寄到後再行呈報

6 材料……詳附"1949年主要原材料耗用槪數及供應狀況"表

7 勞働力　　（該表爲工業部電力工業處總結材料）

項　　別	1949年1月	解放時4月	1949年12月	備　　註
管理人員	193	175	131	本廠於11月份辦理整編工作
技術人員	97	92	80	
小計	290	267	211	
技術工人	631	634	551	
其他工人	152	144	88	
小計	783	778	639	
總　計	1073	1045	850	

1950·1·9

51

8 節約……淸理資財與精簡節約工作

一、南京電廠自解放後下關發電所因連遭匪機轟炸又加以整編醞釀時期過長員工情緒均極不安不負責任之現象非常嚴重如鍋爐間內煤灰積達一尺餘厚管子漏氣煙道堵塞汽管上的保溫土被剝掉用以當作蒸飯處所工人上班時衣服隨地亂掛電壓間地上經常抛有瓜子設倉庫的材料七零八亂領點東西要翻一大堆材料才可以找到場地上堆滿廢鐵和舊材料修理間裏的馬達上機器上灰塵老厚皮線和銅線滿桌滿地以及下關發電所以外各配電所的變壓器與電板積垢穢汚過多等現象似此種無組織無紀律不負責任現象如再繼續發展可能造成嚴重損失

二、整編後員工情緒已趨穩定領導上卽提出愛護器材節省材料建立新的勞動態度發動大掃除運動各部員工均熱烈嚮應並有組織的進行這一工作下關發電所成立"淸潔委員會"員工共同硏究掃除垢汚及今後如何經常保持淸潔的辦法經過此次大掃除透平間鍋爐間電壓間和修理間已經煥然一新倉庫進行澈底整理僅鍋爐間掃出的汚穢達數十擔每個小溝加以疏通掏出的淤泥約九十籮露天堆放的器材加以整理從廢料中挑出一噸多可用的材料供給了修理間應用又在廢料中找出新五十噸鍋爐的各種零件在廢石塊中檢出數噸煤塊在大掃除運動中員工互相發動競賽發揮了工人勞動互助精神電業處及大樓辦公室員工同志亦不甘落後先後有組織的發動大掃除運動均親自動手忙至深夜而止者不乏其人.

三、經過此次大掃除之後員工對機器及器材及節約方面均有了初步認識打下愛護祖國財產思想的基礎淸潔委員會爲了保持此次淸潔的紀錄特召開了一次評功會檢討了優缺點發團體奬及個人奬委員會並決定紀錄各間組的淸潔以作下次評功的參考

9 改進……甲·合理化建設與技術上新成就

一、修理新廠二號2000KV汽輪機將彎軸伸直並加裝平衡鐵使彎度自$\frac{30''}{1000}$減至$\frac{3''}{1000}$以內原來開至1200轉每分即振動甚劇者現可開至滿速（二 4425轉每分）

二、修理老廠四號10000KV汽輪機原有葉片抗推軸承及曲折扳梗（ labyrinth packing ）已壞至不能再用程度由本廠自行繪圖選料（不銹鋼）製葉片一萬餘片及其各項裝復校驗重行發電

三、割切清洗焊接重裝50噸鍋爐通熱洗管每爐共六十根內部淤塞損壞頗多因有特殊急遽彎折不能用常法清洗遂分段割斷清淨剔除壞處焊接重用結果佳良

四、一二兩號5000KV汽輪機凝汽器無脹縮設備黃銅管年久常破漏因設計於外殼上銲裝脹縮圈拆換全部黃銅管（共2808根）計用大部份舊黃銅管少數新管以特殊方法鑲接

五、蒸汽減壓閥中橡皮膜自原有外貨損壞後曾用他物代用皆不勝任今年與上海大中華橡膠廠合作繪圖製膜設法試製二只試用甚佳堪代替外貨

六、50噸鍋爐汽水鼓下通至水位表之水管常被污物淤塞發生重大危險現於鼓下轉灣處加裝小儲泥筒及洩放管水位表無再塞之虞

七、蒸溜器原有兩座同時使用一座利用汽輪機排汽另一座則使用生汽每遇清理蒸溜器時僅能使用一座因之妨礙鍋爐水之補充量與水溫現在自製一座使用而無上述之弊任何時期二座可同時使用

八、1號鍋加熱汽管方箱子在敵機轟炸後遭受裂痕約一尺許若僅利用原有汽管圓眼方箱子內部不易電焊現於方箱子上另開一眼使電焊順利完工後則利用鐵板補好能在高壓與高溫使用結果良好

乙……勞動編制與管理上之改進

本廠整編後由於人手之減少本"人盡其才"之原則並配合各部份之工作需要酌量更調職務使留職職工各司其職工作情緒頗見緊張效率因之提高純無尸位素餐因循塞責之現象同時為改進管理將原有電業處分組為電務業務用戶等處以期縮小組織各部分易於管理而增進工作效率並將原有用戶賬單以郵寄之辦法改為專差分送既節公帑又復可靠使用戶無法藉口未收到賬單延繳電費其他如釐訂營業章程及各項章則使辦事有所依據現正逐一擬定呈請核示中

10.職工運動

溯自南京解放以後以往在反動派統治之下的本廠黃色工會無形解體全廠職工為團結互助加強生產起見積極組織臨時職工會經全體員工三個月的籌備於今年七月廿三日正式成立本廠臨時職工會產生展開工作以後由於全體職工的自覺自悟下表現出如下的各種新的積極態度和行動

一、在本廠開始接受的時候職工弟兄協助接收清點器材動員積極份子參加接收清點工作以做主人翁的態度認真確實的完成任務

二、寧市解放後由於國民黨匪機不斷地肆虐本廠發電所一再被炸，頗有損失，職工弟兄們認清了主人翁的立場，號召全體積極動員在不妨礙生產工作之原則下不怕匪機的空襲下每天義務加班數小時男女老少大家努力於廿天內將發電設備四週堆置蔴袋沙包一萬二千餘個完成了護廠工作

三、為了提高我們的階級覺悟和認識我們全廠職工分組展開學習除臨時的學習外每星期規定二、五兩天下午五時以後開始學習情緒很緊張困難問題解決頗多最令人注意的是整編問題的學習這個難題也終於

在十一月中旬順利地完成充分表現了羣衆團結的偉大力量

四由於上述整編問題的順利完成於十一月廿六日整編開始行政部門爲了遵照中央”不能一脚　開„的政策並照顧今天又要照顧明天的指示決定幾項辦法使編餘職工弟兄或獲得學習機會或得轉業資助自願還鄉的又贈以川旅並爲介紹工作本廠職工爲發揚友愛互助的精神發起惜別贈金按每人薪津的百分之五贈給編餘弟兄

五整編以後各部門人事略有調整因爲人手減縮的關係工作上愈顯得忙碌職工弟兄們的工作情緒極度高漲對於工務業務上有改進的地方陸續設法無以改進在這個工作緊張的局面中一九四九年的年終剛恰到來我們各項工作都做總結爲了使環境衝生和清潔積極動員大掃除利用廿六廿七兩天的公餘時間完成是項工作清出可以利用的棄置廢料甚多除夕我們又舉行敬老大會請職工弟兄中年逾50的都來參加這天晚上全廠年老職工八十餘人濟濟一堂極爲歡洽

六我們的工會經過　月的籌備和職工弟兄們的多天學習於一九四九年十二月廿日在工人之家正式成立

11 整編工作總結

一未整編以前的各種不合理的狀況

1．南京電廠的前身是宋子文所辦的揚子電氣公司首都電廠這是豪門統治下的企業之一（解放前被前資源委員會接收但爲時很短）因此在人員及機構上是不能適合爲人民服務的要求

2．過去的組織機構最大的毛病是因人設事機構紛亂分工不明調度失靈機構龐大互不負責

3．典型的事實：

A 因人設事：過去的張蘭閣先生他是由潘銘新（揚子電氣公司總經理）介紹進來的職位是副總工程師但是他經常的工作確是剪報紙幾乎作用毫無（此外還有些專員之類的事）

B 機構紛亂：1 會計課內包括材料股……這主要的毛病是由於人事問題上產生的企業中會計課很是重要材料亦同樣重要這兩個重要單位併在一起使得顧此失彼工作上表現出紊亂的情狀這就是說明了材料管理的失靈以致問題百出在接收工作中查出單是下關材料庫材料不敷的數目竟達數百件之多

2 在電業一區往往因人設事不從簡化手續出發因此人愈多事亦增多人再增加事更增加這種情況如收費股收費者設專人蓋收訖圖章

C 分工不明互不負責：如下關發電所除所長以下工程師工務員是混爲一團的我們會問過他們分幾股他們滑稽的說分五十七股……共有五七人因此變成了互相推諉不負責任再如報裝驗表等事以及線路上有毛病互推手續不清或說不知道常引起羣衆不滿

D 機構龐大調度失靈：1 電業處重要只照顧到工務方面而業務方面形成自流

2 外線班是以班爲單位不是一個班去外工作便是兩個班去外工作假如每班十七人而工作需要廿五時就去兩個班浪費人力

3 發電所突擊工作時人手不夠調不動其他單位的人手甚至在同一個電業處下亦不能互相調動以致各保本位保守本位的習氣異常嚴重

二對此次整編的基本估計

成績方面：

1 在生產過程中不需要的統統精簡：

A 蕭家灣電業二區的成立爲時很短最初的目的是爲了業務擴充的需要五萬瓩新機的添置今天我們從業務上的需要以及爲人民服務的要求上來說都不必要故堅決的予以取消

B 總務課與秘書室合併會計與出納合併是爲了減少行政管理和提高工作效率簡化手續起見雖然在討論編制時引起爭論最後還是決定合併

2 組織合理分工明確：

A 材料與會計的分開電業處取消成立電務業務用戶三處材料庫集中管理

B 建立成本組是初步擬定經濟核算制度

C 定額一般講來是合理的一區學習組反應整編前工作時間的報紙是應接不暇的而整編以後的報紙幾乎在整天的休息之人間律會計課在過去半天辛苦半天閒而今天則是大家搶事情做

D 這次分工上機動性較大而不機械分工如電務處外線班各班以七八人做基本班底其餘的就機動調派

3 初步研究了業務範圍：……在機務上是以 22000KW 爲標準業務上以 30000 戶左右爲準工務以維持現有線路爲主的對業務範圍有了一個確定

4 職工覺悟一般的提高

A 一般的反應一、留下的都是些老老實實做工的（業務與用戶方面的）

二、從這次整編看出共產黨及人民的魄力（業務及用戶方面的）

三、過去我們一直不敢動的人想做不敢做的事想說而又不敢說的話共產黨不單肯講而且能做這是值得我們欽佩的（楊定安韓德舉包昌文）

四、普遍的認爲這次名單很公正可以打 90 分……95 分

B 羣衆在討論編制時很熱烈在決定編制時除了小部份有出入和爭論外一般都順利通過

C 在討論名單時意見很集中大樓十一個學習小組其中有六個小組對沈酒興希望留用外其餘都無意見或對個別同人特別照顧的西華門全部學習小組無意見下關職員全部對潘煥明倘望留用並無其他特殊問題

D 在討論編餘出路時大家一致的認爲滿意對黨與政府的威信大大的提高不再說是共產黨說話不算數了

E 留廠工作者在工作上搶着做而且在發動運動時也很踴躍的參加（如討論工會參加青年團支部晚會以及歌詠隊）

5 特務份子貪污腐化者已大部肅清

特務嫌疑較重者：計 8 人

貪污腐化者：　計 20 人

假積極份子：　計 2 人

6 依靠工人的作風已經建立

從這次整編以後對行政主管是起了一個民主教育的作風作一切事必需通過羣衆依靠工人發電所楊所長在討論編制確定名單以及整編後進行大掃除的運動時都通過了工人職員熱烈的討論

後决定辦法分工負責

7 處理編餘人員仁至義盡：（見表）

A 編餘人員．計146人

職　別	學　習	轉　業	還　鄉	合　計
職　員	22人	20 人	3人	45人
工　人	10人	81 人	10人	101人

B 特別照顧者：職員方面計6人

年老資深者4人每人加給津貼二個半月

患有肺病者1人加給津貼一個半月

懷孕者　1人加給津貼一個月

C 特別照顧者：工人方面計10人

年老資深者2人每人加給津貼一個半月

因公受傷　2人　〃　二個月

〃　1人　〃　一個月

患有肺病　2人　〃　一個半月

因公致疾未愈1人　〃　一個半月

〃　〃月

年　老　1人　半個月

D 遠道還鄉者：共計六人（職1工5）除給車票與船票外並酌給家屬沿途生活費

8 上下配合行政軍代的配合一般說來經過情形良好先由軍代收集積極份子所提編餘人員名單再與行政方面收集來的名單對照無大出入經過修改後由行政方面公布

缺點方面：

1 整編動員從七月份即開始直到十一月初才正式進行在這一段時間中引起了普遍的不安的心理人人自危使工作遭受到很大有形無形的損失

2 領導的偏向

A 深入羣衆不夠情况了解的不全（編制方面：發電所部份的編制沒有照顧到今後的發展）（名單方面：潘煥明及沈酒與二人有誤）

B 估計不足：時間延長了三天（等工業部名單延遲五天）對個別照顧考慮不周到

C 與工會方面配合不夠沒有全面動員職工會參加

D 未把整編節約小組發揮效能直到處理編餘人員時才稍轉偏向

經驗教訓：

1．2兩項無意見而且在本廠已進行或正在進行中

3 整編過程即教育程度

A B C 三條均在工作中一般的尚無問題

D 領導方法中最大的缺點缺乏組織領導未能發揮整理節約小組的能力行政與工會工作未能兼顧但在電廠本身來講幹部少必須集中力量進行整編工作未能有餘力進行工會工作

12總結：甲事業之困難

1南京在解放以前僞機關部隊及恃用特殊勢力者每多竊用電流持強不服取締不惟破壞本廠業務而正常用戶亦大受影響解放後本廠舉行擴大宣傳取締竊電運動并積極實行竊電大掃除以來竊電之風漸有戢止惟日久玩生近來查獲竊電案件又復增多此後當更積極查緝於必要時請有關機關協助取締並予教育羣衆以期竊電惡習逐漸消除

2本廠爲公營企業機構遵奉　上級指示以保本自給爲主旨惟遇燃煤食米五金外滙及其他一般物價增張時本廠電價以往輒未能及時調整以致積虧甚鉅無法彌補嗣後擬請訂定電價自動調整公式如遇物價張落達某百分數時得按照公式隨予調整

13對於領導方面的意見

一請示問題解答遲緩致廠方無所適從如1．本廠營業章程2．房管處嘱繳本廠各處房屋租金（本廠房屋原係自產）3．職工死亡撫恤金等經呈請核示在案尚未奉指示

二解決問題過份照顧一面致多方面與基本原則矛盾如1．上年六七八各月物價波動甚速本廠虧累甚多而請求調整之電價則以傾向於照顧用戶未能及時的作合理之調整似有偏差致本廠無法保本自給積虧數字迄難清理2．解放前僞機關部隊所欠本廠電費達一百八十餘萬度之鉅曾奉　建設局通知可一律不算免予追繳本廠遵令放棄了是項鉅額債權而解放前及才解放時本廠爲維持光明與協助治安由政府指撥交與本廠燃用之煤斤在本廠經濟狀況無力負擔此項債務之今日尚未奉有上級適當處理之明文

53頁 14 二/11

增件二

南京市調查資料之(二)

「下関碼头工人」

南京市勞動局

一九四九、七、一〇、

南京市调查资料之二（下关码头工人）（一九四九年七月十日）

下关码头工人调查报告

南京市劳动局编

一、组织概况
二、工作时间
三、生活情况
四、劳动纪律
五、互助与福利
六、工资与剥削
七、帮会关係
八、一般的要求
九、封建势力控制下的码头争夺三一例

107

下関碼頭工人調查資料

南京市劳動局編

下関是南京最大的水陆碼頭所在地，這裡有三千多碼頭工人。在從三汊河到宝塔橋之間，長達十華里的江岸，和火車站前惠民河边一帶，他們過着終年劳作而难求温飽的生活，他們長期喘息在封建勢力（包括帮會勢力）和國民党反動统治相勾结的剝削和压迫之下，有着封建勢力和反動派御用的工会，却没有真能代表自己利益的組織，和自由傾訴痛苦的地方。御用的工会，只有驅使工人為爭奪封建的地盤而牺牲，不曾為工人的生活福利而努力。解放後的南京，反動统治已遭解体，工人們已在政治上反了身，可是潜在的封建勢力依然无形中箝制着群众們的口，工人們像久困籠中的鳥，刚放出来，羽翼不灵，必須好好的舒展一下身翅，積聚力量，

108

方能振翅高飛。

我們的工作員在十三天当中，廣泛地展開了和工人群众的接觸，工作開始不久，就隨處發現，只要有班頭在場，工人的態度，常是唯々否々的，噤若寒蟬，必須設法調開班頭，才能逐漸開怀暢談。于此可見封建勢力的根深柢固，和工人們是多么急迫需要解除牢縛在身上的桎梏了。

由于市總工会和我們密切的結合，使我們在短期內順利地進行了工作，获得了虽欠深入，但大致上能覌照全部般情況的資料，在了解情況当中，同時進行了一般的和个別的政治教育，以這个了解和教育工作為基礎，我們和總工会協同解決了一件有決定性影响的煤炭港碼頭工人的糾紛。由于這件糾紛的圓滿解決，已經提高了碼頭工人的政治覺悟和階級的积极性。如

109

押車業碼头工人已于七月五日開会通过，废除了工頭对工人的非法剝削。隨着工人群众阶级意識的抬頭，相信不久的將来，新的工会，將依工人自己的需要，急速產生發展和堅強起来，殘餘的惡勢力，將迅速受抑制，打壓乃至肅清，非法的剝削將一一削除，工作机会和报酬將取得合理的分配和保障，生活也逐漸走上改善向上之路。

茲將我們調查所得，概述如左：

一、組織，

下关碼頭工人，工作的範圍很廣，依其工作方式而言，有：

1. 起卸——上下車船貨物的起卸工作，

2. 運輸——由碼頭或車站到各地的貨物来回運送。

3. 整理——貨物的堆集，貨色的縫補等，

110

依其工作物件而言，则有：

1.煤炭、2.磚瓦、3.木材、4.五洋雜貨、5.雜粮、6.食塩、7.麵粉、8.食米、9.山貨、10.磁器、11.家畜、12.家禽、13.鱼類、14.軍粮、15.軍用物品、16.行李、17.包件、18.零担、19.洋灰、20.洋瓦、21.油、22.糖、23.小菜、24.麻袋、25.蘆蓆、

在國民党反動统治時代，反動派為了便于鎮压和控制，曾经组织了許多行業的職業工会，這三千多碼頭工人，除了少數之外，都参加了工会。会內有理事会，名義上是由工人選出，实際上都是封建勢力所把持，和反動派统治者狼狽為奸的。会下分若干班，班有班頭，作為理事会的爪牙，直接控制工人，每班工人數不等。解放後至新的工会未建立前，原有的组織，還保持原状，各工会的情况约略如左：

111

1.運輸業職業工会　從老江口到三汊河一帶，所有輪船上一切貨物（煤炭外，李不在内）的起卸運輸，都歸該工会所属工人負責，下分：

(1)商輪分会——共十三班，工人二一三名。

(2)上碼頭分会——共卅二班，工人一〇〇一名。

2.食塩起卸業工会　凡食塩的起卸運輸，都由該工会工人負責，共二班，工人四三名。

3.煤炭運輸業工会

(1)第一分会——共六班，工人二四〇名。

(2)第三分会——共五班，工人一五〇名。

（第二分会在浦口）

4.大興碼頭運輸工会　專做大興碼頭所有軍用物品

112

的起卸運輸，共六班，工人一二〇名。

5、煤炭港起卸運輸業工会　專做煤炭港至虹霞橋一帶上下船包件的起卸運輸工作，共十班，工人四百餘名。（通称十大班）

6、行李包件業工会　專做「三北」、「招商」、「鴻安」、「太古」、「民生」五家輪船公司客商的行李包件運送工作，共六班，工人一三二名。

7、車站行李包件工会（屬于鉄路工会）　專做京滬車站行李包件搬運工作，共有工人二三〇名。

8、中山碼頭行李包件工会（屬津浦鉄路工会）　專做中山碼頭行李包件搬運工作，工人一一〇名。

9、旅館招待業工会　專為旅館招攬生意，工人六十名。

113

10.牛業工会　專做牛的起卸運送工作，在下关有工人六名。

11.民船業工会　專做下关，三汊河到老江口民船貨物的運送工作，工人一八〇名。

12.板車業工会　專做火車站運出貨物的運送工作，共二班，工人八三名。

沒有工会組織的，有：

1.海軍碼頭起卸班　專做海軍用品的起卸工作，工人二〇名。

2.和記洋行碼頭工人　專做和記洋行及細亜細亜火油公司的貨物起卸工作，工人二六名。

3.鷄鴨班　專做鷄鴨的起卸運送工作，約有工人十餘名。

114

4、野鸡班　不属于各工会和各班的流动工人，無固定工作，

（如各班事多人少時雇用野鸡工人）約有工人二百餘名。

以上計工会十二个，工人三千二百多名。

二、工作時間

碼头工人没有固定的工作時間，但是耗費、在等候工作的時間，卻不少于其他工人。他們每天從早晨七点起，就到劃定工作地區碼头，開始等候工作的机会。有時也許整天都没有工作做，所以实際的工作時間每人不同，每日不同，不過一般都不超过十小時。只有軍運碼头的工人，有時因軍運繁忙而加夜工。据我們調查的結果，全体工作的有三十一班，無定時工作的四十二班，有時加夜班的兩班。

三、生活情况

115

在国民党反動統治下，一般工人的生活，早已陷入绝境，碼头工人的生活还要悪劣，他們除了極少數工人在家鄉有耕地可以补助外，其餘都是要靠碼头生活，平均每人要負担三口人的生活，在工会理事，班頭層層剝削下，他們实得工資的微薄是可以相見的，住在茅屋草舍裡，一日吃二頓稀飯是常有的時事，甚至有時候要靠乞食為生。比較来說正班工人生活較好，煤炭業工人次之，野鷄班工人最苦。解放前後由于國民党匪軍对于交通建設的破坏，致貨物阻滞，工人們工作机会更形減少，生活更為悪劣。近来由于交通日漸恢復，他們的生活也稍有改善，返鄉的工人也陆续回到崗位。

四、劳動紀律

正班工人們的工作权，是專有的，世襲的，可以傳給子孫，也

116

可以轉讓或出賣，他們存在着落後的封建意識，一向認為碼头是他們血汗掙来的私有物，任何人不許染指。班頭是首領，有至上的权力，他的命令，就是紀律。

五．互助与福利

下关碼頭工人的福利，大多數是採簡單的互助方式，只有煤炭業工会設有工人子弟學校，公墓，公医生，工人休息室（一间草屋）其經費来源，固然都出自工人身上，而其一切開支工人都無权過問，实際上等于增加理事們剝削工人的机会。至于互助方式則有左列各種办法：

1.工人疾病或傷亡，由班中工人湊款帮助。

2.工人死亡，班内工人共同照顧其遺族。

3.工人疾病或是傷期间，照分一份工資。

117 ~~117~~

4、工人因工作受傷，期間由工人公議，給予應得工資。

這种互助的精神，如果能善于发揚和擴大，倒是將來举办各种劳動保險，傷残和疾病保險的一个好基礎。

六、工資與剝削

下关碼头工人的工資，有左列三种計祿收受的方式：

1、包工制　凡大批貨物的起卸運輸，多由客商交給包班頭承包，再由班頭分配給工人。這种办法對客商比較便利，但因而確定了工人必須经由受中間的剝削

2、計件制　普通包件行李，按件計祿，工作完畢，照各班規定拆賬。班頭就靠班規來剝削工人。

3、臨時議價　一般零星包件，多是臨時議價，這种方式常易引起糾紛，不論对客商與工人都有不利。

118

解放前工人在長期間所受剝削有左列各種情形：

1、抽頭——工人們須在勞苦得来的工資中抽出一部分，給不劳而获理事長理事們和班頭、

2、吃空子——有些理事兼班頭除抽头外又吃一分賬、

3、会費與交際費用——理事会以会費和交際費等名目，向工人攤派款項、

4、举办福利事業——藉創办各种費用福利事業名义向工人捐募款項，從事更多的剝削。

5、工作轉讓——用高價承接下工作来再用低價轉僱其他工人，從事中間剝削，如車站各班轉雇板車工人運貨物，以及牛業工人轉雇貧苦兒童放牛和正班工轉雇野鴉工人代替自己工作等。

后记

本书的编写工作得到了中共江苏省委党史工作办公室、南京大学历史学院的指导和大力支持。在本书的编纂过程中，我们广泛搜集了南京解放初期党着手建设和管理城市的各类红色档案，并逐份对档案进行严格的筛选与甄别，力求做到去伪存真、精益求精。同时，我们还邀请了多位党史专家和历史学家进行审阅和指导，以确保档案史料的准确性和权威性。

孙宅巍、张生、魏浩、徐彦同志审读了书稿并提出宝贵的修改意见。

限于编者水平，书中错漏之处诚望广大读者和专家批评指正。

编 者